十二五高等院校应用型特色规划教材

JINRONG TOUZI SHIXUN JIAOCHENG

金融投资实训教程

金虎斌　主　编

傅　钰　周　辉　副主编

清华大学出版社

北　京

内容简介

本书是针对金融实验而编写的教材是证券投资学、期货市场学、证券期货投资等课程实践教学的选用教材。全书共分为6篇，第一篇是基础实验篇，主要介绍行情软件和模拟交易软件的各种功能与操作指南；第二篇是股票交易实验篇，主要介绍股票交易的基本面分析实验和技术面分析实验；第三篇是期货交易实验篇，主要介绍期货交易的基本知识、基本面分析实验和技术面分析实验、套期保值实验和套利交易实验；第四篇是外汇交易实验篇，包括外汇交易基本知识和外汇交易模拟实验；第五篇是债券交易实验篇，包括债券交易基本知识和债券交易模拟实验；第六篇是综合分析实验篇，包括金融数据的收集与处理实验、证券及投资组合收益与风险度量实验、股票估值模型实验、投资绩效评估实验、股票投资综合分析实验。

本书中有关实验的每一个章节，都明确提出了实验目的、实验原理、实验要求和实验步骤，并要求撰写相关的实验报告，非常便于教师的授课与课堂管理。在一些实践性较强的章节，还专门附录了相关的法律、法规以及配套的案例分析，有利于激发学生的兴趣从而使其开展自学。根据内容和体系设置，本书适合财经类专业的本科生、研究生、证券从业人员和企业的资本运作部门管理人员使用。

图书在版编目(CIP)数据

金融投资实训教程/金虎斌主编．--北京：清华大学出版社，2013（2020.3重印）
（十二五高等院校应用型特色规划教材）
ISBN 978-7-302-34196-3

Ⅰ.①金… Ⅱ.①金… Ⅲ.①金融投资－高等学校－教材 Ⅳ.①F830.59

中国版本图书馆CIP数据核字(2013)第246530号

责任编辑：彭　欣
封面设计：汉风唐韵
责任校对：宋玉莲
责任印制：刘祎淼

出版发行：清华大学出版社
网　　址：http：//www.tup.com.cn，http：//www.wqbook.com
地　　址：北京清华大学学研大厦A座　　**邮　　编**：100084
社 总 机：010-62770175　　**邮　　购**：010-62786544
投稿与读者服务：010-62776969，c-service@tup.tsinghua.edu.cn
质 量 反 馈：010-62772015，zhiliang@tup.tsinghua.edu.cn
印 装 者：北京富博印刷有限公司
经　　销：全国新华书店
开　　本：185mm×230mm　　**印　　张**：20　　**字　　数**：400千字
版　　次：2013年11月第1版　　**印　　次**：2020年3月第6次印刷
定　　价：39.50元

产品编号：052391-01

前　言

目前，我国的高等院校按照大学的职能可以分为研究型、研究教学型、教学研究型和教学型四大类，除了纯粹的研究型大学外，其他三类高校在人才培养目标上都强调培养应用型人才，而应用型人才的培养体现在教学中就是越来越重视实践性教学的重要作用。伴随着信息化、数字化等高新科技的迅猛发展，我国高校的实践教学面临着前所未有的机遇，已经成为教学改革的重要组成部分。尤其是对于财经类专业，传统的教学主要以理论教学为主，实践教学仅仅作为理论教学的辅助补充而存在，其功能与作用被缩小甚至被忽视，与大多数高校的人才培养目标相脱离，导致实践教学的发展长期以来停滞不前。金融危机的爆发对我国高校财经类专业的人才培养目标提出了严峻挑战：传统的纯粹理论教学不能培养出适应行业高速发展的应用型人才，必须依靠加强实践教学，来培养有中国特色的社会主义金融专业人才，以适应瞬息万变的市场需求。

2012 年 1 月 10 日，教育部、中央宣传部、财政部、文化部、总参谋部、总政治部和共青团中央联合提出了《教育部等部门关于进一步加强高校实践育人工作的若干意见》，明确指出了实践教学的重要作用，提出了加强实践育人工作总体规划、强化实践教学环节、深化实践教学方法改革、系统开展社会实践活动、着力加强实践育人队伍建设、加强实践育人基地建设等措施。

编者在长期的金融学专业教学中，深刻体会到实践教学的重要性，但是我国目前适用于金融专业的实验教材缺乏，很少有教材能够指导学生进行金融投资交易实践，因此，编写一本包括股票、债券、期货、外汇等金融产品的交易实践教材势在必行。

本书是在编者长期的实践教学讲义的基础上汇编而成，紧紧抓住“实训”二字，力求适应金融学的应用性和专业性的特征，把现代金融市场的前沿信息和最新的金融工具相结合，追踪金融创新的新趋势，强化学生的动手实践能力，提升学生的操作技能，培养既懂理论又能灵活运用所学专业知识进行实际操作的专业性人才。

全书由金虎斌总体设计，并撰写第一、二、五、六篇，傅钰撰写第三篇，周辉撰写第四篇。

在本书的编写过程中，我们力求全面、详细，但因为金融市场瞬息万变，金融创新日新月异，再加上软件的更新换代，所以难免会有疏漏和差错，还请读者多加谅解。

编者

目　录

第一篇　基础实验篇

第二篇 股票交易实验篇

第三篇　期货交易实验篇

第四篇　外汇交易实验篇

第五篇　债券交易实验篇

第六篇　综合分析实验篇

第一篇

基础实验篇

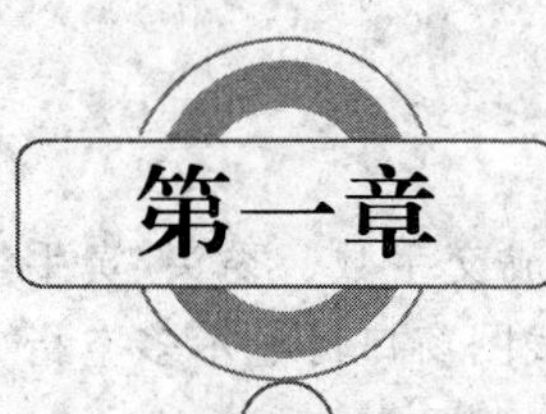

第一章 行情软件功能介绍

本章内容以投资者现实中经常使用的大智慧行情软件为蓝本进行讲解与介绍。

一、开机菜单

启动系统，进入大智慧软件，出现开机菜单，该菜单清楚地显示系统的各项功能。在任一菜单的页面中，其各级选项均表示本级菜单所能实现的功能或所包括的所有可选项。

操作：

(1) 用↑、↓箭头选择菜单中的某项功能。

(2) 确定菜单选项后，按 Enter 键确认并执行所指定选项的操作，按 Esc 键回到上一级菜单。

二、下拉菜单

为方便用户操作，大智慧软件同时采用下拉式菜单设计，下拉式菜单包含了系统的所有功能。在任一选项菜单下，组成菜单的各项表示该菜单所能实现的功能或所包括的所有可选项。

操作：

(1) 在任一界面下，单击工具栏中的菜单，从中选择某项功能。

(2) 确定菜单选项后，按 Enter 键确认并执行所指定选项的操作。

三、大盘动态走势

大盘当日动态走势的主要内容包括当日指数、成交总额、成交手数、委买/卖手数、委比、上涨/下跌股票总数、平盘股票总数等。另有指标曲线图窗口可显示多空指标、量比等指标曲线图。

激活功能：

(1) 从开机菜单中选择【大盘分析】选项，按 Enter 键进入子菜单，确定选项后按 Enter 键确认并执行操作，按 Esc 键退出当前菜单。

(2) 从下拉菜单中选择【大盘走势】选项，确定选项后，按 Enter 键确认并执行操作。

操作：

(1) 按 Enter 键切换到大盘 K 线图画面。

(2) 按 PageUp 键查看上一个类别指数，按 PageDown 键查看下一个类别指数。

(3) 按 1＋Enter 键或按 F1 键，查看分时成交明细；

按 2＋Enter 键或按 F2 键，查看分价成交明细；

按 10＋Enter 键或 F10 键，查看当天的资讯。

(4) 按/键切换走势图的类型，并调用各个大盘分析指标。

(5) 进入大盘的分时图或者日线图后，在右下角新增了“大单”这项功能，按小键盘的＋号键就能切换到大单揭示页面。它在沪深大盘分时走势页面提供了个股大单买卖的数据。双击某一个股名称，可以切换到该股票的分时图界面。

四、个股分时走势

个股分时走势主要内容包括个股当日动态走势线、个股当日均价线、分时价量显示窗口（该窗口显示当前盘口情况，即当前个股的委托买卖情况）、分时价量表（详细显示各个时刻的分时成交明细）、个股基本面窗口等。此外，另有指标曲线图窗口，可显示动量指标、量比指标等共 8 种指标的曲线图。

激活功能：

(1) 从开机菜单中的“分类报价”或“自选股报价”中选定个股，然后按 Enter 键确认并执行操作，按 Esc 键退出。

(2) 在下拉菜单中选择【行情报价】选项，进入相应的行情列表，从中选定个股，然后按 Enter 键确认并执行操作，按 Esc 键退出。

(3) 直接输入个股代码或个股名称的拼音首字母，然后按 Enter 键确认并执行操作，如“深发展”输入“0001”或“sfz”即可，按 Esc 键退出。

操作：

(1) 通过 Enter 键循环切换个股 K 线图、行情列表、分时走势画面。

(2) 按 PageUp 键查看上一个股动态分时走势，按 PageDown 键查看下一个股动态分时走势。

(3) 一键用于改变盘口显示方式，＋键用于循环切换右下角特色基本面窗口、个股分时走势图、个股分时成交明细。

说明：通过＋键切换至特色基本面窗口，可以浏览竞买竞卖指标、大单比率、五日换手总量、市盈率、每股收益、每股净资产、总股本等基本面数据。同时，大智慧软件还提供流通股本、流通市值、公司上市日期、概念板块等重要数据参考，让用户可以在短时间内大致了解上市公司。

特别注意：竞买、竞卖指标是判断市场资金流向的指标，当外盘/竞买大于内盘/竞卖时，表明场外有资金介入；反之就表明场内有资金在外逃。

(4) /键快速切换分析指标。

(5) 大智慧软件提供“上证指数”(“深证成分”) 叠加功能。在个股分时走势图下，右击，在弹出的快捷菜单中选择【上证指数】选项（“深证成分”)，可将“上证指数”(“深证成分”) 叠加到个股分时走势图上。

(6) 按 1＋Enter 键或 F1 键，查看个股分时成交明细；按 2＋Enter 键或 F2 键，查看个股分价成交明细；按 10＋Enter 键或 F10 键查看个股基本面资料。

五、行情报价

行情报价由以下内容组成：分类报价、智慧排行、综合排名、股指同列、多股同列、自选报价、板块（包括行业、地域、概念）报价。

激活功能：

按 0＋Enter 键后选择相应报价或通过鼠标左键选择“行情报价”的某一选项，(如分类报价之上证 A 股 1) 即可。

操作：

(1) 单击“行情报价”，从中选取相应内容；或者通过↑、↓键选取相应的内容，然后按 Enter 键确认并执行操作。

(2) 在行情列表下，通过 Enter 键循环切换个股分时走势、K 线图、行情列表页面。

(3) 通过←和→键可移动行情列表中的字段。

(4) *键可改变字体大小；/键可快速切换排行内容。

(5)"行情报价"中备有"字段重组"功能。在行情列表下，选定任一字段，右击，在弹出的快捷菜单中选择【字段重组】选项后，可从中选取所需字段。

(6) 在行情列表下，单击任一字段，可按字段内容自动进行相应的排行。

(7) 大智慧板块报价包括每日更新的行业、地域、概念板块，可从"行情报价"中选取，详情请见特色功能说明。

(8) 大智慧软件还推出多项智慧排行。"智慧排行"可从"行情报价"中选取，也可从开机菜单中进入，详情请见特色功能说明。

(9) 在行情报价界面右击，通过快捷菜单可以将对应的个股添加至自选股中，当然也能做删除操作。

(10) 根据相关数据计算出板块指数，提供高开低收量额等基本数值以提供盘中实时数据和 F10 资料．这些都是大智慧为您自动分类的。

六、大盘动态技术分析

激活功能：

(1) 从开机菜单进入相应的【大盘分时走势】界面后，按 Enter 键进入大盘动态技术分析，按 Esc 键退出。

(2) 选择下拉式菜单的【大盘走势】选项，进入相应的【大盘分时走势】界面后，按 Enter 键进入大盘动态技术分析，按 Esc 键退出。

操作：

(1) 按 Enter 键直接进入行情列表，按 Esc 键退回大盘分时走势。

(2) 按 Page Up 键查看上一个类别指数，按 Page Down 键查看下一个类别指数。

(3) /或 * 键快速切换分析指标。

(4) 直接输入指标名称可更换原有的指标，如"KDJ"、"ZLJC"(主力进出)等。

(5) ↑、↓键可放大缩小图形。

(6) 按 1+Enter 键或 F_1 键可查看日线行情报价表；按 2+Enter 键或 F_2 键可查看分价表；按 10+Enter 键或 F10 键查看当天的资讯信息。

(7) 进入大盘的日线图或者分时图（包括上证领先与深证领先走势图）后，在右下角新增了"大单"这项功能，按小键盘的＋号键就能切换到大单揭示页面。它在沪深大盘分时走势页面提供了个股大单买卖的数据。

七、个股动态技术分析

激活功能：

(1) 通过开机菜单中的【分类报价】或【自选股报价】选项选定个股进入分时走势

后，按 Enter 键进入个股动态技术分析。按 Esc 键退出。

(2) 通过下拉式菜单的【行情报价】选项选定个股进入分时走势后，按 Enter 键进入个股动态技术分析。按 Esc 键退出。

(3) 直接输入个股代码或个股名称拼音首字母，然后按 Enter 键进入分时走势后，按 Enter 键进入个股动态技术分析。按 Esc 键退出。

操作：

(1) 按 Enter 键循环切换个股分时走势和个股 K 线图以及行情列表。

(2) 按 F7 组合键可自由设置技术分析参数，按 F8 或 \ 键可改变分析周期，按 F9 键进入画线状态，按 F10 键进入个股基本面资料，按 Alt＋F11 组合键提供选股功能。

(3) 按 Alt＋F5 组合键直接进入静态分析。

(4) 按 Ctrl＋Q 组合键对选定个股进行区间统计；按 Ctrl＋F8 键进入 24 项基本面资料的排行，对选定个股可进行不同类别的复权。

Ctrl＋F 组合键：手动复权，在送股数、分红数、配股数和配股价中填入相应的数字，并且您可以根据自己的需要选择是否要保留复权信息。

Ctrl＋R 组合键：向前复权。

Ctrl＋T 组合键：向后复权。

(5) 按/或 * 键快速切换分析指标。

(6) 直接输入指标名称可更换原有的指标，如“KDJ”、“ZLJC”（主力进出）等。

(7) ↑、↓键放大缩小图形。

(8) －键用于调出移动筹码功能，＋键用于循环切换右下角特色基本面窗口、个股走势图、个股分时成交明细。

(9) 在任意的指标 K 线图下，只要先在某一指标的指标线上右击，就能够改变先前的指标设置，包括调整指标参数、修改指标公式等。

(10) 在线过多的情况下，如果想去掉它，可以在任意一条指标线上单击再按 Delelte 键，即可去掉这些指标线。也可以在空白处右击，在弹出的快捷菜单中选择【技术指标】|【技术指标】菜单项，顶端有“隐藏所有指标线”，也可达到同样的效果。相反如果要显示指标线，只要按照以上同样的步骤，在最顶端选择“显示所有指标线”即可。

(11) 双击某根 K 线的实体，可以查看该 K 线的历史走势。

(12) 在个股日线界面，反复按小键盘的＋号键，可以在“明细”、“财务”、“走势”、“筹码”、“诊断”的页面间切换。“诊断”页可以显示该股的个股点评。

八、静态分析

静态分析不仅可以拓展视野至全屏，还可同时调用更多指标（可同时调用 2～6 个指标），更能查看更长的历史数据（可查看从 1990 年开始的 K 线数据）

激活功能：

(1) 在动态技术分析界面下，按 Alt＋F5 组合键进入静态分析界面，按 F5 键退回动态分析界面。

(2) 在【技术分析】下拉式菜单中选择【静态分析】选项。

操作：

(1) 通过 Page Up 键查看上一个股图形，Page Down 键查看下一个股图形。

(2) 按 F5 键或 5＋Enter 组合键直接进入动态分析。

(3) 按＋键添加技术指标，大智慧软件一屏最多可显示 6 个指标，按－键减少技术指标。

注： Tab 键可反复切换指标窗口，同时可根据需要在选定的窗口输入其他指标。

(4) ↑、↓键可放大缩小图形，←、→键可查看历史数据。

九、精确复权

大部分套牢出现在除权后，大智慧软件的精确复权功能可消除除权后股价失真和技术指标走样的情况，从而避免主力利用“除权”、“填权”等概念引诱投资者高位接货，使其长期被套。

激活功能：

(1) 选择【技术分析】|【复权处理】选项后，选择合适的除权方式即可。

(2) 热键“Ctrl＋T”、“Ctrl＋R”“Ctrl＋F”。

(3) 在 K 线图下右击，在弹出的快捷菜单中选择【复权处理】选项。

操作：

(1) 激活“复权处理”，可选择性地对画面中各个除权缺口进行复权。

(2) 热键“Ctrl＋T”，将画面上所有的除权缺口进行复权处理。

(3) 热键“Ctrl＋R”，将图形以目前价位为原始价向前复权处理。

(4) 按热键“Ctrl＋F”，系统将弹出一个菜单，用户可以进行手动向前、后填权。

(5) 周线也可进行复权处理。

(6) 再次按“Ctrl＋T”组合键后，取消复权，还原画面。

① 前复权，顾名思义，是指向前复权，即以现在的股价为基准，将前面股价进行

复权处理。

② 后复权，指以复权前的股价为基准，把之后的股价进行复权处理的方法。

十、画线工具

大智慧软件提供了多种画线工具，可任意设置角度，自动保存。让用户多角度地分析趋势，捕捉最佳买卖点。

激活功能：

(1) 选择【技术分析】|【画线工具】选项。

(2) 热键："9＋Enter"或 F9。

操作：

(1) 选择相应画线工具。

(2) 用鼠标在 K 线上选择好起点，并拖拽线条对其位置以及方向进行修正。

(3) 系统会自动保存画线，可用"Ctrl＋D"组合键清除所画线段。

作图工具详细使用说明如下。

1. 趋势线

选取一点做为趋势线起点，按住鼠标左键不放并移动鼠标，窗口中的线会随之移动，将直线放至适当位置，松开鼠标左键即可生成趋势线。选取线中任意一点按住鼠标左键不放，移动鼠标可平移该线。

2. 趋势线段

选取一点做为趋势线起点，按住鼠标左键不放并移动鼠标到目标地点，松开鼠标左键即可生成趋势线段。选取线中任意一点按住鼠标左键不放，移动鼠标可平移该线。

趋势线段和趋势线不同处在于：

趋势线：一条无限延长的射线；

趋势线段：以始点和终点为距离的直线线段。

3. 平行线

首先画一根趋势线（或趋势线段），然后选中"平行线"，在想作平行线的点上单击，就能画出一条和刚才所作的趋势线（或趋势线段）平行的射线（或线段）。

4. 标注文字

取一个想要重点标记的点作为文字标注点，按鼠标左键，在随后出现的对话框中，输入想要输入的文字，并确认，窗口即会出现相应文字。点中文字上的任意一点按住鼠标左键不放，移动鼠标可移动文字。

5. 标注矩形

选取一点作为矩形起点，按住鼠标左键不放并移动鼠标，窗口中的矩形大小会随之改变，将鼠标放至适当位置，松开鼠标左键即可生成相应的矩形，选取矩形线上任意一点按住鼠标左键不放，移动鼠标可移动该矩形。

6. 等周期线

将鼠标移到想要画等周期线的窗口，按鼠标左键，该窗口即会出现等周期线。选取周期线上任意一点按住鼠标左键不放，移动鼠标可移动周期线。点中周期线上的亮点，按住鼠标左键不放，移动鼠标可改变时间周期。

7. 黄金周期线

将鼠标移到想要画黄金周期线的窗口，按鼠标左键，该窗口即会出现黄金周期线。选取线上任意一点按住鼠标左键不放，移动鼠标可移动黄金周期线。

8. 上下箭头

取一个想要重点标记的点做为上下箭头的输入点，按鼠标左键，并确认，窗口即会出现相应的上下箭头。点中箭头上的任意一点，待箭头周围出现方框，按住鼠标左键不放，移动鼠标可移动箭头。

9. 标注圆

选取一点做为圆形起点，按住鼠标左键不放并移动鼠标，窗口中的圆形大小会随之改变，将鼠标放至适当位置，松开鼠标左键即可生成相应的圆，选取圆上任意一点按住鼠标左键不放，移动鼠标可移动该圆。

10. 高低推档

高低推档以股价近期走势中重要的峰位或底位为基础，计算未来走势中的转势点。当股价上涨时，以底位股价为基点，单击此点，并按住鼠标左键不放，拖动鼠标使 0 线对齐当前价位，0 线上 38.2%，61.8%等黄金分割线可能是继续上涨时的阻力位。反之，当股价下跌时，以高位股价为基点，单击此点，并按住鼠标左键不放，拖动鼠标使 0 线对齐当前价位，0 线下的 38.2%，61.8%等黄金分割线可能是继续下跌时的支撑位。

选取线中任意一点按住鼠标左键不放，移动鼠标可移动各线。

11. 黄金回档

行情发生转势后，无论是止跌转升的反转抑或止升转跌的反转，以近期走势中重要的峰位和底位之间的涨额作为计量的基数，将原涨跌幅按 0.191、0.382、0.5、0.618、0.809 分割为五个黄金点。股价在反转后的走势将有可能在这些黄金点上遇到暂时的阻力或支撑。

使用黄金回档时，以近期走势中重要的峰位和底位之间的一点为基点，单击此点，并按住鼠标左键不放，拖动鼠标使边线对齐相应的峰底点，松开鼠标左键系统即生成黄金回档线。

选取线中任意一点按住鼠标左键不放，移动鼠标可移动各线。

12. 百分比线

以近期走势中重要的峰位和底位之间的涨幅作为计量的基数，将原涨跌幅按 0.25、0.50、0.75、1.00 的比例四等分，即生成百分比线。百分比线可使用户对价格的涨跌幅度有直观的了解，便于确定阻力位与支撑位。

使用百分比线时，以近期走势中重要的峰位和底位之间的一点为基点，用鼠标左键单击此点，并按住鼠标左键不放，拖动鼠标使边线对齐另一相应的高底点，松开鼠标左键系统即生成百分比线。

13. 斐波圆

与其他线性作图工具相比，斐波圆更多地考虑了时间的因素，反映的是支撑阻力位随当前价格变化而变化的动态关系。符合宇宙恒动的大自然法则，是三维空间分析向四维空间分析过渡的一种尝试。使用斐波圆时，以近期走势中重要的峰位和底位之间的一点为圆心，单击此点，并按住鼠标左键不放，拖动鼠标使外圆对齐另一相应的高底点，松开鼠标左键系统即生成一系列斐波圆。圆的半径根据斐波数列给出，圆与走势线的交点可能是支撑位或阻力位。选取线中任意一点按住鼠标左键不放，移动鼠标可移动各线。

14. 斐波扇面

将高低点之间的涨跌幅度按斐波数列分割生成一系列点，高点或底点与它们的连线即是斐波扇面。斐波扇面可推测后市的发展方向及阻力位与支撑位。与其他线性作图工具相比，斐波扇面更多地考虑了价格的因素。使用斐波扇面时，以近期走势中重要的峰位和底位之间的一点为基点，单击此点，并按住鼠标左键不放，拖动鼠标使虚线对齐另一相应的高底点，松开鼠标左键系统即生成斐波扇面。

15. 阻速线

阻速线的原理与江恩角度线较相似，也是通过一些特殊的角度来确定价格的变化方向。当价格上升或下跌的第一波形态完成后，利用第一波的展开幅度和这些特殊角度可推出后市发展的几条速度线，作为支撑和阻力位置。使用阻速线时，以近期走势中重要的峰位和底位之间的一点为基点，单击此点，并按住鼠标左键不放，拖动鼠标使虚线对齐另一相应的高底点，松开鼠标左键系统即生成阻速线。

16. 甘氏线

甘氏线试图将价格随时间的变化关系界定在特殊的上升或下降角度线内，并以此来推测后市的发展方向及阻力位与支撑位。

这些特殊的角度一般为 22.5°、30°、45°、60°线，其中 30°、45°、60°这三个角度线最为重要，45°线一般认为是多空分界线，30°、60°线则为多空忍受线。

使用甘氏线时，以近期走势中重要的峰位和底位之间的一点为基点，单击此点，并按住鼠标左键不放，拖动鼠标使 45°虚线对齐另一相应的高底点，松开鼠标左键系统即生成甘氏线。

17. 清除画线

清除当前窗口中的所有画线。

注：如果要清除窗口中某几根选定的画线，只需要点中要删除线段上任意一点，待直线两端出现亮点，右击，在弹出的快捷菜单中选择【删除】命令，可删除该线。

十一、移动筹码分布

在个股K线分析图的界面下，按“－”号键，可以进行盘口切换，称之为“筹码分布”。它反映的是不同价位上投资者的持仓数量，在形态上像一个峰群组成的图案，实际上这些山峰是由一条条自左向右的线堆积而成的，线越长表明该价位堆积的股票数量越多，也反映了在此位置的成本状况和持仓量。

说明：

1. 筹码分布：在图1-1中设置火焰山的筹码分布周期，会产生以指定周期天数显示移动筹码和平均成本的效果。

2. 活跃度：在图1-1中设置活跃度的筹码分布周期，会产生以指定周期天数显示移动筹码和活跃度的效果。

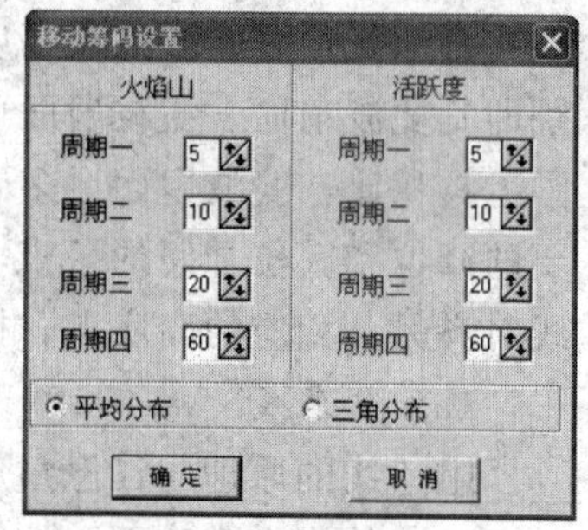

图1-1 移动筹码设置

3. 筹码流动过程：筹码的形态特征是股票成本结构的直观反映。不同的形态具有不同的形成机理和不同的实战含义，在市场运行中基本表现为“发散—密集—再发散—再密集—再发散”的循环过程。

4. 单峰密集：是移动成本分布所形成的一个独立的密集峰形，在这个密集峰的上下几乎没有筹码分布。它表明该股票的流通筹码在某一特定的价格上下区域充分集中。根据股价所在的相对位置，单峰密集可分为低单峰密集和高单峰密集。在单峰密集的区域，流通筹码实现了充分换手，上方的筹码割肉，在单峰密集区域被承接；下方的筹码获利回吐，在该区域内被消化。几乎所有的筹码在单峰密集区域内都实现了换手。

低位单峰密集：几乎所有牛市拉升前都出现了低位单峰密集形态，但不是低位单峰密集都在拉升。

高位单峰密集：意味着原来低位的获利筹码在高位回吐，在这时风险往往加大，因为主力出货的后果不言自明。

5. 双峰密集：是由上密集峰和下密集峰构成的，对股价的运行有较强的支撑力和阻力。当股价运行至上密集峰处常常遇到解套压力，受阻回落；当股价运行至下密集峰处常被吸收承接而反弹。为此，也可将上密集峰称为阻力峰，下密集峰称为支撑峰。峰谷：双峰之间称为峰谷，它常常被填平，使双峰变成单峰。

6. 上涨型双峰：由于双峰中上峰位是阻力位，下峰位是支撑位，股价通常在双峰间上下振荡运行，最终将上下峰消耗掉，在原峰谷的位置形成单峰密集，这就意味着吸筹整理阶段告一段落。

7. 下跌型双峰：此时一般不会引发上攻行情。

8. 多峰密集：股票筹码分布在两个或两个以上价位区域，分别形成了两个或两个以上的密集峰形；上方的密集峰称为上密集峰，下方的称为下密集峰，中间的称为中密集峰；根据上下峰形成的时间次序可分为下跌多峰和上涨多峰。

9. 下跌多峰：是股票下跌过程中由上密集峰下行，在下密集峰处获得支撑形成下密集峰，而上密集峰仍然存在。下跌多峰中的上峰通常是主力派发区域，其峰密集是主力派发的结果，上峰筹码主要是套牢盘。

10. 上涨多峰：是股票上涨过程中由下密集峰上行，在上密集峰处横盘振荡形成一个以上的上密集峰。它通常出现在做庄周期跨度较大的股票中，该类股票在长期上涨过程中作间隙整理，形成多峰状态。它表明主力仍没有完成持仓筹码的派发。

11. 筹码发散：筹码分布呈不均匀松散的分布状态。在一轮行情的拉升或下跌过程中由于股价的波动速度较快，使得持仓筹码在每一个价位迅速分布；对于单交易日而言，其筹码换手量增大，但整个价格波动区域呈现出筹码分散的状态（该状态只是一个过渡状态）。

12. 上涨发散：主力吸筹后形成低位筹码密集，但主力拉升时往往需要激发市场热情跟进以利于股价的抬升，这时筹码向上发散，是助涨的。

13. 下跌发散：筹码高位密集后，主力已经撤退，股价开始下跌，筹码向下发散。

十二、数据下载

大智慧信息港 Internet 版的选股、排行、离线浏览等功能需要有完整的数据，请使用数据下载工具，及时下载补充数据（拨号上网用户请酌情下载）。

1. 当你第一次使用数据下载的时候，会出现提示窗口，此时强烈建议您选择“否”，因为一旦在没有完整数据的情况下选择了“是”，系统将不再提供给你历史日线数据的下载。

2. 单击左面的“灯泡”，选择您需要下载的内容。

3. 灯泡颜色变绿时表示选中，同时后面会出现需要下载文件的大小和估计的下载时间。

4. 如果第一次运行时，确定下载所有历史日线的，会自动从最近的时间点开始下载到 1990-12-19 为止。可以分多次来完成下载，可以在任意时刻单击【停止】按钮结束，程序会记录你停止时未下载过的数据，并在下一次从这一时间点开始下载。

5. 当日行情、当日走势：可供离线分析，在下载当日走势前必须要下载行情。

注：当日走势、当日行情只有在每天收盘后才有数据，开盘时间内下载会显示数据大小为零。

6. 基本面：基本面包括财务、板块和除权的数据。

7. 分时地雷：大智慧地雷下载，可供离线后浏览。与行情、走势的下载一样，只有在每天收盘后才有数据，盘中下载时显示的数据为 0K。

8. 日线：日线的下载会自动从最近的时间点开始下载到 1990-12-19 为止。下载日线和五分钟线时，不需要指定下载的起始和结束时间，它可以记录本次下载的日线和五分钟线的结束时间点，在下一次运行数据下载时，会从这个时间点继续完成下载，直到下载完成所有的历史数据。

注：如想离线浏览时可以看到完整的数据，日线和五分钟线必须下载，支持指定日期的 K 线数据下载。

9. 五分钟线：服务器只提供两个月的五分钟线数据以供下载，即从当前日期向前两个月的时间点为开始时间，也就是说如果您是 2003-02-25 登录，下载所有的五分钟线也只是：2002-12-25～2003-02-25 这一段的数据。

10. 板块 F10：为了保证数据的及时和完整，下载板块 F10 的数据是十分必要的。它包括各板块、上证 000001 大盘、深证大盘的 F10 资料。

11. 个股 F10：单击【个股设定】按钮，在弹出的对话框中敲击个股代码就可以添加下载需要的个股 F10 资料。当然，如果选择【自选】项，可以很方便地一次性添加您所有的自选股。

支持全部股票 F10 文件的一次性下载，按【个股设定】按钮后，选择【全部】项，即可将所有股票包括板块全部添加。通过代码旁边的左右方向键可以向前（向后）一只股票查询。

12. K 线地雷：下载完整的 K 线地雷数据，在离线的时候也能看到完整的 K 线地雷。

13. 停止：下载过程中单击【停止】按钮，程序会在下载完当前数据包后，马上转入处理数据，如果是拨号上网用户可在这时断开网络连接。

14. 退出：在处理完数据后单击【退出】按钮，可退出数据下载中心，并自动记录这次结束时下载过的日线和五分钟线日期；如果在下载或处理数据的过程中，单击【退出】按钮，会放弃本次运行数据下载工具的所有操作。

15. 下载完成后，处理下载文件需要一点时间（根据你下载数据量的大小），当系统托盘中“下载中心”图标的箭头仍在转动时，则证明数据下载工具仍在处理，请耐心等待处理完成。

16. 启动数据下载的时，单击【最小化】按钮在系统托盘中会出现图标，双击此图标可最大化显示。

注：下载完成后，处理文件需要一定的时间，如果您是拨号用户此时可以断网。

十三、星空图

1. 激活功能

(1) 数字热键：敲打 00＋Enter 键进入大智慧散户星空图。

(2) 单击开机界面的第八项“特色功能”后，再单击第八项的“星空图”即可。

(3) 菜单操作：主菜单中“星空图”一栏。

2. 操作指南

首次进入散户星空图时，出现“风险提示”，会停留 2 秒钟，然后消失（星空图中一个圆点代表一只股票）。

(1) 按/键，切换股盘图、速控星空图、涨盘星空图的画面。

股盘图（流通盘［百万］一散户数［百］）；

涨盘图（流通股［百万］一涨幅［%］）；

集速图（控盘度［手］一集速［%］）。

(2) 按 * 键来切换价盘星空图、散户星空图的画面。

散户星空图（流通股［百万］一持股数［手］）；

价盘星空图（流通股［百万］一股价［元］）。

注：以上括号内的是指横一纵轴的坐标内容，如散户星空图中横轴为流通股，纵轴为持股数。

(3) 按 Enter 键以散户数指标的个股（动态）K 线状态，再按 Enter（或 Esc）键返回。

(4) 按 Alt＋H 键浏览帮助。

(5) 按 F7 键进行财务筛选。

(6) F8：针对于 1 日集速图、5 日集速图、20 日集速图、60 日集速图之间的切换。

注：只有在当前为集速图的情况下才有效。

(7) 右击，可以进行股盘图、散户星空图、集速图、价盘星空图、涨盘图等的切换。在查看星空图的坐标时，它的 X 轴和 Y 轴的名称所表示的内容即确定了点在坐标平面的位置，其中括号里面的是单位。如股盘图，X 轴是流通股，Y 轴是散户数，在图形的下方有包括证券名称、总股本、流通股本、流通市值、股价、涨幅、每股收益、市盈率等相关内容，只要将坐标停留在某一点上，就能查看相关内容。您可以根据自己的分析得出相关的结论。

每幅图上一般都会有四种颜色的点，绿色表示当前正在下跌的股票，红色则代表上涨，白色表示当前停牌的股票，黄色代表已看过的股票。

(8) 功能键：PageUp：以坐标中心为基准，横坐标的前一只（左）股票；

PageDown：以坐标中心为基准，横坐标的后一只（右）股票；

Home：页面中最左的一只股票；

End：页面中最右的一只股票；

＋：以坐标为中心放大页面；

－：以坐标为中心缩小页面；

←、↑、→、↓：移动光标。

(9) 如果想看某一只股票在星空图的位置，只需敲击股票代码后按回车键即可，双击该股票的星空坐标可进入个股散户线指标的分析图，按 Esc 键返回。

(10) 无论在何种星空图下，只要选中某只股票，按“.”键，就能在界面的左上角看到个股点评。再按“.”键，进入综合评价。

3. 散户星空图原理

横坐标是流通盘，纵坐标是人均持股数。

意义：键入 600613（永生股份）后按 Enter 键，就会看到该股横坐标是 9.08，表示该股流通盘是 908 万股，纵坐标 5.03，表示人均持股 503 股。

在该图界面下，可以看到，有两条黄线将图纵向分为三个区域，这三个区域从左至右依次是小盘股、中盘股和大盘股；又有三条不同颜色的横线将界面由上到下分为四个区域，依次是高控盘区、较高控盘、中控盘和低控盘。

在此图的右侧，您可以见到 1S，5S，20S，60S 的字样，分别代表了 1 日、5 日、20 日、60 日的集速，每只股票对应的集速就在此反映。每格集速显示栏分为 10 等份，绿色为跌，负值，代表散户数增加，筹码分散；红色为涨，正值，代表散户数减少，筹码增加。如果值在 0～10（以百分比为单位）之间则显示栏中的红（或绿）色就以 10 等分的比例显示（如，60S＝－5 则表示绿色在框中占一半大小），如果值大于 10，则显示栏的颜色为满格。这样可以比较直观地观测个股的涨跌情况。

4. 研判

(1) 在分区中，可以清晰地看到处于不同控盘区的股票情况，在流通盘一定的情况下，持股数越高，说明筹码更多地被少数人（通常为主力）所掌握而集中；集中速率如果也上升，说明资金进场的速度加快，应该关注；持股数越低，说明筹码越分散；集中速率下降，说明资金离场的速度加快，应该警惕主力出货。

(2) 高控盘区的持股数往往很高，筹码集中形成高度控盘，但太高则要注意风险，警惕主力变现。但也有反例，比如一些机构长线投资策略，看好某只股票的长期价值(比如佛山照明一直为各大基金持有)。

(3) 低控盘区持股数较低，筹码分散，散户性主导行情，除非主力进场放量，否则离上涨的周期往往很长；值得注意的是，由于长期超跌，也会导致偶尔反弹行情。

(4) 对于中度控盘区域可以多加关注，这时主力通常控制一定流通筹码，持股数也比较高应当密切注意集中速率的变化，主力具备发动行情启动的能力，往往是孕育黑马的区域。

5. 集中速率研判规则

集中速率主要反映散户数上升和下降的幅度。

(1) 通常情况下集中速率越高，散户数下降越快，资金入场也越快；但也要注意这样一些特殊情况，有些股票主力一直进入其中，股价已经拉高几个台阶，这时集中速率一直居高不下，例如，600377 宁沪高速，集中速率一直很高，主力一直试图出货。

(2) 集中速率越低，散户数上升越快，资金离场也越快；其中 1S 表示 1 天的集中速率；5S 表示 5 天的集中速率。依此类推，不同数值表示不同的天数的集中速率。

散户星空图的区分标准如下。

高控盘区：持股数≥60 手；　　较高控盘区：30≤持股数<60；

中控盘区：15≤持股数<30；　　低控盘区：15≤持股数；

小盘股：流通 A 股<5 000 万股;中盘股：5 000 万股≤流通 A 股<15 000 万股；

大盘股：流通 A 股≥15 000 万股。

6. 价盘星空图原理

(1) 横坐标 X 轴对应流通盘，指股票的流通盘的大小。纵坐标、Y 轴对应股价，代表不同的股票价位。

(2) 从图 1-2 可以看出中国股市和股价关系最为密切的基本面因素就是流通股本。基本上流通股本的大小就决定了其价格区间。

(3) 其中黄颜色曲线代表市场平均流通市值，上方白色曲线代表 1.5 倍市场平均流通市值，下方白色曲线代表 0.5 倍市场平均流通市值。

(4) 按 PgDn 或 PgUp 键，移动光标键可以查看股票的集中速率研判。

① 从 1-2 图中可以看到流通盘越小，股价往往越高；流通盘越大，股价相应越低。这是中国股市目前的规律和现状。

②最上方区域股价涨幅很高，特别一些股票价格一直高企，很多时候由于机构长期介入其中，高控盘使得价值发生偏离，形成“黑洞”股票，如当时的银广厦、东方电子等，应当注意其变现的压力。但有些真正具有投资价值的股票除外。

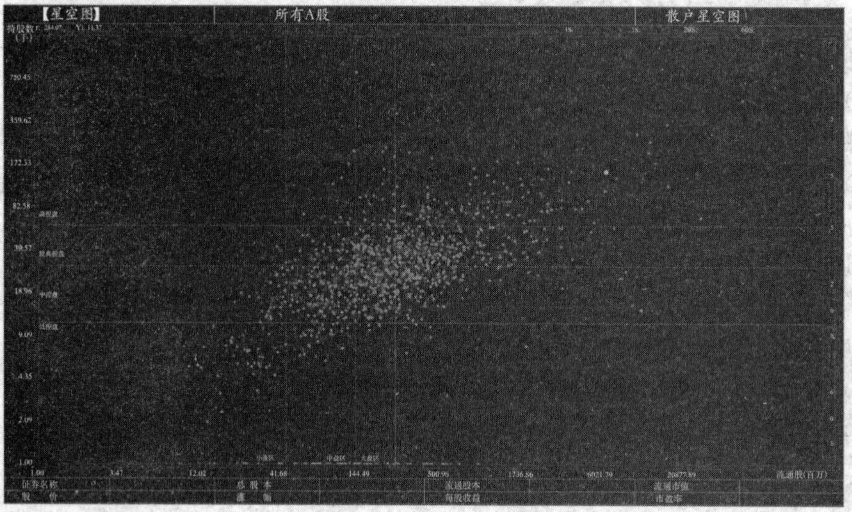

图 1-2 星空图

③ 最下方的股票价格低，应区别对待。对于有实质性重组的潜力股，可以多加留意；对于具有内在原因的如 ST、或基本面、财务状况持续恶化的，则要谨慎。所以风险与机会共存。

④ 对于流通盘适中、中低价位的股票，在图中处于左下方的个股，未来有价格上升空间，加上市场上资本运作的便利，往往是牛股产生的温床。

十四、输出到 Excel

在软件的各种界面中，包括大盘走势界面、各类行情报价界面、个股分时图、K 线图，甚至静态分析图中，只要右击，在弹出的快捷菜单中选择【输出 Excel 数据文件】命令项，可以将各类分时数据自动输出到 Excel 文件，并以指定的文件名保存到目录 \ dzh \ export 中去。如果你是个 Excel 高手，就可以自编各种图表来分析了。

第二章　模拟交易软件功能介绍

本章内容以全国各大高校采用比较广泛的北京世华财讯金融投资模拟教学系统为例来进行介绍。

一、模拟交易前台

1. 登录

在浏览器中输入模拟交易系统用户前台的地址，会出现系统登录界面，如图 2-1 所示。

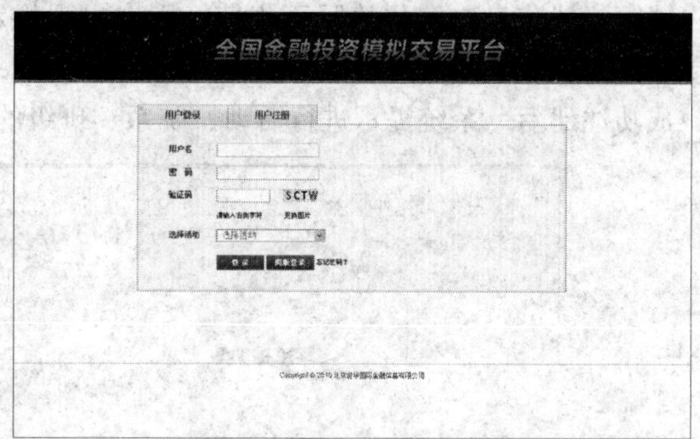

图 2-1　模拟交易系统登录界面

在图 2-1 中输入用户名、密码、验证码（不用区分大小写）并选择活动。如果没有加入过则将进入选择院系、班级页面，以便激活在该活动下的账户信息。

单击【登录】按钮，进入 e-cube 版模拟交易系统，根据您的网络情况不同，会有少许等待即可进入；也可以单击【简版登录】按钮，进入简版模拟交易系统。该系统专门针对网络环境不佳的用户，屏蔽了 e-cube 看盘器，仅载入其下单板，及时行情数据在请求交易时才会显示。

2. 注册

登录系统界面后，选择【用户注册】选项卡，进入系统注册界面，可以进行新用户注册，如图 2-2 所示。

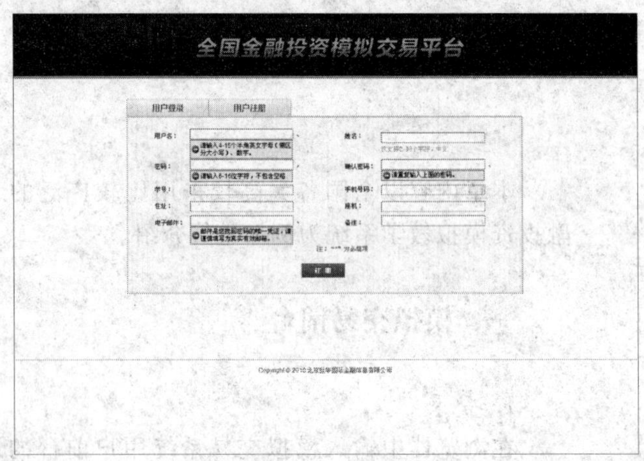

图 2-2 模拟交易系统注册界面

用户填写注册信息时，如填写不规范，则会出现提示信息。必填项全部无错，选填项如果填写也符合规范后单击注册生效。

用户成功注册后，系统提示进行活动、院系、班级的选择界面，如图 2-3 所示。

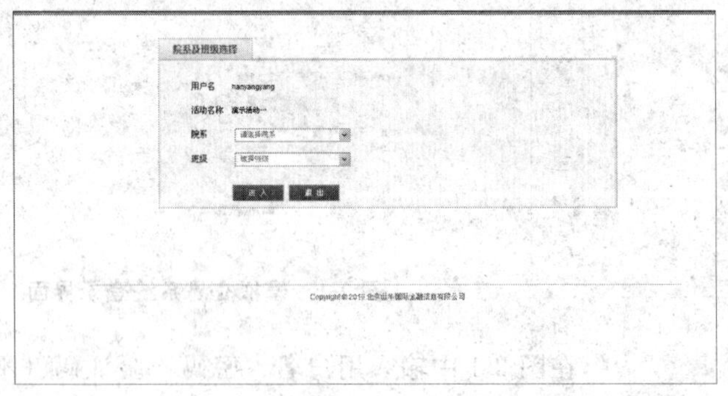

图 2-3 模拟交易系统活动、院系、班级的选择界面

选择一个感兴趣的活动，单击【进入】按钮，接着选择活动下自己的院系、班级，单击【进入】按钮，完成最后的创建工作。单击【退出】按钮，则页面跳转到登录页面，如此次加入该活动进程未完成，下次加入时需再次进行此操作。

3. 忘记密码

此处需填写用户名和用户资料里面所保留的邮箱，如匹配则将密码发至该邮箱，如图 2-4 所示。

寻回密码

用户名：

注册邮箱：

提 交

Copyright © 2010 北京世华国际金融信息有限公司

图 2-4　模拟交易系统寻回密码界面

4. 登录后功能总览

登录后，可以看到各个市场的行情及相关资讯，如图 2-5 所示。这里需要说明的是，如果未订购该市场，则行情和资讯可以查看，但不能对该市场进行下单操作。

图 2-5　模拟交易系统功能总览界面

简版模拟交易登录后如图 2-6 所示。

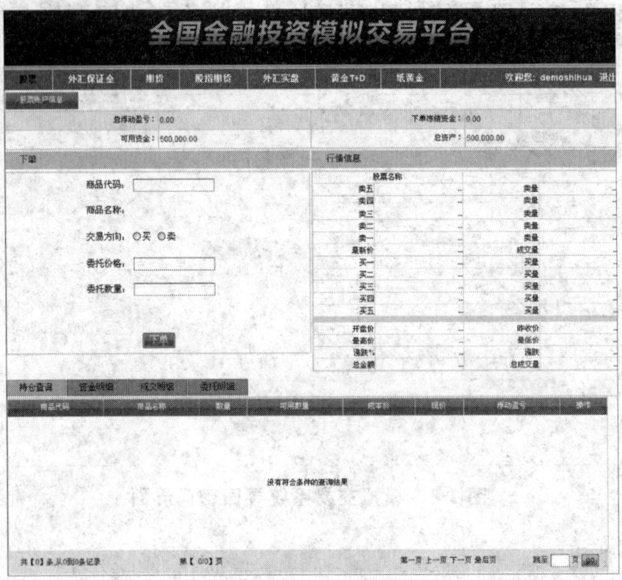

图 2-6 简版模拟交易系统界面

5. 资料修改

登录 e-cube 版模拟交易后，单击修改资料可以修改除用户名外的其他信息项。单击修改密码可以自行修改密码，如图 2-7 所示。

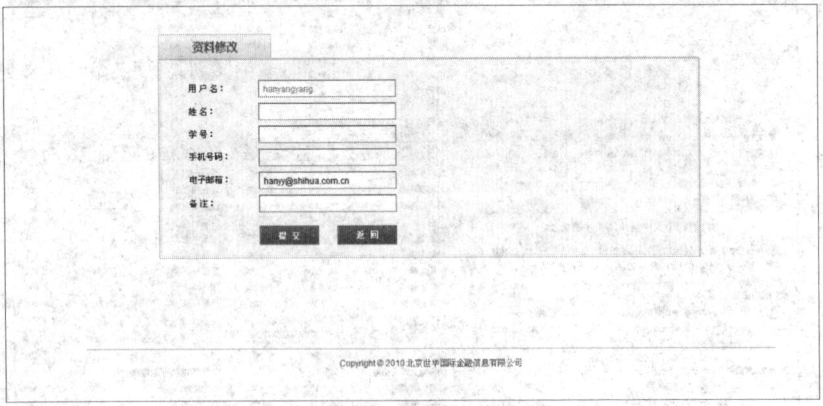

图 2-7 资料修改界面

6. 下单

可以通过单击【下单】或者【买卖】按钮进入下单界面，如图 2-8 所示。

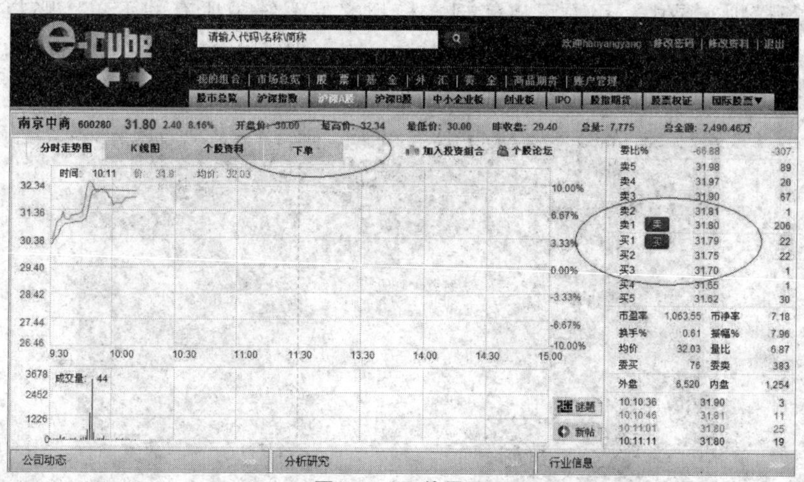

图 2-8 下单界面

输入委托价格、数量信息，单击【下单】按钮，如图 2-9 所示，然后进入下单确认页面。

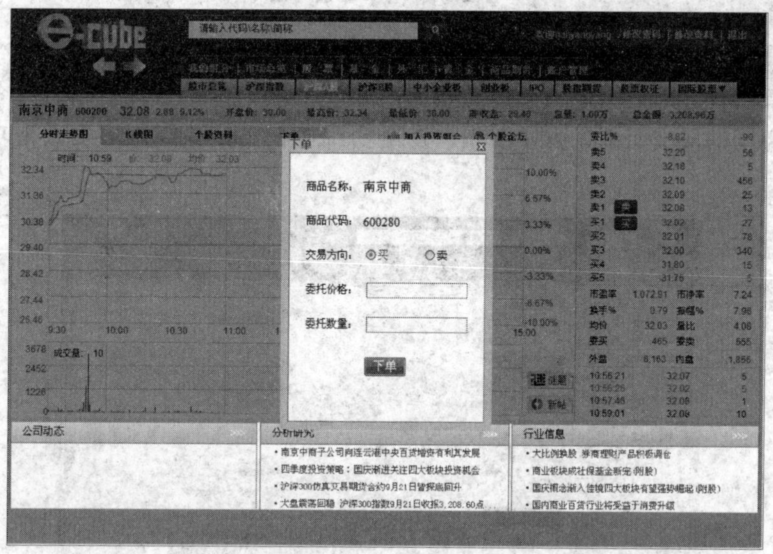

图 2-9 下单菜单

如图 2-10 所示，在下单确认界面会罗列出该笔下单信息，用户需在倒计时的 7 秒钟内完成确认工作，否则该笔下单视为无效。只有在交易时间才能进行下单操作，在非交易时间下单将会有错误提示。

在简版模拟交易中，用户可以实现在模拟交易系统中所有的下单、账户管理等功能，可以通过单击不同的市场按钮切换市场。下单时输入或选择交易品种即可显示当前即时行情，交易方式同模拟交易系统相同。

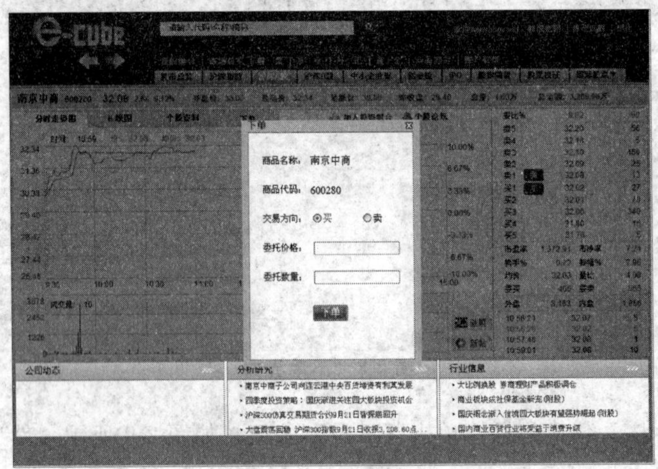

图 2-10　下单确认界面

7. 账户管理

账户管理首界面显示该活动下市场及各市场的用户资金情况。单击各个市场，可查看到该市场的成交明细、委托明细、资金明细等信息，并提供历史查询功能，如图 2-11 所示。

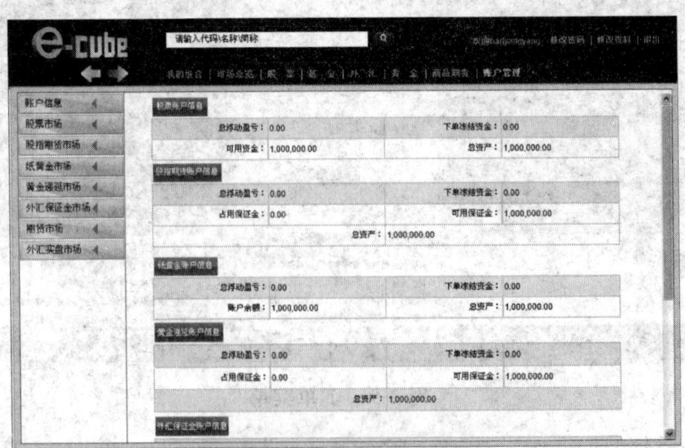

图 2-11　账户管理界面

二、客户管理后台

1. 登录

在浏览器中输入客户管理后台地址：http：//tradeadmin. student. shihua. com. cn（统一客户管理后台，各个用户的客户管理后台地址相同），弹出如图 2-12 所示的管理登录界面，输入用户名、密码后，单击【登录】按钮即可。

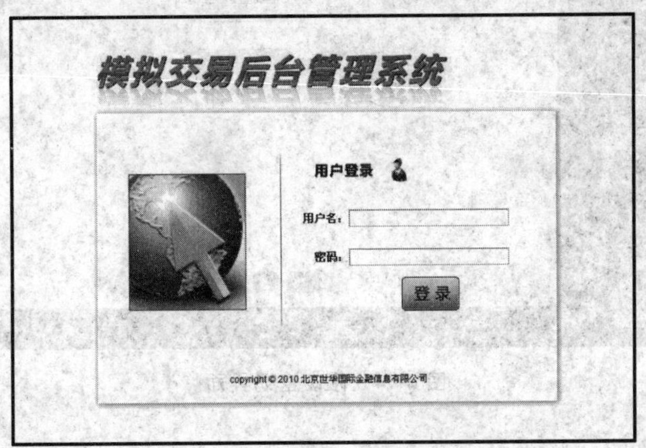

图 2-12 后台管理登录界面

2. 登录后功能总览

登录后，弹出如图 2-13 所示的后台管理界面，该界面包括退出、修改密码、逐一创建用户、批量创建用户、查询用户、活动管理等功能。

图 2-13 后台管理界面

3. 修改密码

登录后界面默认显示修改密码功能，客户可自行修改客户管理员密码，单击【确定】按钮即时成效，如图 2-14 所示。

图 2-14 修改密码界面

4. 逐一创建用户

逐一创建用户时必填信息为用户名称、密码，其他信息为选填，如图 2-15 所示。

图 2-15 逐一创建用户界面

5．成批创建用户

成批创建用户包括以下两种模式。

(1) 正常创建：输入用户名统一前缀，数字范围可为 1～无穷大（此处建议按 100 为一个单位创建，这样创建速度可以得到保证），密码生成方式可选择与用户名相同或产生随机密码，如图 2-16 所示。

(2) Excel 导入创建：首先下载模板，至少输入用户名及密码，然后上传导入即可。如存在错误，会弹出提示信息，如无误则提示成功，如图 2-17 所示。

图 2-16　成批创建用户界面

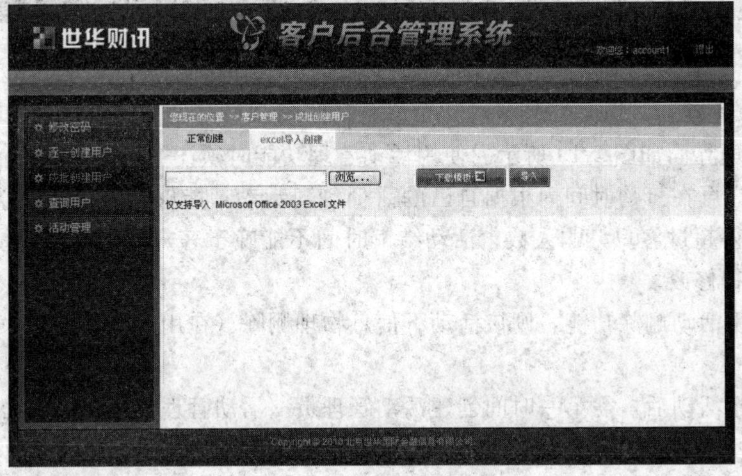

图 2-17　Excel 导入创建界面

6. 查询用户

查询用户界面如图 2-18 所示，在此界面可进行如下操作。

（1）可根据用户名、姓名进行模糊查询，并对查询结果提供导出至 Excel 的功能。

（2）可对单个用户提供资料修改功能（用户名不可修改）。

（3）可对单个用户提供删除功能（如做此操作，则用户所有信息全部物理删除无法恢复，包括用户信息、参加各活动的交易记录等）。

（4）可对所选中的一批用户或者该客户下所有客户进行密码初始化操作（初始化密码统一为 111111）。

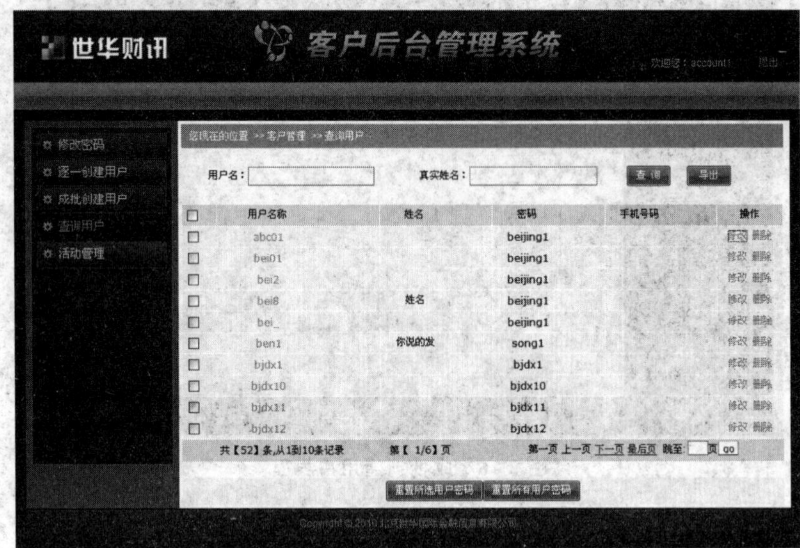

图 2-18 查询用户界面

7. 活动管理

活动管理界面如图 2-19 所示。使用活动管理功能时须注意以下事项。

（1）客户可在订购时间内根据自己的需要创建活动，能够涉及的市场为订购市场；人数上限不得超过客户订购人数；活动结束时间不能晚于客户订购时间；活动开始后，市场不能进行修改。

（2）使用活动删除功能，则该活动下信息物理删除（在用户交易记录、前台活动列表中删除）。

（3）创建活动后，需第一时间创建活动管理员（活动管理员用户名及密码将作为活动管理后台登录使用）。

（4）提供活动管理员修改功能。

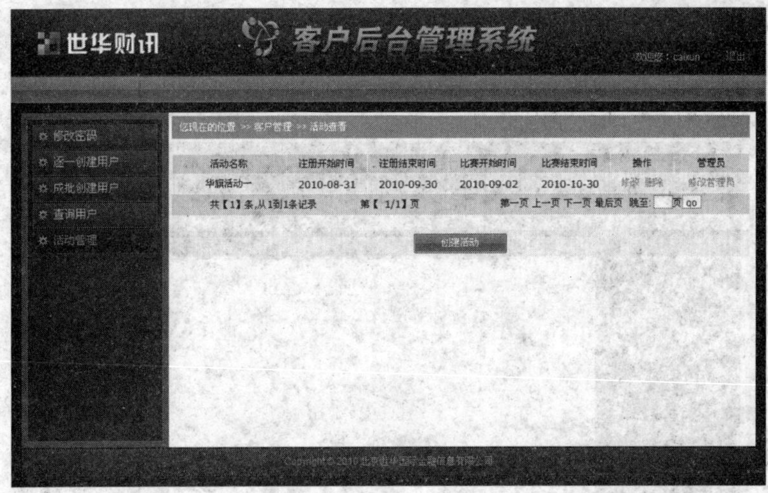

图 2-19　活动管理界面

三、活动管理后台

1. 登录

登录地址与客户管理后台一致，用户名及密码根据不同的活动而不同。

2. 登录后功能总览

登录后的活动管理系统主界面如图 2-20 所示，包括修改密码、院系管理、班级管理、账户管理、后台入口等功能。

图 2-20　活动管理系统主界面

3. 修改密码

登录后界面默认显示修改密码功能，客户可自行修改活动管理员密码，单击【确定】按钮即时成效，如图 2-21 所示。

图 2-21　活动管理系统修改密码界面

4. 院系管理

在院系管理界面，管理员可以创建、修改、删除院系，如图 2-22 所示。同一个活动下的院系名不能相同。

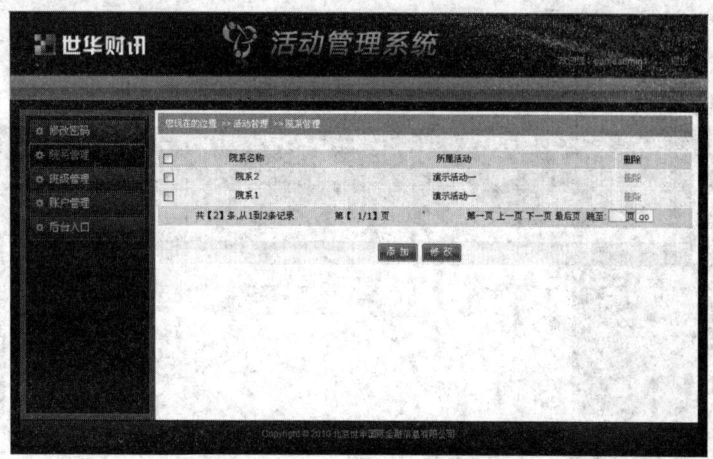

图 2-22　活动管理系统院系管理界面

5. 班级管理

在如图 2-23 所示的班级管理界面，管理员可以创建、修改、删除班级，并可查询班级，并对查询结果提供导出功能。添加时需要指定该班级添加到哪个院系下。同一个院系下的班级名不能相同。

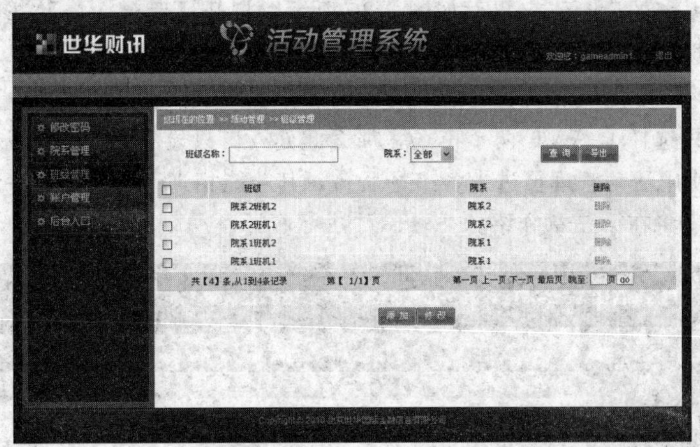

图 2-23　活动管理系统班级管理界面

6. 账户管理

（1）可以通过用户名称、真实姓名、学号等条件进行模糊搜索，并可将查询结果导出至 Excel。

（2）可以勾选部分用户进行活动的开通或者注销。

（3）开通时勾选的用户将被管理员分配到同一个院系和班级下，状态标记为已参加。

（4）注销时，则选中的用户在此活动下的信息将被删除（交易记录等），状态更新为未参加。

活动管理系统的账户管理界面如图 2-24 所示。

图 2-24　活动管理系统的账户管理界面

7. 后台入口

活动管理系统的后台入口界面如图 2-25 所示，打开【后台入口】选项，可以进入该活动下各市场交易后台。

(1) 显示的内容为该活动所选择市场，例如，客户购买了 A\B\C 三个市场，但是开启的活动只选择了 A\C 两个市场，那么此处入口只显示 A\C 市场入口。

(2) 默认使用活动管理员进入各市场后台，其功能相当于交易后台一级管理员。各市场的后台管理将在第三章介绍。

图 2-25 活动管理系统的后台入口界面

四、各市场管理后台

下面以股票市场模拟交易的后台为例来介绍各市场的后台管理，各市场后台基本功能类似。

1. 管理员资料

单击管理员资料进入该功能，在此可以查询各管理员信息，修改管理员各种权限以及创建新的二级管理员。后台管理系统界面如图 2-26 所示。

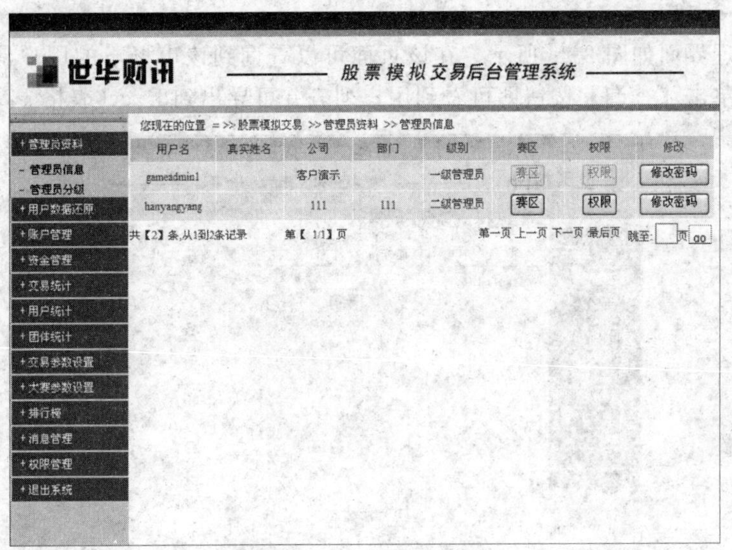

图 2-26　后台管理系统界面

2. 用户数据还原

用户数据还原界面如图 2-27 所示，在该功能下可以选择恢复特定用户的数据，防止误操作删除用户信息。选择需要还原的日期，确定还原点——结算前或结算后，单击【确定】按钮即可。

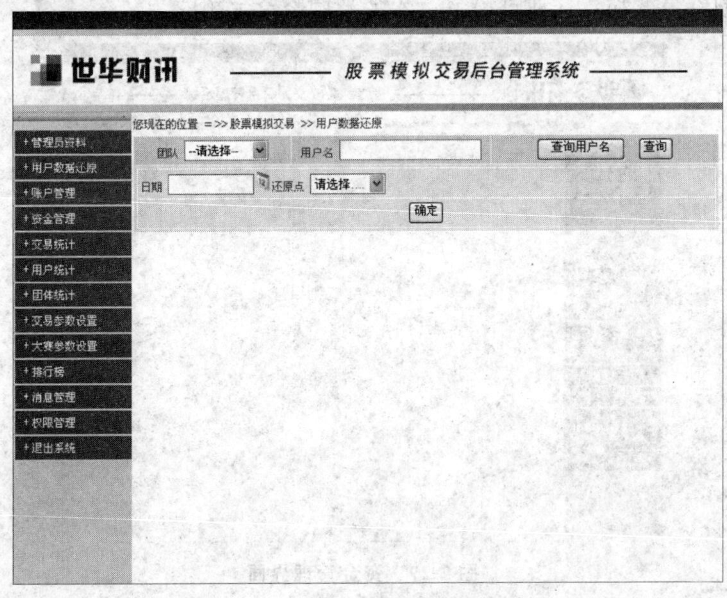

图 2-27　用户数据还原界面

3. 账户管理

账户管理界面如图 2-28 所示，在该页面可以查询到该市场下的用户信息，设置好选择范围后单击【查询】按钮即可看到用户列表并可导出到 Excel 表格。

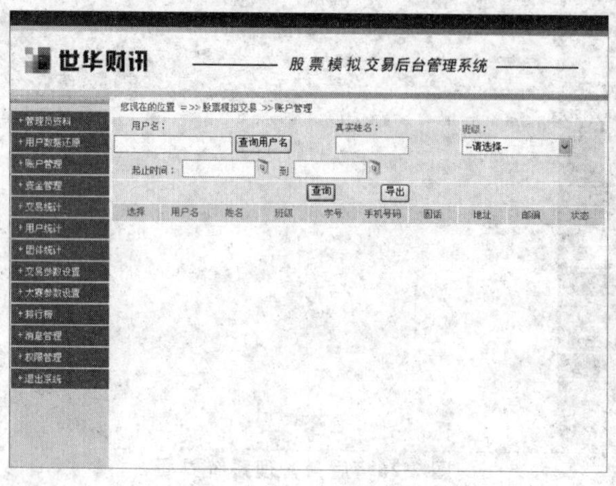

图 2-28　账户管理界面

4. 资金管理

资金管理界面如图 2-29 所示，管理员可以在这里查询各组或班级的初始资金额，并可设置大赛初始金额。当大赛开始后，将不能更改初始金额。管理员也可以查询各用户和团体的资金变动，并通过出金、入金来调整资金额度。

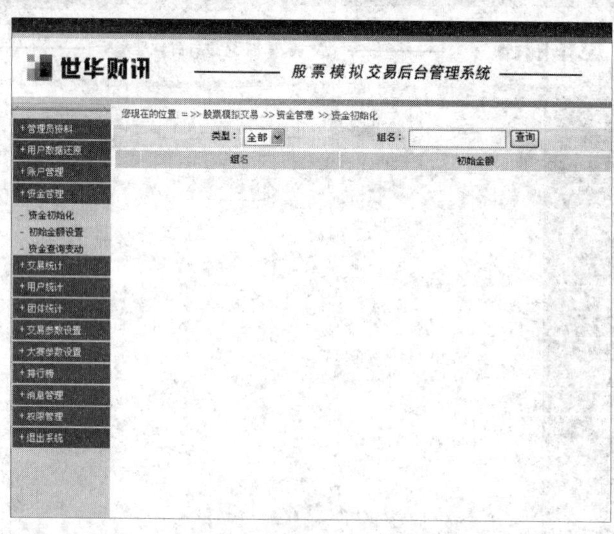

图 2-29　资金管理界面

5. 交易统计

在如图 2-30 所示的交易统计界面可查询当前各用户或团体的持股情况、委托情况、成交情况及资金情况，并可导出到 Excel 表格。

图 2-30 交易统计界面

6. 团体统计

团体统计界面如图 2-31 所示，在该功能页，可以查询各团体总的历史交易量及历史市值。用户个人统计功能可以查询特定时间段内用户的总资产或总成交量情况。

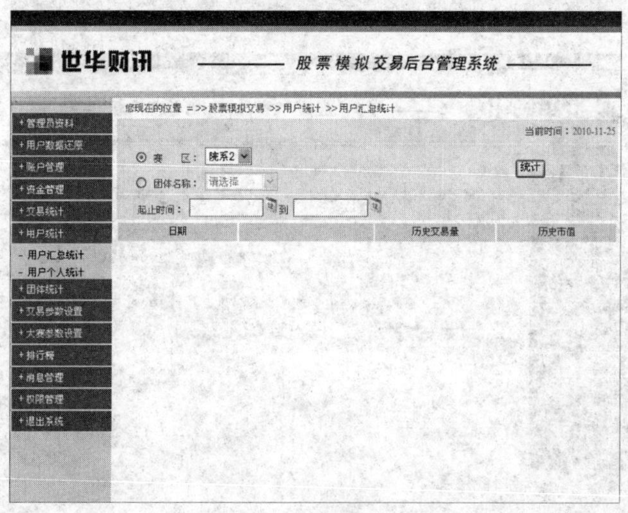

图 2-31 团体统计界面

7. 交易参数设置

交易参数设置界面如图 2-32 所示，默认情况下各市场交易参数设置和真实市场相同。管理员也可根据时间情况调整参数，例如，交易规则设定、交易费率设定及交易时间设定。

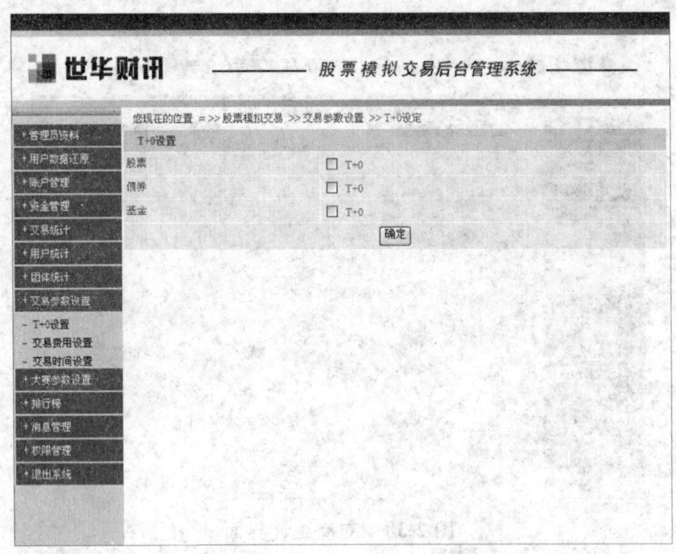

图 2-32　交易参数设置界面

8. 大赛参数设置

在如图 2-33 所示的大赛参数设置界面设置各市场大赛的起止时间，也可初始化大赛时间，请在初始化之前备份交易记录。

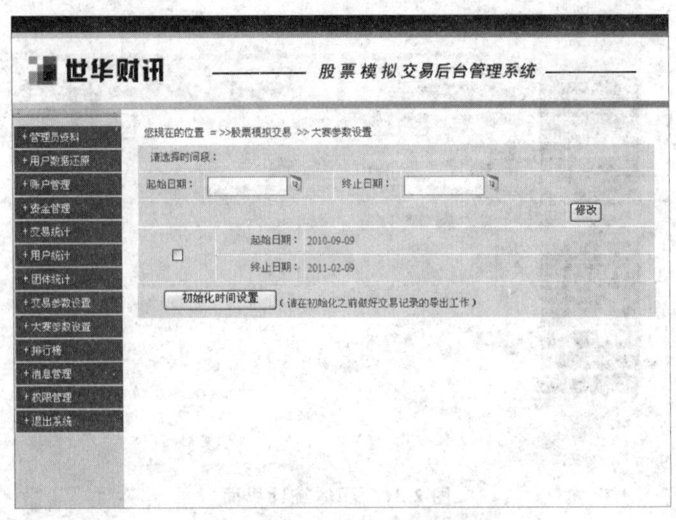

图 2-33　大赛参数设置界面

9. 排行榜

排行榜功能提供某一时间点团体、个人按总资产、收益、总成交量的排名查询，并可导出至 Excel 表格。排行榜界面如图 2-34 所示。

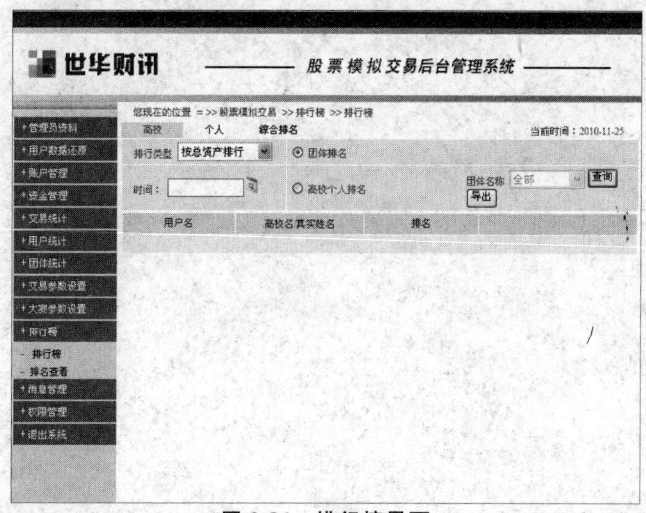

图 2-34　排行榜界面

10. 权限管理

在如图 2-35 所示的权限管理界面可以设置管理员的设置权限，即设置左侧菜单栏显示的各功能的设置权限。这里的设置仅限于对一级管理员，二级管理员的权限可在管理员资料处设置。

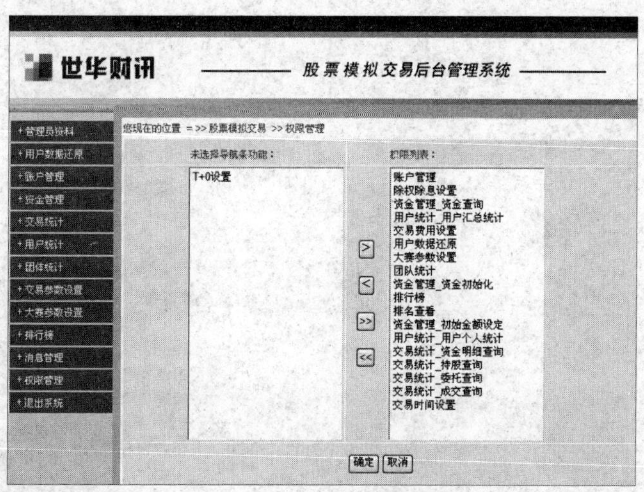

图 2-35　权限管理界面

第二篇

股票交易实验篇

第三章 股票交易模拟实验

一、实验目的

1. 了解证券市场的行情资讯和交易系统。
2. 掌握股票分析软件系统的操作方法。
3. 理解大盘和分时走势图的含义。
4. 理解各个行情指标的作用和意义。

二、实验要求

1. 熟悉证券投资软件系统。
2. 清楚证券投资软件的系统结构和作用。
3. 掌握证券投资股票分析软件的使用和操作。
4. 读懂大盘领先指标和分时走势图。
5. 掌握开盘价、收盘价、委比、量比、内盘、外盘的含义与运用。

三、实验步骤

（一）了解证券投资股票分析软件的功能

证券市场风云诡秘、瞬息万变，失之毫厘即可造成成千上万的巨额损失。因此，稳定、可靠是证券信息产业的生命，而“证券投资股票分析软件”能够提供稳定、可靠的证券信息，是证券投资的分析工具。

（二）证券投资股票分析软件的使用和操作

这里先介绍软件界面构成的基本元素，以及可以从中获得的信息和实现的功能。其主要内容如下。

1. 主菜单栏、K 线图和分时走势图

以上三项如图 3-1 至图 3-3 所示。

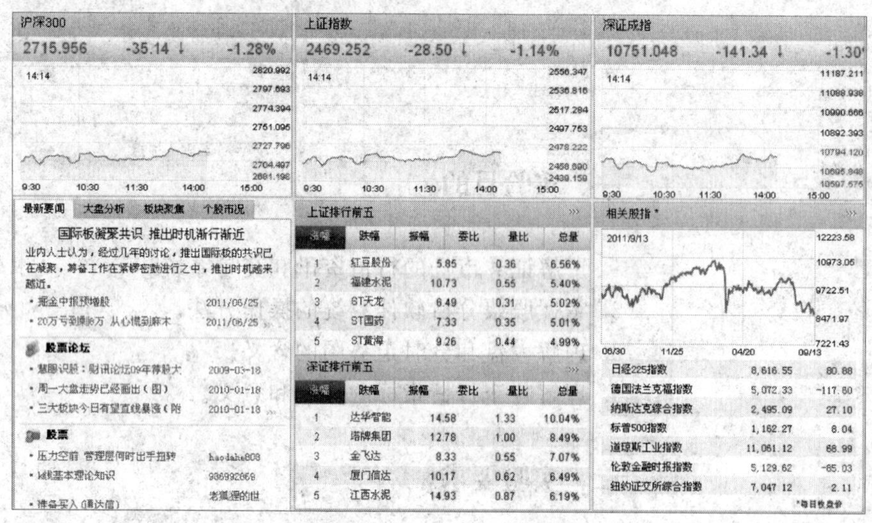

图 3-1　股市总览主菜单栏

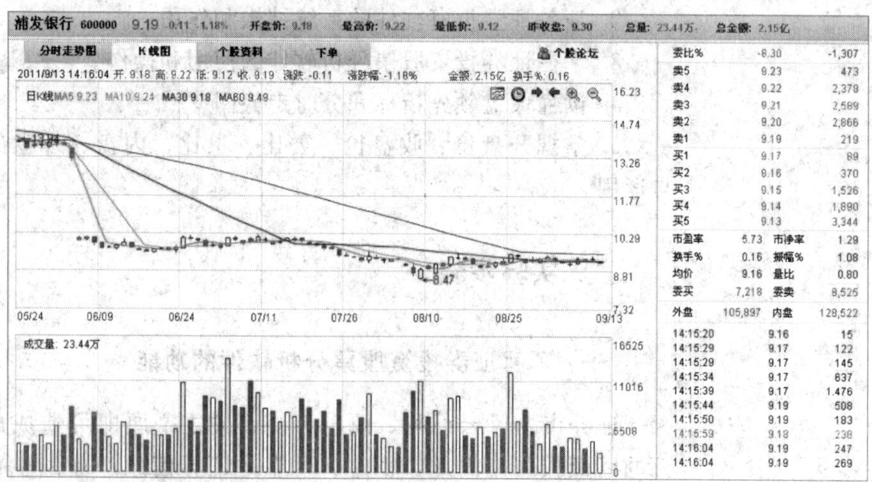

图 3-2　个股（浦发银行）K 线图

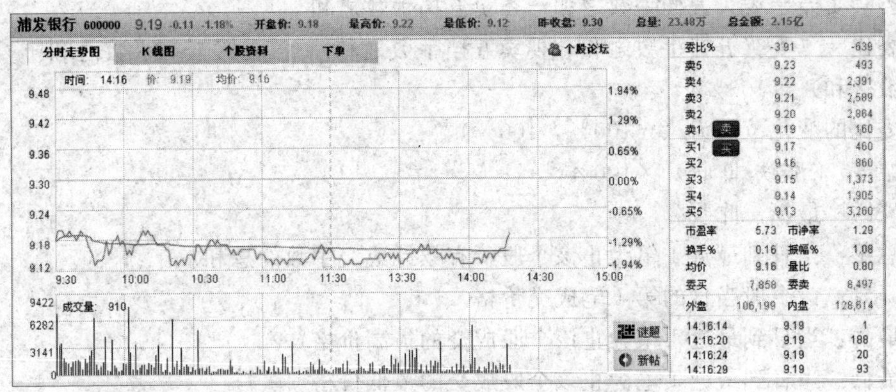

图 3-3　个股（浦发银行）分时走势图

分时走势图也叫即时走势图，它是把股票市场中的交易信息实时地用连续曲线在坐标图上加以显示的技术图形。其中坐标的横轴是市场交易的时间，纵轴的上半部分是股价或指数，下半部分显示的是成交量。

2. 信息窗口

信息窗口在画面的右上方。这个窗口显示了当天该商品的各种信息，几乎所有的数据都要看这个地方。大盘指数和个股画面中的信息窗口所显示的数据信息是不一样的。

(1) 从大盘的信息窗口显示数据可以看到：最新指数、指数涨跌、涨跌幅度、昨日收盘、今日开盘、今日最高、今日最低、总成交量、总成交金额、委比、委买卖差、上涨家数、平盘家数、下跌家数。

最新指数：最近 1 分钟的指数。

指数涨跌：最新－昨收。

涨跌幅度：涨跌/昨收。

总成交量：到最近 1 分钟为止，所有成交手数之和。

总成交额：到最近 1 分钟为止，所有成交额之和。

(2) 从个股信息窗口显示数据可以看到：卖五/卖四/卖三/卖二/卖一；买一/买二/买三/买四/买五；第一屏：成交、开盘、幅度、最高、总手、最低、现手、换手/全价；第二屏：均价、涨跌、金额、市盈/利息/净值、委比、量比、涨停、跌停。

卖五/卖四/卖三/卖二/卖一：该个股当前时刻委托卖出的第五/第四/第三/第二/最低价格。

买一/买二/买三/买四/买五：该个股当前时刻委托买入的最高/次高/第三/第四/第五高价格。

委买卖差＝委买五档手数之和－委卖五档手数之和

委比＝（委买五档手数之和－委卖五档手数之和）/（委买五档手数之和＋委卖五档手数之和）×100％。

委比的变化范围为（－100％，100％）

幅度：（涨跌/昨收）×100％

涨跌：最新－昨收

总手：当日到最近1笔为止该个股所有累计成交手数的总和。

开盘：该个股当日的第1笔成交价格。

最高：当日到最近1笔为止该个股成交的最高价格。

最低：当日到最近1笔为止该个股成交的最低价格。

均价：累计成交金额/累计成交量

量比：是评价当日累计成交量的指标。量比＝当日累计成交量/（过去5日每分钟平均量×当前开市多少分钟）

换手＝阶段内成交量/普通股股份总数

用户可以根据需要，将阶段周期设置为1～5天。

市盈：市盈率，为每股市场价/每股税后净利润（摊薄）。

外盘：到最近1笔为止，当日所有靠近委卖价成交的手数总和。

内盘：到最近1笔为止，当日所有靠近委买价成交的手数总和。

（三）掌握盘面术语的含义与运用

（1）前收盘价：前一交易日或前一天收盘前最后一笔交易的成交价格，反映该段交易多空双方交战的结果。

（2）开盘价：是一天交易开始时第一笔成交价，目前深沪实行集合竞价。

（3）最高价：是一天交易中最高的成交价格。

（4）最低价：是一天交易中最低的成交价格。

（5）买进价：委托买入的价格。

（6）卖出价：委托卖出的价格。

（7）成交价：成交价有低于、等于买入价，高于、等于卖出价，在买入卖出之间等五种情况。

（8）成交量：全日成交的总量（股数、金额）。

（9）涨跌幅：（现价－前收盘价）/（前收盘价）×100％

（10）委买手数：现在所有委托买入下五档手数相加的总和。

（11）委卖手数：现在所有委托卖出上五档手数相加的总和。

（12）委比：委托买入的手数与委托卖出的手数之比，委比正值大，买方比卖方强，反之，卖方比买方强。

委比＝［（委买手数－委卖手数）/（委买手数＋委卖手数）］×100％

(13) 均价＝（分时成交量×成交价）/总成交股数

(14) 量比＝现成交总手数/［（五日平均总手数/240）×目前已开市分钟数］

(15) 外盘：成交价在卖出价为外盘。

(16) 内盘：成交价在买入价为内盘。内盘＋外盘＝总手数

(17) 成交明细表：每一分钟成交的明细。成交手数为红色股表示股价高于前一天收盘价。绿色表示股票价格低于前一天收盘价。

四、实验报告

1. 谈谈对证券交易行情软件和交易软件的认识。

2. 举例说明对开盘价、收盘价、委比、量比、内盘、外盘等如何运用。

3. 在沪深两市上市的债券品种，都可以和股票一样下单进行交易，学生可自行进行模拟交易实验。

4. 在沪深两市上市的封闭式基金，都可以和股票一样下单进行交易，学生可自行进行模拟交易实验。

5. 在沪深两市上市的权证，都可以和股票一样下单进行交易（T＋0），学生可自行进行模拟交易实验。

五、集合竞价与连续竞价

1. 集合竞价

目前上海和深圳证券交易所开盘采用的是纯粹限价指令下的自动化集合竞价，其价格的确定必须同时满足下列三个条件：①成交量最大；②高于成交价格的买入申报价和低于成交价格的卖出申报价全部成交；③与成交价格下相同的买入申报或卖出申报至少有一方全部成交。

其价格确定过程如下：首先，交易系统收集集合竞价期间收到的所有交易者提交的限价指令并按照价格高低进行排列；其次，按照成交价格计算公式找出满足使成交量最大的成交价格；最后，如果集合竞价过程产生同时满足上述三个条件的两个成交价格（不会产生三个以及三个以上的成交价格），取这两个成交价格的中间价格作为开盘价（我国深圳证券交易所则采用离上个交易日收盘价最接近的价位作为开盘价），表3-1为证券委托盘面表。

表 3-1 证券委托盘面表

	价格（元）	买入申报数量（手）	累计买入量	最大成交量	累计卖出量	卖出申报数量
高	P_1	B_1	$\sum b_1 = B_1$	$\min(\sum b_1, \sum s_n)$	$\sum s_n = \sum s_{n-1} + S_n$	S_{n-1}
	P_2	B_2	$\sum b_2 = B_2 + \sum b_1$	$\min(\sum b_2, \sum s_{n-1})$	$\sum s_{n-1} = \sum s_{n-2} + S_{n-1}$	S_{n-1}
	⋮	⋮				
	P_{n-1}	B_{n-1}	$\sum b_{n-1} = B_{n-1} + \sum b_{n-2}$	$\min(\sum b_{n-1}, \sum s_2)$	$\sum s_2 = \sum s_1 + S_2$	S_2
低	P_n	B_n	$\sum b_n = B_n + \sum b_{n-1}$	$\min(\sum b_n, \sum s_1)$	$\sum s_1 = S_1$	S_1

到目前为止，我国沪深两个交易所的开盘制度只有限价指令，并且开盘集合竞价时间是固定的，既不允许市价指令进入，又不允许开盘过程随机结束，在集中竞价过程中更没有指示性集合竞价价格的公布。这种集合竞价方式的优点是简单明了，但其缺点也是显著的。首先，集合竞价过程是“黑箱”性的，即交易者既不能看到其他交易者的指令，又不可能看到指示性的集合竞价价格，参与开盘竞价的投资者往往无所适从，因而集合竞价过程并不能十分有效地反映各方面的交易需求。其次，由于集合竞价时间是固定的，因此有可能被某些投资者利用，在集合竞价结束前下达大额指令，从而操纵开盘价格，加剧了开盘价格的波动。所以当前我国采用的集合竞价过程被认为具有不确定性强、流动性差及易被操纵等缺点。

现举例如下，假设证券 A 的委托盘面表如表 3-2 所示。

表 3-2 证券 A 的委托盘面表 1

价格（元）	买入申报数量（手）	累计买入量（手）	最大成交量（手）	累计卖出量（手）	卖出申报数量（手）
10.20	100	100	100	1 970	500
10.15	120	220	220	1 470	400
10.10	160	380	380	1 070	350
10.00	200	580	580	720	300
9.95	250	830	420	420	200
9.90	300	1 130	220	220	120
9.80	400	1530	100	100	100

从表 3-2 可以看出，最大成交量为 580 手，对应价位为 10.00 元，因而成交价格是 10.00 元，这符合上述要求的三个条件。在集中竞价过程中，开盘价格极易被人为操纵，因为我国当前开盘过程是不透明的，投资者在开盘价格确定之前不能了解可能的

开盘价格，也不能看到各方价格及对应的买卖数量。这样，操纵者能够轻松地人为拉抬或打压股价。如果操纵者欲拉抬股票价格，则可以在高价位上委托大量的买入指令，例如，在10.20元的价位上委托10 000手，则开盘价格就会变为10.20元。同理，如果操纵者欲打压股价，则可以在较低价位上委托大量的卖单。证券A的又一委托盘面表如表3-3所示。

表3-3　证券A的委托盘面表2

价格（元）	买入申报数量（手）	累计买入量（手）	最大成交量（手）	累计卖出量（手）	卖出申报数量（手）
10.20	100	10 000	1 970	1 970	500
10.15	120	10 120	1 470	1 470	400
10.10	160	10 280	1 070	1 070	350
10.00	200	10 480	720	720	300
9.95	250	10 730	420	420	200
9.90	300	11 030	420	220	120
9.80	400	11 430	100	100	100

2. 连续竞价

当前我国证券交易采用电脑集合竞价和连续竞价两种方式。集合竞价是指对一段时间内接受的买卖申报一次性集中撮合的竞价方式，只在开盘时使用。连续竞价是指对买卖申报逐笔连续撮合的竞价方式，它在每个交易日开盘之后的所有交易时间内使用。在连续竞价阶段，证券交易按价格优先、时间优先的原则竞价撮合成交。成交时价格优先的原则为：较高价格买进申报优先于较低价格买进申报，较低价格卖出申报优先于较高价格卖出申报。成交时时间优先的原则为：买卖方向、价格相同的，先申报者优先于后申报者。申报顺序按交易主机接受申报的时间确定。连续竞价时，成交价格的确定原则为：

（1）最高买入申报与最低卖出申报价格相同，以该价格为成交价格。

（2）买入申报价格高于即时揭示的最低卖出申报价格时，以即时揭示的最低卖出申报价格为成交价格。

（3）卖出申报价格低于即时揭示的最高买入申报价格时，以即时揭示的最高买入申报价格为成交价格。

3. 竞价中的收盘价格操纵

在每个交易日结束之后，打开股票实时行情分析软件特别报道栏目，我们就会发现在五分钟涨幅排行榜中经常有很多股票在最后的几笔交易中，其价格以跳跃的方式上涨，涨幅有时甚至高于5%以上，而且每一笔成交手数都放大几十倍，甚至上百倍。如此的大手笔，加上买进价格的跳跃性，不是市场操纵者行为，谁又会愿意以这么大的风险升水来买进呢？例如，表 3-4 为某股票某日收盘前和次日开盘后五分钟成交明细表。

表 3-4 某股票某日收盘前和次日开盘后五分钟成交明细表

当日收盘前			次日开盘后		
成交价格（元）	成交数量（手）	成交时间	成交价格（元）	成交数量（手）	成交时间
19.00	180	14∶56	19.30	2	9∶30
19.00	55	14∶56	19.30	22	9∶31
19.05	14*	14∶57	19.20	13	9∶32
19.10	850*	14∶57	19.11	100	9∶32
19.18	121*	14∶58	19.01	33	9∶34
19.30	322*	14∶58	19.01	92	9∶35
19.50	264*	14∶58	19.00	43	9∶35
19.50	195	14∶59			
19.50	194	14∶59			
19.68	281	14∶59			

表 3-4 是在 2001 年 4 月 19 日交易结束后挑选出来的尾市拉抬比较明显的一只股票（在此不指明），并追踪其在第二个交易日开盘后五分钟的表现情况。表中的时间表示当天的实际交易时间（24 小时制），价格就是每笔实际成交的价格，成交手数为每笔对应的成交量，有时在一分钟内按照不同的价格成交几笔，我们也分别表示出来，带有＊符号的表示计入外盘（buyer initiated，买方按照卖方报价主动性地买进）的成交量，其他为计入内盘（seller-initiated，卖方主动性地抛售）的成交量。

从成交明细表中可以看出，在邻近收盘前四分钟价格波动没有异常，但是从临近收盘前三分钟（14：57），开始有大手笔（850 手）买进该股票，价格表现为跳跃式上涨（从 19.05 元到 19.10 元），之后价格持续跳跃性上涨，联笔委托价格间隔最大达到 0.20 元，占当前成交价的 1%，股价在短短的三分钟内上涨 3.58%。导致出现这种委托指令严重失衡，高价差大手笔买进的原因可能有以下两个：①有影响该股票基本价值的信息进入或即将进入市场，导致知情交易者提前做出反应。如果是此种情况所致，在一个有效的市场中，次日开盘价应该维持或甚至高于当天的收盘价。②有人人为操纵股价。如果股价大幅跳跃性上涨为此原因所致，而且操纵者次日开盘无意再支撑人为的股价水平，股价应恢复到其真正的收盘价格水平上。在确认第二个交易日该公司没有新信息公布的情况下，我们追踪此股票次日开盘后 5 分钟内的股价表现情况：集合竞价的开盘价格仅为 19.30 元，比收盘价下跌 1.93%，而且成交数量比当日临近收盘时也急剧萎缩，只有 2 手，随后一直是手数比较小的抛盘，股价持续下跌到 19.00 元左右暂时达到均衡。可见，该股票当日邻近收盘时的大幅上涨正是操纵者跨越市场价格以高价差大手笔买进拉抬的结果。那么谁最有可能是这些操纵者呢？

4. 可能的价格操纵者

参照国际市场的案例，并根据当前我国市场的现实情况，市场中可能有三类交易者在邻近收盘时操纵股票价格。

(1) 证券经纪人。在券商营业部竞争激烈的情况下，吸引客户交易成了证券经纪业务的重要内容。因而证券经纪人常常向客户推荐一些股票促使其频繁交易。为了取得客户的信任，他们有可能在接近收盘时通过隐蔽的方式大笔交易买进拉高收盘价，从而使自己的“推荐”变成现实。

(2) 当天收盘后要向上司汇报业绩的各类机构投资者的操盘手。为了显示自己的业绩，就可能在邻近收盘的时候拉高股价，从而可以轻松地提高持有的证券市值。

(3) 真正的市场操纵者，也就是股票市场上中小投资者常说的机构主力或庄家。他们之所以利用邻近收盘的时候来操纵股票价格可能出于下列原因：①操纵者在对每一个坐庄的股票中，当庄家已在暗中吸足了筹码要拉升股价时，往往在尾市利用少量资金拉抬股价，作出典型的甚至近乎完美的 K 线上升图形，引诱中小投资者跟风入市，从而为他进一步拉升股价创造条件。②操纵者在当日大量卖出持股的过程中，由于自己连续抛售，增加了股票的供给，最终可能使得股价在邻近收盘时几乎跌到了一天的最低点。如果最终以较低价格收盘，在技术分析上，表明股票抛压沉重，可能导致在以后的交易日中，没有投资者承接这个股票，从而操纵者无法顺利抛售。于是邻近收盘的时候，操纵者可以利用较少的成本连续对倒把价格拉抬上去。在我国收盘价采用连续竞价方式确定的情况下，操纵者正是利用这种手法制造了价格上涨的假象，而其他的中小投资者在接近收盘时来不及挂出卖单，这样股票价格最终能以操纵者心中的目标价位收盘。③另一个可能的原因是，在市场整体下跌的过程中，由于个股与大盘的联动性，操纵者所持股票价格随之下跌，到一定程度后，操纵者就会出来护盘。如果在收盘前的一段较长时间内拉高股价，很可能由于小投资者的乘机出货而导致继续维持股票价格在一定的水平上需要很大的承接成本，但是在邻近收盘时拉抬股价就可以达到节约拉抬成本的目的。与此相反，操纵者为了进一步吸筹也会在临近收盘时采用类似手法打压股票价格。

六、除权价的计算

1. 相关概念

除权是由于公司股本增加，每股股票所代表的企业实际价值（每股净资产）有所减少，需要在发生该事实之后从股票市场价格中剔除这部分因素，而形成的剔除行为。

上市公司以股票股利分配给股东，也就是公司的盈余转为增资时，或进行配股时，就要对股价进行除权。上市公司将盈余以现金分配给股东，股价就要除息。

股权登记日，简单说就是，如果你在这个日期之前没有卖出这种股票，你就拥有公告里说的转增、配送股或者红利的权利。

除权日：转增或者配送股以后市场可流通总股数增加，那么原来的市场价格必须进行除权，不然对后来买股票的人就不公平。

除权日的开盘价不一定等于除权价，除权价仅是除权日开盘价的一个参考价格。当实际开盘价高于这一理论价格时，就称为填权，登记股东即可获利；反之实际开盘价低于这一理论价格时，就称为贴权。

2. 除权价的计算

除权参考价计算公式有两种，沪市、深市各不相同。

(1) 沪市

除权参考价＝（股权登记日收盘价＋配股价×配股率—派息率)/(1＋送股率＋配股率)

例：某上市公司分配方案为每10股送3股，派2元现金，同时每10股配2股，配股价为5元，该股股权登记日收盘价为12元，则该股除权参考价为：

(12＋0.2×5—0.2)/(1＋0.3＋0.2) ＝8.53（元）

再如葛洲坝股权登记日收盘价为11.65元，配股比例为10配2.727 273，配股价为8元，依公式计算其除权价为10.87元，与该股配股除权日盘中显示数相符。

(2) 深市

与沪市有所不同，其计算方式以市值为依据：

除权参考价＝(股权登记日总市值＋配股总数×配股价—派现金总额）/除权后总股本

其中：股权登记日总市值＝股权登记日收盘价×除权前总股本

除权后总股本＝除权前总股本＋送股总数＋配股总数

例：深市某上市公司总股本10 000万股，股权登记日收盘价为10元，按照其分红送股方案，共送出红股3 000万股，派现金2 000万元，配股总数为1 000万股，配股价为5元，则其除权参考价为：

(10×10 000＋1 000×5—2 000)/(10 000＋3 000＋1 000) ＝7.36（元）

如若用深市的计算公式计算沪市股票，当然会有差异。需要说明的是，除权参考价只是在除权当日作为前收盘为投资者提供一个参考价格，并以此作为确定涨跌停限制范围的一个基准价格，而除权日的开盘价仍以集合竞价方式产生，由买卖双方的意愿决定。

七、股价指数的计算

1. 股价指数的计算

目前的上证综合指数以1990年12月19日为基期指数（基期指数定为100)，1991

年 7 月 15 日开始公布。上证股价指数以上海证券交易所上市交易的全部股票为计算对象，以报告期发行量为权数加权计算如下：

股票指数＝（报告期股票市价总值÷基期股票市价总值）×100

目前的深圳综合指数和成分股均为加权价格指数，深圳综合指数以 1991 年 4 月 3 日为基期（基期指数定为 100），1991 年 4 月 4 日开始公布。它以在深圳证券交易所上市交易的全部股票为计算对象，计算公式如下：报告期指数＝（报告期指数股份总市值/基期指数股份总市值）×100。下面以 6 种股票作为指数股，基期指数为 100，对指数的计算说明如表 3-5 所示。

表 3-5 股价指数的计算

股票	股份数	收市价（元）	市值（元）
A	5 000	15.00	75 000
B	7 000	20.00	140 000
C	8 000	12.00	96 000
D	10 000	8.00	80 000
E	12 000	10.00	120 000
F	15 000	8.50	127 500
总市值（元）			638 500

报告期股票价格的变动如表 3-6 所示。

表 3-6 报告期股票价格的变动

股票	股份数	收市价（元）	市值（元）
A	5 000	15.00	72 500
B	7 00	20.00	143 500
C	8 000	12.00	96 000
D	10 000	8.00	85 000
E	12 000	10.00	132 000
F	15 000	8.50	120 000
总市值（元）			649 000

指数计算如表 3-7 所示。

表 3-7 指 数 计 算

总市值（元）		基期指数	报告期指数
报告期①	基期②	③	③ * ①/②
649 000	638 500	100	101.644 5

2. 股价指数的调整

指数调整包括新股上市、除权除息、停牌等。下面对新股上市和增发所导致的指数调整的计算加以说明。

（1）新股上市当日的交易情况不计入当日指数，在下一日以收市价计入指数。计算公式如下。

报告期股价指数＝（报告期市价总值/新基期市价总值）×100

新基期市价总值＝（修正前市价总值＋市价总值变动额总值）/修正前市价总值×修正前基准市价总值

假设当日股票的交易情况如表 3-8 所示，当日股票 G 开始上市交易。

表 3-8　当日股票的交易情况

股票	股份数	收市价（元）	市值（元）
A	5 000	14.50	72 500
B	7 000	20.50	143 500
C	8 000	12.50	96 000
D	10 000	8.50	85 000
E	12 000	11.00	132 000
F	15 000	8.00	120 000
修正前市价总值			649 000
G	6 000	17.00	102 000
市价总值变动值			102 000

下一日股票的交易情况如表 3-9 所示。

表 3-9　下一日股票的交易情况

股票	股份数	收市价（元）	市值（元）
A	5 000	15.00	75 000
B	7 000	21.00	147 000
C	8 000	12.10	96 800
D	10 000	8.00	80 000
E	12 000	12.00	144 000
F	15 000	9.00	135 000
G	6 000	18.00	108 000
总市值（元）			785 800

则新基期市价总值＝（649 000＋102 000）/649 000×638 500＝738 849.768 9（元），这里的修正前基准市价总值取用上一案例中基期指数股份总市值 638 500 元。

报告期股价指数＝（785 800/738 849.768 9）×100＝106.354 5

（2）当日股票 A 增发 1 000 股，则 A 股份数增至 6 000 股（5 000＋1 000）。需要调整上日总市值如表 3-10 所示。

表 3-10　调整上日总市值

股票	股份数	收市价（元）	市值（元）
A	6 000	14.00	84 000
B	7 000	21.00	147 000
C	8 000	11.50	92 000
D	10 000	8.80	88 000
E	12 000	11.20	134 400
F	15 000	8.10	121 500
总市值（元）			666 900

经调整后上日总市值＝649 000＋14.5×1 000＝663 500（元）

报告期指数＝（当日总市值÷经调整后上日总市值）×上日指数

＝（666 900/663 500）×101.644 5＝102.165 4

第四章 基本面分析——宏观经济分析实验

一、相关知识

1. 股市与经济运行周期的关系

股市是经济运行的晴雨表。

2. 反映经济运行的指标

(1) 先行指标。这类指标包括货币供应量、机器设备的订单数量、股价指数等。

(2) 同步指标。该类指标包括实际 GNP（或 GDP)、失业率等。

(3) 银行短期商业贷款利率、生产成本、物价指数等。

3. 财政与货币政策

(1) 财政政策手段，包括改变政府购买水平；改变政府转移支付水平；改变税率。

(2) 货币政策，包括存款准备金率的调整；银行利率的调整；公开市场业务。

注：货币政策的调整对证券市场的影响是直接的、迅速的；财政政策的调整对证券市场的影响是持久的、缓慢的。

4. 针对证券市场的有关政策对证券市场的影响

5. 政治事件对证券市场的影响

二、实验目的

1. 使学生了解宏观经济政策的改变对证券市场的影响。

2. 学生通过本次实验，认知基本面分析在选取股票时的决定性作用。

三、实验原理

基本分析流派是以宏观经济形势、行业特征及上市公司的基本财务数据作为投资分析对象与投资决策基础的投资分析流派。基本分析流派是目前西方投资界的主流分析流派。其分析方法体现了以价值分析理论为基础，以统计方法和现值计算方法为主要分析手段的基本特征。该学派主张："股票的价值决定其价格"；"股票的价格围绕价值波动。"

四、实验步骤

1. 上网查询历年来我国货币供应量、GDP、利率等的数据以及上证指数走势图，并绘制成图，比较它们的关系，并得出基本结论。

2. 通过股票软件，找寻历史上我国针对证券市场做出的重大政策对证券市场的影响，通过这些事件，说说自己的发现与观点。

3. 通过股票软件，找寻我国政治等方面出现的重大事件，看看这些重大事件对证券市场有什么影响，说说自己的发现。

五、实验报告

1. 对目前我国的证券市场进行宏观分析。

2. 分析货币政策调整对我国证券市场的影响。

六、宏观经济分析的基本框架

1. 分析宏观经济首先要关注的三个指标

(1) 价格。

这里讲的价格不是指某个产品的具体价格，而是指价格总水平，主要包括三个方面的价格。①消费品价格。国际上将消费品价格称之为CPI，包括食品价格、服装价格、家电价格等，一般来说，消费品价格上涨过快，就会出现通货膨胀；而消费品价格下跌过快时，就会出现通货紧缩。就中国现在来讲，我们国家消费品价格的指数取值范围是3%～5%，超过5%会出现通货膨胀；低于3%会出现通货紧缩。②投资品价格。国际上称之为PPI，我们也称生产资料价格、工业产品出厂价格，包括钢材价格、水泥价格等。一般来说，投资品价格上涨过快就会出现经济过热，而投资品价格下跌过快，就会出现经济过冷，我国目前PPI指数取值范围是4%～6%，超过6%就会出现经济过热；低于4%会出现经济过冷。③资产价格。资产价格在我国主要是指股价和房价。资产价格升幅过快，会出现经济泡沫，而资产价格跌幅过快，会出现资产缩水，导致信用体系破裂。目前我国没有对资产价格的取值范围达成一致。现在理论界有人认为资产价格就股价来说，应以2006年为基数，上海股市为蓝本，每年上涨1000点左右，自2009年之后的未来5年内达到1万点以上为正常；资产价格就房价来说，应以2006年为基数，每年上涨幅度5%～10%，15～20年翻一番为正常。

(2) 增长。

增长以国内生产总值即GDP的增长率为衡量指标。现在认为，我国GDP合理取值范围应是“八九不离十”，即年增长率为8%～10%。从我国现在的实践来看，若GDP增长超过10%，资源供给（包括能源、原材料、基础设施等）就跟不上，就会出现煤、电、油、气、运等资源的价格上涨和企业经营上的困难，从而制约经济发展，因而最好不要超过8%。但GDP的增长也不能太低，GDP增长低于8%，会造成过高的失业率，难以完成每年解决1 000万新增就业人口的任务。我国在2030年要基本实现工业化和城市化，而要完成这一任务，就必须每年解决1 000万的新增就业人口的任务。当然，失业率过高也会影响社会稳定。

(3) 就业。

就业状况以失业率为衡量指标。我国目前失业率的合理取值范围是3%～5%。失业率高于5%就会影响社会稳定；失业率低于3%就会出现劳动力供给不足，影响企业经营。

总之，对宏观经济的分析，首先就是要分析上述三个指标，即价格、增长、就业指标的变化趋势，并进而分析影响三大指标的因素，采取措施而使之保持在合理的取值区间，以保持国民经济良好的发展。不过，影响价格、增长、就业这三大指标的因素到底是什么呢？

2. 影响三大指标的主要因素

在市场经济条件下，影响上述三大指标的主要因素是供求关系的变化，就整个社会来讲，也就是社会总需求与社会总供给的相互关系的变化。因此，我们需要具体分析总需求与总供给，以及它们之间的相互关系。

(1) 总需求。

简单地讲，总需求就是指有货币支付能力的需求，是一定时期内一个国家有货币支付能力的社会购买力的总和。要注意需求与需要的区别，前者是指购买能力，后者则是指购买欲望，因而它们的差别就是购买能力和购买欲望的差别。总需求由以下三部分构成。

第一，消费需求。消费需求按照不同的影响因素，可以分为三种形式的消费：收入性消费，即由收入决定的消费品；信贷性消费，即借钱消费；预期性消费，即受预期影响的消费。

第二，投资需求。投资需求包括三种形式的投资：民生投资，即公共产品投资，主体是政府，包括医疗卫生、文化教育、社会保障、基础设施的投资；生产性投资，即向各个产业的投资，其主体是企业，充分受市场经济的调节；资产投资，即对资产市场与房地产市场的投资，其主体是公众。

第三，出口。出口是指将国际市场需求转变成为国内总需求。

上述的消费需求与投资需求，被称之为内需，而出口则被称之为外需。消费、投资、出口的不同组合比例，会使一个国家形成不同的增长模式。一般来说，出口所占的比例不能太大，如果出口对 GDP 的贡献超过 20%，就会形成出口导向型经济增长模式；如果出口对 GDP 的贡献保持 20%左右，投资与消费对 GDP 的贡献保持在 75%以上，就是内需拉动型经济增长模式；如果投资对 GDP 的贡献过大，例如投资对 GDP 的贡献超过 30%，就是投资拉动型经济增长模式；如果消费对 GDP 的贡献保持在 60%以上，那么这种经济增长模式就是消费主导型经济增长模式。出口导向型经济增长模式与投资拉动型经济增长模式都不行。例如我国从 1998 年到 2008 年的十年间使出口所占比例逐年增加，出口对 GDP 贡献达到 40%左右，成为标准的出口导向型经济，在这种条件下，由于我国经济增长已过分依赖外需市场，因而 2008 年金融风暴的发生，导致外需市场大幅减少，从而导致目前我国经济增长的必然下滑。三十多年来以出口导向型经济为主的国家每十年会出现一次大的问题，如 1987 年的日本经济，1998 年的亚洲金融风暴和 2008 年我国的经济问题。2007 年由于价格的暴涨，“我们要被胀死了”，2008 年价格的暴跌，“我们又要被憋死了”。

(2) 总供给。

总供给可以简单地称为一定时期现实生产能力的总和。总供给包括消费品供给、投资品供给、进口（相当于利用国际市场供给而增加国内市场的供给）。

(3) 总需求与总供给的关系。

总需求与总供给有以下三种关系。

总需求＞总供给：总需求膨胀→价格暴涨、通货膨胀、经济过热、经济泡沫、失业率过低。

总需求＜总供给：总需求不足→价格下跌、通货紧缩、经济过冷、资产缩水、失业率过高。

总需求＝总供给（±5%）：总量平衡→国民经济运行稳定。

只有实现总量平衡时，价格、增长、就业三项指标才会在合理范围内波动，目前我国处在总需求严重不足的状态，因而价格过速下跌、经济增长速度过速下滑、通货紧缩和经济过冷的压力太大。一般来说，现实中总需求与总供给的自然平衡状态很少，所以我们只有在宏观调整中才能使其达到动态平衡。这样就提出了一个重要课题，到底是什么在影响着总需求与总供给二者之间的关系？我们只有找到影响二者关系的因素，才能通过对这些因素的影响而达到对供求关系的有效调控，这也是经济学的一个核心问题。

影响供求关系有两类因素，一类是企业及居民的投资与消费行为，也就是人们所说的微观因素，研究这些因素的影响，就是后来形成的微观经济学；另一类是货币及财政等因素，也就是人们所说的宏观因素，研究这些因素的影响，后来发展成为宏观经济学。我们这里主要分析影响供求关系的宏观因素。

3. 影响总需求与总供给的宏观因素

(1) 货币因素。

货币因素是影响总需求与总供给关系的重要宏观因素。一般来讲，货币供应量上升，会刺激社会总需求的增长，货币供总量下降，会减少社会总需求。

分析货币因素，当然首先就要涉及中央银行，因为中央银行是货币发行的银行。中央银行发行货币的主要渠道有再贷款和外汇占款两个渠道。我国的中央银行是中国人民银行。

再贷款和外汇占款发行的货币叫基础货币，一般统计口径显示，外汇占款占基础货币的份额在20%左右为合理范围，而2006年我国央行公报显示，我国当年再贷款为3.2万亿，外汇占款为2.9万亿，显然外汇占款项目发行的货币太多。外汇占款实质上不是国内市场对货币的需求，这个项目下发行货币是被动行为，因而如果所占比例太大，就会引起投入市场的非需求性货币增加，这些增加的货币不是真正意义上的货币需求，所以会引起国内市场价格上涨，尤其是资产价格上涨，2007年市场表现就是如此。

中央银行发出的基础货币要经过商业银行的经营，商业银行是经营货币的银行，有别于经营股票与债券的投资银行。经过商业银行的经营，货币将由现金转变为现金、活期存款、定期存款这三种形态，用符号表示就是：

M0：现金

M1：现金＋活期存款

M2：现金＋活期存款＋定期存款

M2即货币供应量，直接与总需求相关联，进而与总供给与总需求的关系相关联，央行可以通过对货币供应量的变动而影响供求关系。

央行调整货币供应量的方式就是货币政策。货币政策分为扩张性货币政策、紧缩性货币政策和稳定性货币政策三种。央行实行货币政策的方式就是货币政策工具。货币政策工具是中央银行为实现其货币政策而采取的调控手段。完全市场经济国家的货币政策工具有存款准备金率、再贷款利率、公开市场业务和窗口指导四种。我国在目前未完成市场经济改革情况下还有控制商业银行利率和控制信贷规模这两种工具。

存款准备金率是商业银行上缴给中央银行的存款准备金与其所吸收的存款总额的比例。存款准备金率越高，银行的放贷能力越低，社会可流动资金越少，会减少社会总需求。当采取从紧的货币政策时，政府一般提高存款准备金率，使投入市场的货币供应量减少；当采取扩张型货币政策时，存款准备金率降低，使投入市场的货币供应量增加。

再贷款利率（央行利率）是中央银行给商业银行贷款的利率。再贷款利率越低，商业银行从中央银行贷款的成本就越小，利率差越大，商业银行利润空间越大，因而会刺激商业银行从中央银行贷款的欲望，从而会提高社会货币供应总量，刺激社会总需求的增加。不过，在目前我国商业银行均为国有银行的情况下，再贷款利率的变化对货币供应量的调节作用不明显。

公开市场业务：中央银行通过买卖有价证券而调控货币供应量。在紧缩性货币政策情况下，中央银行会发行央行商业票据，减少可流动资金。在扩张性货币政策情况下，中央银行会回购央行票据，增加可流动资金。

窗口指导：即中央银行以通气会方式向各商业银行提要求，促使商业银行统一贯彻执行的市场经济，因此我国政府实施货币政策的工具还有以下两种方法。

控制商业银行利率：国家制定商业银行的存贷款利率（即国家制定加息、减息政策。央行规定民间资本借贷利率最多为国有商业银行利率的 20 倍）。

控制信贷规模：央行下达各商业银行年度信贷总体水平，以限制贷款规模，减少货币供应总量。

(2) 财政因素。

财政因素影响供求关系数量，包含财政收入和财政支出两个方面。

实行不同的财政收支政策会对社会总需求和社会总供给产生不同的影响。一般来讲，通过减税，也就是减少财政收入的方式，会使财富保留在社会上，从而会增加社会总需求；通过加税，也就是增加财政收入，会减少社会总需求。通过增加财政支出，也就是加大政府购买，会促进社会总需求增长；通过减少财政支出，也就是降低政府购买，会使社会总需求收缩。

国家调控财政收入与财政支出的方式就是财政政策。财政政策是国家调整财政收入支出的意向和意图，由财政部实施。

扩张性财政政策的主要做法是减税和政府借债。紧缩性财政政策的主要做法是扩大税收和减少政府投资。

实施财政政策的基本方式是财政政策工具，即实现财政政策意图的方式和方法。财政政策的工具主要有三种：一是税收工具；二是国家预算，即国家决定财政收入支出的安排；三是国家债务。财政政策工具的使用须经最高立法机构确认。

中国目前财政负债水平为20%，美国为340%，日本为160%。欧盟制定的财政负债水平安全线为不超过GDP的60%，目前我国财政政策在债务工具上还具有很大的余地。

(3) 国际因素。

在市场经济条件下，一国供求关系要受到其他经济体的影响，因而国际因素是影响供求关系的重要宏观因素。国际因素主要是指国际收支，也就是外汇收入与外汇支出的相互关系。

贸易顺差和资本顺差会使外汇收入大于支出，使央行的外汇占款增加，导致货币发行总量增加，从而会促进社会总需求的过快增加。而贸易逆差和资本逆差则会出现外汇收入小于支出，减少货币发行总量，增加国家外债，从而会使社会总需求收缩。中国现在是贸易顺差、资本顺差的“双顺差”国家。2007年总需求膨胀是外部输入引发的，是我国出口导向型经济决定的。

调整国际收支的方式是国际政策。国际政策是国家调整国际收支关系的意向，包括贸易政策和资本政策。国际政策由商务部实施。国际政策工具是为实现国际政策而采取的手段，包括贸易政策工具和资本政策工具。

总结：分析宏观经济的切入点是对宏观经济的三大指标进行分析，影响三大指标的主要因素是社会总需求和社会总供给的供求关系变化，为了保证三大指标处于合理的取值范围而促进国民经济健康平稳发展，就需要采取措施不断调整供求关系；影响供求关系的宏观因素有货币因素、财政因素、国际因素，因而要调整这三大宏观因素，就要建立以央行调整货币政策、财政部调整财政政策、商务部调整国际政策的宏观经济基本框架。

七、美国经济指标解读

由于美元在外汇市场中的地位，以及绝大多数的外汇交易都是以美元为中心的交易等原因，美国的经济数据在汇市中最为引人注目。以下是一些重要经济指标的理论上的观察方法和结论，但在实际运用中情况会复杂得多。

1. 国内生产总值

国内生产总值指某一国在一定时期其境内生产的全部最终产品和服务的总值。它反映一个国家总体经济形势的好坏，与经济增长密切相关，被大多数西方经济学家视为“最富有综合性的经济动态指标”。其主要由消费、私人投资、政府支出、净出口额四部分组成。数据稳定增长，表明经济蓬勃发展，国民收入增加，有利于美元汇率；反之，则利淡。一般情况下，如果GDP连续两个季度下降，则被视为衰退。此数据每季度由美国商务部进行统计，分为初值、修正值、终值。一般在每季度末的某日北京时间 21：30 公布前一个季度的终值。

2. 工业生产

工业生产指某国工业生产部门在一定时间内生产的全部工业产品的总价值。其在国内生产总值中占有很大比重。由于工业部门雇用了大量工人，其变动对整个国民经济有着重大影响，与汇率呈正相关，尤其以制造业为代表。此数据由美联储统计并在每月 15 日左右晚间 21：15 或 22：15 发布。

3. 失业率

失业率是经济发展的晴雨表，与经济周期密切相关。失业率的数据上升说明经济发展受阻，反之则看好。对于大多数西方国家来说，失业率在 4%左右为正常水平，但如果超过 9%，则说明经济处于衰退阶段。此数据由美国劳工部编制，每月第一个周五的 21：30 公布。

4. 贸易赤字

国际间的贸易是构成经济活动的重要环节。当一国出口大于进口时称为贸易顺差；反之，称为逆差。美国的贸易数据一直处于逆差状态，重点是在赤字的扩大或缩小。赤字扩大不利于美元，反之则有利。此数据由美国商务部编制，每月中、下旬某日晚间的 21：30 公布前一个月数字。

5. 经常项目收支

经常项目收支为一国收支表上的主要项目，内容记载一国与外国包括因为商品/劳务进出口、投资所得、其他商品与劳务所得以及片面转移等因素所产生的资金流出与流入的状况。如果是正数，为顺差，有利本国货币；反之，则不利于本国货币。此数据由美国商务部编制，每月中旬某日的 21：30 公布。

6. 资本项目收支

资本项目收支主要描述一国的长、短期资本流动情况，包括长期资本、非流动性短期私人资本、特别提款权、误差与遗漏，以及流动性短期私人资本等项目。资本项目在金融日益国际化、自由化的今天，影响不亚于经常项目收支，金融市场对外开放程度越高，影响则越大。其对汇率的影响的观察方法与经常项目收支基本相同。

7. 利率

利率是借出资金的回报或使用资金的代价。一国利率的高低对货币汇率有着直接影响。高利率的货币由于回报率较高，则需求上升，汇率升值；反之，则贬值。美国的联邦基金利率由美联储的会议来决定。

8. 生产物价指数

生产物价指数主要衡量各种商品在不同生产阶段的价格变化的情形。其数据上升说明生产旺盛、通胀有上升的可能，美联储倾向于提高利率，以有利于美元；反之，则不利于美元。此数据由美国劳工局编制，每月第二个周五的 21：30 分公布。

9. 消费物价指数

消费物价指数以与居民生活有关的产品及劳务价格统计出来的物价变动为指针，是研究通胀时最主要的参考数据。数据上升，则通胀可能上升，美联储趋于调高利率，以对美元有利；反之，则不利美元。但是，通胀应保持在一定的幅度里，太高（恶性通胀）或太低（通缩），都不利于汇率。此数据由美国劳工局编制，每月第三个星期某日的23：00公布。

10. 批发物价指数

批发物价指数是根据大宗物资批发价格的加权平均价格编制而得的物价指数。其包括在内的产品有原料、中间产品、最终产品与进出口品，但不包括各类劳务。讨论通货膨胀时，最常提及的三种物价指数之一，观察方法与CPI、PPI基本相同。每月中旬公布前一个月的数据。

11. 领先指标

领先指标由股价、消费品定单、周均失业救济金索求、建筑批则、消费者预期、制造厂商交货定单变动、货币供应、销售业绩、敏感原料价格变动、厂房设备定单、平均工作周等项目构成，是观察未来6～12个月内经济走向的指标。其数据好，汇率则上升；反之则下降。

12. 个人收入

个人收入代表个人从各种所得来源获得的收入总和。其包括工资薪水、社会福利、支出储蓄、股利收入等。个人收入数据提高，代表经济好转，消费可能增加，有利于本国货币；反之则不利。个人收入由美国经济研究局编制，每月月初某日的21：30公布。

13. 商业库存

商业库存包括工厂存货、批发业存货，零售业存货，主要用以评估生产循环状况。存货低于适当水准，将增加生产，经济向好，对货币有利；反之则不利。其数据由美国商务部编制，每月中旬某日的21：30或23：00公布。

14. 采购经理人指数

采购经理人指数是衡量制造业的重要指标，用于考察制造业在生产、新定单、商品价格、存货、雇员、定单交货、新出口定单和进口等方面。其数据以50为强弱分界点，在其上表示制造业向好，对货币有利；反之则意味着衰退，对货币不利。该数据由供应管理协会（ISM）编制，每月初某日的23：00公布。

15. 耐久财订单

所谓耐久财是指不易耗损的财物，如汽车、飞机等重工业产品和制造业资本财。其他诸如电器用品等也是。耐久财订单代表未来一个月内制造商生产情形的好坏，其数据与货币汇率呈正相关，但需要注意其国防定单所占的比重。耐久财订单由美国商务部统计，一般在每月的22号至25号晚上的21：30或23：00公布。

16. 设备使用率

设备使用率是工业总产出对生产设备的比率。其涵盖的范围包括生产业、矿业、公用事业、耐久财、非耐久财、基本金属工业、汽车和小货车业及汽油等八个项目。设备使用率代表上述产业的产能利用程度。当设备使用率超过95%，代表设备使用率接近极限，通货膨胀的压力将随产能无法应付而急速升高，在市场预期利率可能升高的情况下，对美元是利多；反之，如果产能利用率在90%以下，且持续下降，表示设备闲置过多，经济有衰退的现象，在市场预期利率可能降低的情况下，对美元是利空。每月中旬公布前一个月的数据。

17. 房屋开工率

一般新屋兴建分为两种，个别住屋与群体住屋。新屋开工率与建筑许可的增加，理论上对于美元来说，偏向利多，不过仍需合并其他经济数据一同作考量。每月的16号至19号间公布。

八、案例：2013年一季度中国宏观经济分析报告

1. 经济增长

2012年我国GDP增速连续下滑三个季度，第一季度增长8.1%，第二季度增长7.6%，第三季度增长7.4%，各季度GDP下滑幅度逐渐减小，如图4-1所示。

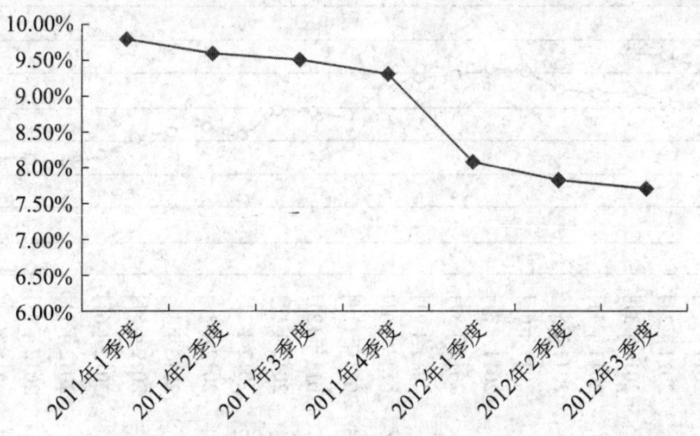

图4-1　国内生产总值同比增长速度

从前三个季度来看，世界经济环境低迷对我国经济增长产生了较大的影响，致使我国外需严重萎缩，同时国内需求不振、企业产能过剩等问题也影响着今年的经济增速。

但是，从第四季度前两个月的宏观经济数据来看，我国经济逐渐正趋向平稳并有回升的趋势。11月份的CPI、工业生产增速、宏观经济先行指数PMI、出口增速等数据与10月份相比均有不同程度的好转。且十八大的召开，以及中央经济工作会议的召开对中国经济的走向都有较明确的主导，会议中指出未来将实施稳健货币政策要适当扩大社会融资总规模，保持贷款适度增加，降低实体经济发展融资成本，坚持房地产市场调控政策不动摇，增加并引导好民间投资，部分基础设施领域加大投资力度，提出积极稳妥推进城镇化，着力提高城镇化质量的新视点，这些将为2013年带来消费需求的大幅增加，并提升了基础设施、公共服务设施以及住房建设等投资需求，为扩大内需、加快投资增长产生有利的推动作用。

在“稳中求进”政策的指导下，预计年内以及明年经济增长将小幅回升，第三季度很有可能成为GDP增速的底端，第四季度GDP很可能回归8%，明年GDP将增长8.5%左右。

2. 物价稳定

2012年11月份，全国居民消费价格总水平同比止跌上涨2.0%，环比上涨0.1%，全国工业生产者出厂价格同比降2.2%，同比增速连续两月回升，走势与预期相符，如图4-2所示。从数据方面看，年内CPI指数的拐点已经形成，未来一年将进入上行周期。

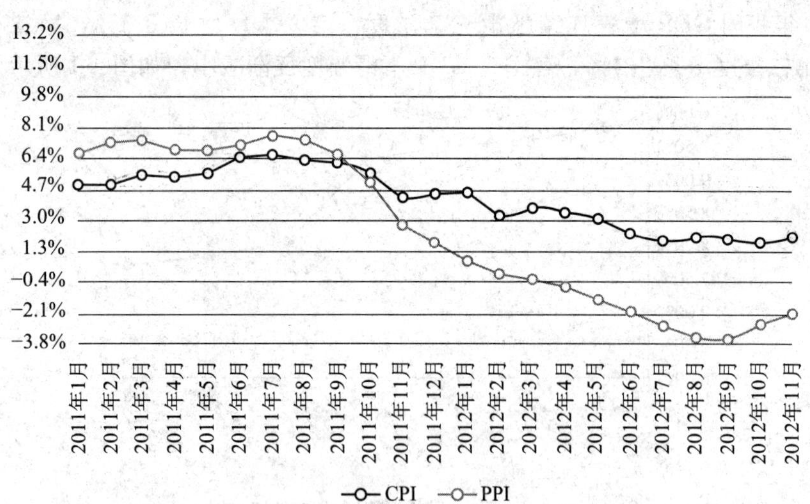

图4-2 2011年至2012年CPI与PPI指数

作为CPI涨幅风向标的食品价格本月同比上涨3.0%，影响居民消费价格总水平同比上涨约0.95个百分点，与10月份的1.8%来说有所上涨。其中，蔬菜价格上涨11.3%，影响居民消费价格总水平上涨约0.27%；肉禽及其制品价格下降1.8%，影响居民消费价格总水平下降约 0.14%，其中猪肉价格下降 11.5%，与 10 月份相比价格有所回升，影响居民消费价格总水平下降约 0.41%，如图 4-3 所示。可以得出，11 月 CPI 同比增幅提高的原因主要是蔬菜和肉类等食品价格回升。

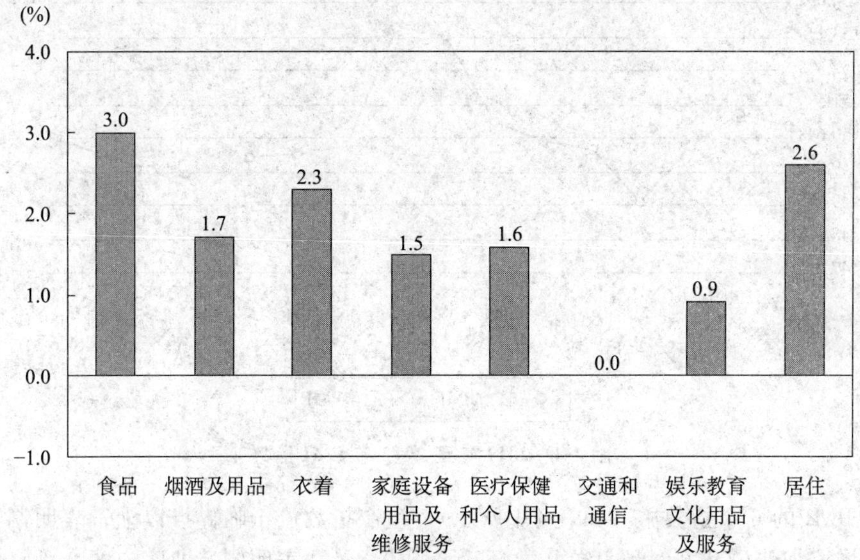

图 4-3 11 月份居民消费价格分类别同比涨跌幅

11 月份全国工业生产者出厂价格同比下降 2.2%，环比下降 0.1%，实现连续两个月回升，这意味着工业企业去库存周期临近尾声，总需求进一步改善。而工业生产者购进价格同比下降 2.8%，其中，黑色金属材料类、化工原料类、有色金属材料及电线类价格同比下降幅度较大，反映工业企业在中间投入产品环节的压力减小，但是这可能会导致重工业的终端产品价格下滑，不利于企业效益改善。

由于已经进入了生产淡季，再加上假日的因素，预期蔬菜及肉制品价格仍会继续回升，而且随着劳动力等成本因素逐步抬高，工业出厂价格也将会上涨，诸多因素将推动未来 CPI 走高。

从国家政策方面看，中央经济工作会议决定继续实施积极的财政政策和稳健的货币政策，由于经济企稳回升明显，预计 2013 年通胀压力会加大。

综上所述，2013 年第一季度 CPI 和 PPI 都将继续回升，CPI 有望达到 2.5%，而 PPI 很有可能回归正值。

3. 宏观经济运行景气指数

中国物流与采购联合会、国家统计局服务业调查中心 1 日公布的数据显示，11 月中国制造业采购经理指数（PMI）为 50.6%，环比上升 0.4%，汇丰中国公布的 PMI

指数为 50.5%，预示未来经济增长将继续保持小幅回升，如图 4-4 所示。

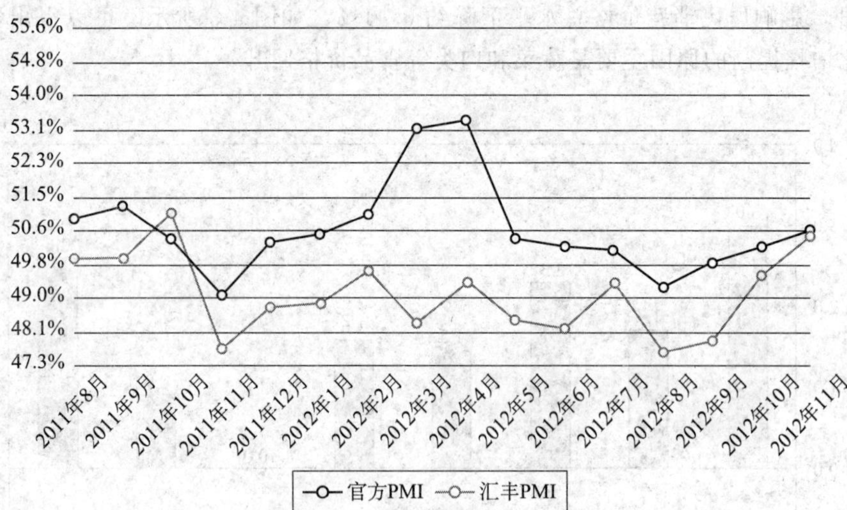

图 4-4　2011 年至 2012 年 PMI 指数

在 PMI 的 6 个指数中（如表 4-1 所示），生产指数位于临界点以上，表明制造业生产保持增速加快的状态；新订单指数环比增长 0.8%，表明制造业客户的产品订货量有所增长，市场需求扩张，而且新出口订单指数和进口指数分别比上月回升 0.9%和 0.1%，反映制造业外贸需求也呈现增长趋势；原材料库存指数小幅提高，表明去库存活动已开始转向补充库存。但是由于受国际上石油、有色金属价格下降影响，主要原材料购进价格指数回落，且回落速度加大，说明经济回升的力量还不够强。

表 4-1　2012 年 10 月份 PMI 分类指数

	生产指数	新订单指数	从业人员指数	供应商配送指数	原材料库存指数	主要原材料购进价格指数	PMI
指数值	52.5%	51.2%	48.7%	49.9%	47.9%	50.1%	50.6%
权数	25%	30%	20%	15%	10%	—	—
环比涨幅	0.4%	0.8%	−0.5%	−0.2%	0.6%	−4.2%	0.4%

在非制造业方面，11 月份中国非制造业 PMI 为 55.6%，环比上升 0.1%，是连续第二个月回升，非制造业发展态势良好。

作为宏观经济的先行指数，PMI 从 10 月份开始重回荣枯线，本月同比继续增长，说明我国经济已经开始企稳回升，“扩消费、稳增长”的政策措施明显见成效。另外，根据此次中央经济会议，2013 年国家将坚持“保增长”的首要任务不变，在消费领域内出台刺激消费的相关政策。那么可以预计 2013 年第一季度的 PMI 将比较乐观。

4. 工业增长

2012 年上半年，工业市场维持着供过于求的状态，尤其是轻工业由于较严重的需求不振使得整体工业增速下滑，下半年，工业出厂价格持续走低，企业经营状况不景气，工业增速仍然维持在较低水平。从 9 月份开始，工业增速出现了较为温和的小幅回升。

11 月份，规模以上工业增加值同比实际增长 10.1%，环比增长 0.86%。整体来看，1～11 月份，规模以上工业增加值同比增长 10.0%，逐步显现增速加快的趋势，如图 4-5 所示。

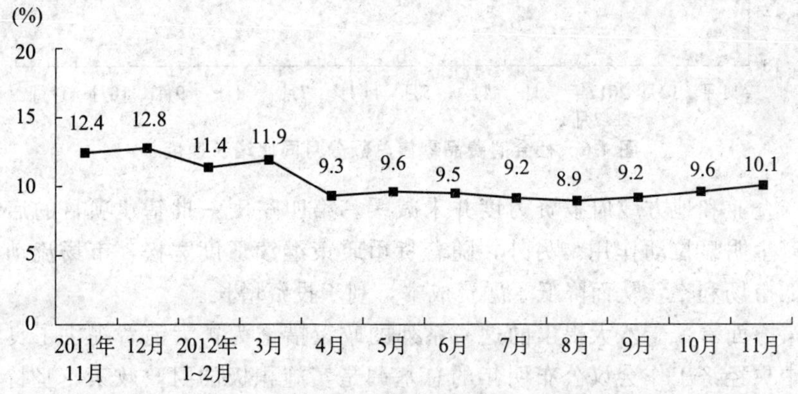

图 4-5 规模以上工业增加值同比增长速度

分行业看，41 个大类行业增加值全部保持同比增长。分轻、重工业看，11 月份，重工业增加值同比增长 10.5%，与 10 月的 9.7%相比增速加快，而轻工业增长 9.2%，与 10 月的 9.1%相比增速只是略有提升。其主要产品中钢材、原油、有色金属、发电量产量维持良好涨势。

工业增加值四个月连续企稳回升，说明我国经济仍处于扩张状态，经济的景气程度正逐步攀升。随着工业出厂价格跌幅减小，国内需求的回升以及明年利好政策的出台，预计明年工业增加值将有所提升。

5. 经济增长驱动力分析

2012 年 11 月份，社会消费品零售总额 18 477 亿元，同比名义增长 14.9%。其中，限额以上企业（单位）消费品零售额 9 395 亿元，增长 15.1%。1～11 月份，社会消费品零售总额 186 833 亿元，同比名义增长 14.2%，为今年以来最高增速。全年我国消费走势呈现 V 形，前三季度消费对经济增长贡献率是自 2006 年以来首次超过投资，如图 4-6 所示。

2012 年下半年房地产投资额出现小幅回落，但整体上房地产投资依旧处于企稳态

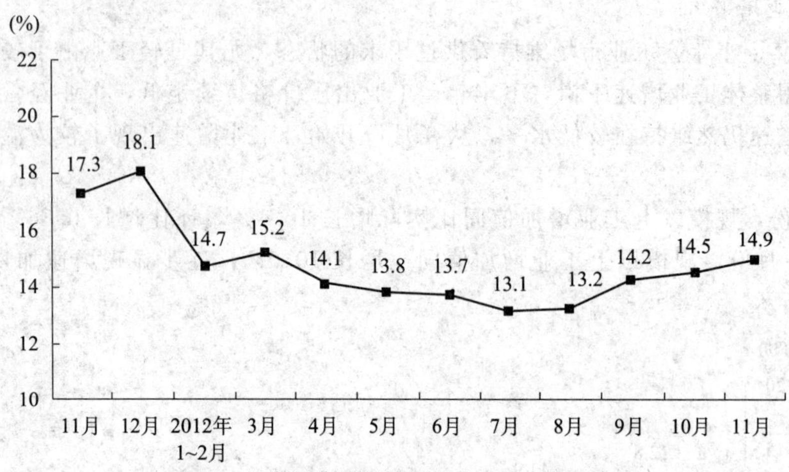

图 4-6 社会消费品零售总额分月同比增长速度

势，房地产企业和地方政府投资力度并未减缓。第四季度一批基建项目的启动必然对整体投资产生明显拉动作用。另外，随着货币政策继续适度宽松，市场流动性进一步加强，拉低市场利率，从而降低了融资成本，利于投资增长。

从政策方面看，十八大提出的这一系列的政策措施为扩大消费提供了良好的发展空间，且中央经济工作会议公布明年的总基调是实施积极的财政政策，坚持房地产市场调控政策不动摇，增加并引导好民间投资，部分基础设施领域加大投资力度。预计明年刺激消费、扩大内需的措施会逐步出台，而城市化建设也将成为扩大内需、增加投资力度的重点。

1～11 月，我国进出口总值 35 002.8 亿美元，同比增长 5.8%。其中，出口 18 499.1亿美元，增长 7.3%；进口 16 503.7 亿美元，增长 4.1%；贸易顺差 1 995.4 亿美元，如图 4-7 和图 4-8 所示。

11 月，我国进出口总值为 3 391.3 亿美元，增长 1.5%。其中，出口1 793.8 亿美元，增长 2.9%，与 10 月相比增速明显减慢，显著低于预期；进口1 597.5亿美元，与去年同期持平；由于出口增速跌幅加大，顺差由 10 月份的 320 亿美元降至 11 月份的 196.3 亿美元，这说明随着去库存对经济增长拖累程度的逐渐减弱，但在国内制造成本高涨的压力和国际经济疲软的限制下，短期内、外需并没有显著好转。

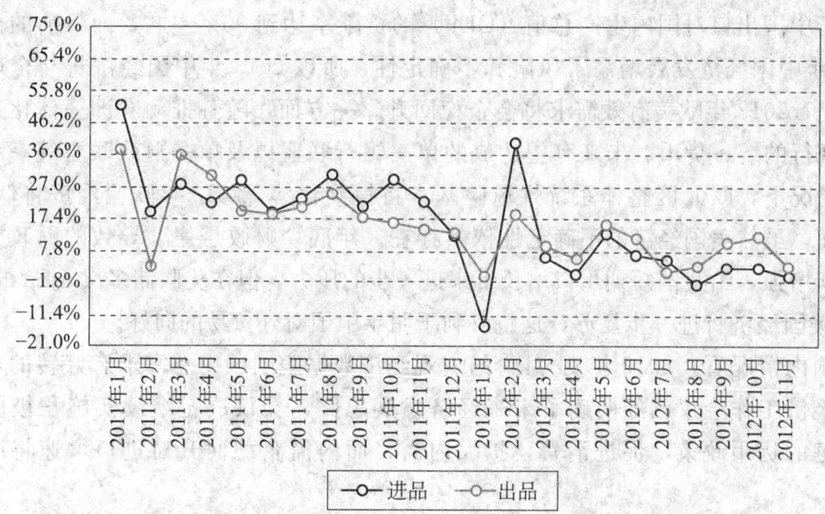

图 4-7　2011 年与 2012 年我国进出口总值增速

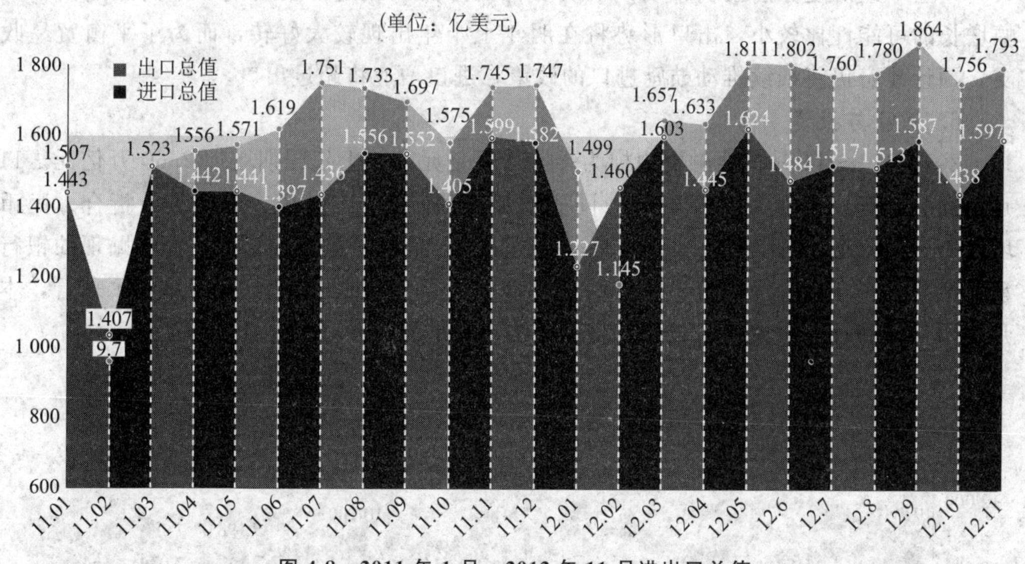

图 4-8　2011 年 1 月～2012 年 11 月进出口总值

在全球经济低迷，而且复苏前景尚不明确的情况下，中国经济发展面临着复杂的内外环境，外需尽显疲弱，仍受到欧美经济状况和市场有效需求不足的牵制，尤其是美国的“财政悬崖”和欧债危机尚未解决。数据显示，在与主要贸易伙伴的双边贸易中，1～11 月中欧、中日双边贸易总值均下降，而中美、东盟、俄罗斯、巴西双边贸易总值出现增长，但是出口增速均有所放缓。

由于中国出口对国内生产总值（GDP）的贡献率达到30%左右，而目前的出口形势对2013年中国经济发展增添了风险和不确定性，所以2013年中国经济将与全球经济共振。但是，2013年欧美有效需求将会企稳回升。一方面，随着推动欧洲一体化进程的展开，在现行的统一货币、未来有望达成的单一银行联盟以及单一财政联盟等一系列制度实施的情况下，欧元区整体系统性风险基本将得到化解，2013年欧盟经济将低位回稳；另一方面，虽然美国经济的不确定性依然存在，年底“财政悬崖”导致的财政紧缩预期也在不断增强，给我国短期出口增长带来进一步的压力，但在美联储多次QEn的推动下，2013年美国经济将进一步复苏，这将有利于明年中国对外贸易的向好。

从国内情况看，2012年11月份的宏观经济数据表明国内总需求有好转的趋势，而且中央经济工作会议已经明确了未来经济发展思路，会议决定继续实施积极的财政政策和稳健的货币政策，促进消费，扩大内需，而内需企稳回升对进口增速将起到拉动作用。

综合以上判断，2012年12月份进出口同比将有小幅回升，贸易顺差可能略有扩大，但全球经济复苏前景仍不明朗，实质性的外需回暖还需要时间，因而短期出口大幅增长的可能性比较小，出口形势将在明年上半年出现较大好转，而为了平衡贸易收支，预计政府仍将继续推动鼓励进口的政策，进口增速将超过出口。

6. 金融与投资

2012年1～11月社会融资规模为14.15万亿元，比上年同期增加2.60万亿元。11月份社会融资规模为1.14万亿元，同比增加1 837亿元。其中，外币贷款折合人民币增加1 048亿元，同比多增999亿元；委托贷款、信托贷款都在增加；而未贴现的银行承兑汇票、企业债券净融资、非金融企业境内股票融资同比有所减少。总体来看，本月货币信贷和社会融资增长较快，贷款结构也在继续改善，如图4-9所示。

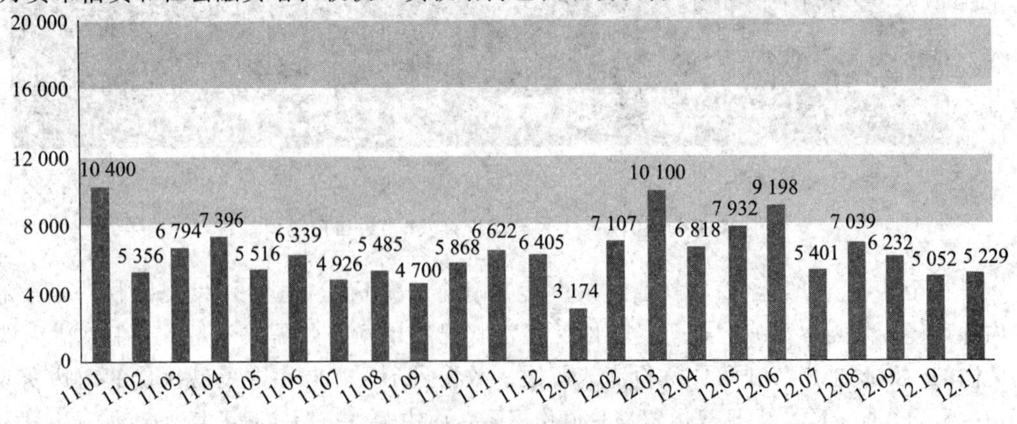

图4-9 2011年1月～2012年11月人民币新增贷款走势图

2012 年 11 月末，本外币贷款余额同比增长 16.1%。人民币贷款余额同比增长 15.7%。当月人民币贷款增加 5 229 亿元，同比少增 400 亿元，仍处于较低水平，略低于市场预期。其中，住户中长期贷款增幅较大；非金融企业及其他部门短期贷款增加，而中长期贷款减少 31 亿元，票据融资也减少 369 亿元。中长期贷款出现下降可能是因为企业到年末流动性资金需求较高，且短期资金融资替代中长期融资能有效地降低融资成本。

本月新增人民币信贷创 13 个月来最低，虽然本月新增贷款表现乏力，但在信托贷款、债券融资等新兴融资渠道的支撑下，社会融资规模表现强劲，信贷渠道之外的融资正为实体经济输送越来越多的资金，社会融资规模对于货币政策调控的重要性也在逐步提升。

另外，2012 年 11 月外币贷款余额同比增长 24.3%，外币贷款增加 166 亿美元，较上年同期大涨 20 倍，主要原因可能在于随着人民币升值，国际大量热钱涌入国内市场导致外汇贷款明显增加。

从货币供应量方面来看，11 月末，广义货币（M2）余额同比增长 13.9%，比上年同期高 1.2 个百分点；狭义货币（M1）余额同比增长 5.5%，流通中货币（M0）同比增长 10.7%。货币供应量增速明显回升表明货币条件总体相对宽松，前期的公开市场操作、存款准备金率、再贷款再贴现、利率和逆周期宏观审慎管理等多项政策发挥了作用，有利于支持国民经济平稳较快发展。

同时，考虑到本周公开市场将有 380 亿元央票到期，2013 年有 1.05 万亿元央票到期，同时预计有 3 千亿美元左右的顺差和 FDI，也就是说有近 3 万亿人民币基础货币新增量，2013 年货币政策可能仍然保持稳健但略偏宽松，市场资金将保持较好流动性。另外，从历史数据中观察到，年初将会出现规律性融资规模放大的现象，预期 2013 年一季度新增贷款总规模将在 8.5 万亿元左右，社会融资规模或将超过 2.0 万亿元。

7. 未来证券市场预测

从宏观经济数据来看，2012 年 11 月 CPI 数据、工业增加值、PMI 数据基本符合市场预期，因此对股市走势不会有太大影响，PPI 的回升对经济景气度提高具有有利影响，因此对股市起到一定程度的提振作用，而出口增速的跌幅较大超出市场预期，表明我国外贸形势不乐观而且前景尚不明朗，对股市会造成一定的负面影响。

从政策方面看，中央经济工作会议提出的 2013 年经济工作六大主要任务，对股市发出了极大的利好信号。会议中提出未来要扩大内需，培育一批拉动力强的消费增长点，那么随着政府对消费的扶持以及人们生活节奏的加快，将使得快捷消费食品行业、医疗卫生行业、娱乐业等大众消费行业迎来高速发展的战略机遇期；会议中还提出要夯实农业基础，关注农业政策调整，预计农业股受此利好预期的影响也将成为未来的热门板块。

另外两个热点是城镇化和结构性减税，城镇化是中国现代化建设的历史任务，也是扩大内需的最大潜力所在，水泥、建筑建材、房地产、电器等相关行业将成为受益行业，而结构性减税有利于减轻企业负担，有利于提高企业利润空间。

总体来说，我国经济已经开始企稳回升，但是仍处于低位，政府不断发出利好信息有利于提升市场信心，未来一系列政策措施的出台会给股市带来上涨动力。

第五章 基本面分析——中观行业分析实验

一、相关知识

1. 行业的市场类型

行业的市场类型可以分为完全竞争市场（初级产品市场）；垄断竞争市场（制成品市场）；寡头垄断市场（钢铁、汽车等市场）；完全垄断市场（公用事业、稀有金属矿藏的开采等市场）。

2. 行业的生命周期

行业的生命周期可以分为初创期、成长期、稳定期、衰退期。

3. 政府、社会倾向以及技术进步对行业的影响。

4. 强周期性行业与弱周期性行业的投资策略。

二、实验目的

通过行业分析，使得学生基本了解强周期性行业与弱周期性行业投资的方法。

三、实验原理

就股票所属的行业发展状况方面而言：一般的，首先要密切关注国家产业政策和行业政策。当政府对某类行业或产业采取积极扶持态度时，由于较大的资金投入和相对低的税收将会使产业或行业内的公司大幅受益，并且通常持续时间较长，积极投资该类股票应属绝佳选择；其次，由于有些行业的快速发展与经济周期阶段有着某种规律性的联系，所以针对不同阶段进行适时行业策略转换应更为有利。例如，经济低潮时，银行、保险业以及稳定型消费品行业则较少受到影响，所以选择此类行业则是较为有利的策略；最后，根据不同行业的周期状况也要进行适时的策略调整。例如，汽车、家电业、部分农产品就属于明显的周期型消费品，当某产品进入更新换代旺季时，或经济高涨阶段时，该产品销量乃至公司利润将会大幅增长，而当这段时期过去后，利润又会大幅下降，甚至进入萧条状态，所以适时地进行投资策略的调整才会更为有利。

四、实验步骤

1. 自己选择一个强周期性行业与一个弱周期性行业，并对其进行分析，看看股票市场的牛熊、经济的兴衰对这些行业的影响，并得出投资这些行业的投资策略与方法。

2. 自己选择一个看好的行业，并说明选择它的具体理由。

五、实验报告

选择某个行业进行分析，写出行业分析报告。

六、行业研究策略框架

1. 行业发展的背景

行业发展的背景主要是行业面对的宏观经济环境、政治环境、政策环境、国际环境等。通过寻找宏观环境与行业发展之间的内在联系，为行业发展的现状提供解释，寻找行业发展的趋势。

2. 行业供给状况

行业供给状况包含以下几个方面。

(1) 行业内企业数量及变化。

(2) 行业生产能力及变化。

(3) 行业产品生产规模及变化。

(4) 产品供给结构（产品类别比例及变化）。

(5) 产品供给价格及其变化。

(6) 上游产业分析。

(7) 供给特征。

(8) 影响供给的主要因素（例如，产品技术发展、行业标准的影响）。

(9) 行业供给中的问题与解决。

3. 行业需求状况

行业的需求状况包含以下几个方面。

(1) 需求来源与下游产业分析。

(2) 需求规模。

(3) 行业及子行业年产品销售量、销售额及变化趋势。

(4) 需求结构（不同细分市场的需求及市场对不同产品的需求）及变化。

(5) 需求特征。

(6) 消费者分析。

(7) 影响需求的因素。

(8) 需求预测。

4. 销售渠道分析

可以从以下几个方面对销售渠道进行分析。

(1) 渠道的构成。

(2) 不同渠道在产品销售中的作用与地位。

(3) 不同渠道的效果（成本、费用、销售贡献率）与选择。

(4) 渠道建设。

5. 进出口分析

可以从以下几个方面对进出口进行分析。

(1) 行业进出口规模（数量与金额）及变化。

(2) 行业进出口来源、去向变化。

(3) 产品进出口价格及变化。

(4) 进出口对国内市场的影响。

(5) 进出口发展趋势。

6. 行业（市场）竞争格局分析

行业（市场）竞争格局分析可以从以下几个方面进行。

(1) 不同性质的企业市场占有率及变化（国有、民营、外资）。

(2) 不同企业的市场占有率及变化。

(3) 不同产品的市场占有率及变化。

(4) 产业集中度。

(5) 影响竞争格局的因素。

(6) 竞争格局的发展趋势。

(7) 主要企业分析。主要介绍领先企业或有特点的潜力企业的基本情况、产品定位、市场定位、科研开发、销售状况、财务状况等。

7. 行业及市场发展趋势

行业及市场发展趋势包含以下几个方面的内容。

(1) 国际市场发展趋势动态。

(2) 产品市场成长趋势。

(3) 要素市场变化趋势。

(4) 产业结构调整变化趋势。

(5) 产品技术发展趋势。

8. 产业投资机会与困难

产业投资机会与困难主要体现在以下几个方面。

(1) 行业的周期发展。

(2) 行业营利性、成长性。

(3) 进入壁垒/退出机制。

(4) 投资回收与风险。

(5) 进入机会。

9. 发展策略

(1) 行业发展的宏观对策。

(2) 新进企业进入市场的策略。

(3) 现有企业发展策略。

七、案例　2012 年我国化妆品行业研究报告

(一) 化妆品行业基本情况分析

1. 我国化妆品市场规模庞大，增长迅速

过去十年间，我国经济持续高速增长，GDP 从 2001 年的 11.0 万亿元增长到 2011 年的 47.2 万亿元，复合年均增长率达 15.7%。与此同时，2011 年中国人口数量已经达到 13.5 亿规模。随着经济的飞速发展和人民生活水平的不断提高，依托庞大的人口基数，中国已经成为了全球最大的化妆品市场之一。据 Euromonitor 的统计数据显示，2011 年我国化妆品销售额超过 1 000 亿元，约占全球化妆品市场的 6.8%，仅次于美国、日本和巴西，位居第四。过去十年间，我国化妆品市场增长迅速。Euromonitor 统计数据显示，2001～2011 年我国化妆品市场规模复合年均增长率高达 15.8%，成为全球增长最快的市场之一，如图 5-1 所示。

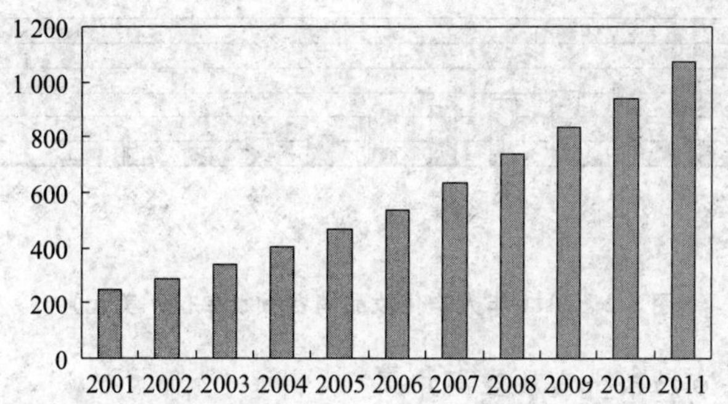

图 5-1 2001～2011 年我国化妆品市场规模及增速（单位：亿元人民币）

2. 居民收入的提高和城镇化推动化妆品行业增长

化妆品行业显著受益于中国居民可支配收入的提高和城镇化进程的推进。近年来，随着我国国民经济的快速发展，居民可支配收入水平不断提高，有效地增强了我国居民的消费能力，成为行业增长的源动力。据中国国家统计局数据显示，中国城镇居民人均可支配收入从 2000 年的 6 860 元增长到 2011 年的 21 810 元，复合年均增长率为 12.3%；同期农村居民纯收入从 2001 年的 2 366 元增长到 2011 年的 6 977元，复合年均增长率为 11.4%。另外，随着中产阶级的逐步形成，消费升级成为大势所趋，具有一定品牌知名度化妆品的需求将获得更快的增长。另外，随着我国城镇化进程的不断推进，城市人口数量迅速增加。根据国家统计局数据，我国城市总人口由 2003 年年底的 5.24 亿人增至 2011 年年底的 6.91 亿人，复合年均增长率为 3.5%；2011 年城市人口占中国总人口的比例为 51.3%，城镇化进程正以每年约 2%的速度上升。对美的追求和自身形象的关注以及消费观念的改变使得城镇人群在日常生活中对化妆品的使用明显增加，从而形成了化妆品行业发展的内生动力。

3. 我国化妆品人均消费水平与发达国家仍有一定差距，发展空间巨大

经过数十年的发展，我国化妆品行业整体已经初具规模，但从人均消费量来看，仍处于较低水平。目前我国人均化妆品消费水平仅仅略高于印度、越南等国家，远远低于欧美、日本和韩国等发达国家，2011 年的化妆品人均年消费额仅相当于美国的 1/10 和日本的 1/20，如图 5-2 所示。对比人均化妆品年消费额 36 美元的世界平均水平，我国人均年消费额具有 194%的成长空间。未来随着我国经济的持续快速发展，市场需求潜力将不断释放，考虑到我国庞大的人口基数，化妆品行业具有巨大的增长空间。

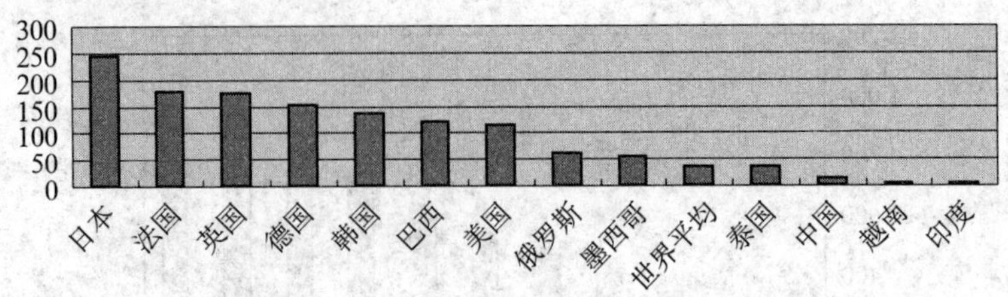

图 5-2　2011 年人均化妆品消费额（单位：美元）

4. 我国化妆品市场未来发展空间广阔

据 Euromonitor 的预测数据显示，未来五年我国化妆品销售额将呈现持续增长态势，至 2016 年将达到约 2 022 亿元规模，2012～2016 年复合年均增长率为 13.3%，如图 5-3 所示。尽管增速呈现逐渐放缓的趋势，但由此带来的规模扩展空间依然巨大，预示着我国化妆品市场具有巨大的发展潜力。

图 5-3　2012～2016 年我国化妆品市场规模（单位：亿元人民币）

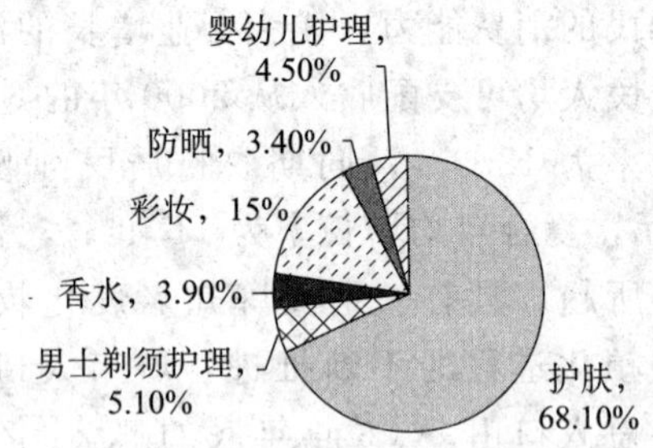

图 5-4　2011 年我国化妆品市场构成图

5. 护肤品子行业市场规模最大，占化妆品行业整体比重不断提高

护肤品是我国化妆品市场中规模最大的子行业，2011 年市场规模达 732 亿元，占行业整体比重近七成，如图 5-4 所示。除占比最大外，护肤品的增速亦非常可观。近年来护肤品市场增长迅速，过去五年复合年均增长率约 15.4%，是除基数较小的男士剃须护理用品外增长最快的子行业。2011 年的护肤品占化妆品行业整体比重已高达 68.1%，未来仍具有巨大的增长空间。

6. 产品细分日益清晰，功能更加个性化

一方面，化妆品市场近年来呈现出市场层次化日益清晰的趋势。产品细分越来越细，出现了部分全新的细分市场领域。男士剃须护理、婴幼儿护理用品、彩妆等细分市场具有很大的增长潜力。据 Euromonitor 的统计数据显示，中国男士剃须护理市场规模已由 2006 年的 8.0 亿元增长至 2011 年的 41.7 亿元，复合年均增长率为 39.3%；婴幼儿护理类产品市场规模已由 2006 年的 24.1 亿元增长至 2011 年的 48.5 亿元，复合年均增长率为15.1%，具有一定的增长空间。另一方面，消费层次日益个性化也成为化妆品市场发展的一大趋势。随着消费群体逐步年轻化，各种资讯的日益发达，消费者对美的理解不断加深，从而对产品提出了更多个性化的要求，如除传统美白需求以外，对护肤品提出了抗氧化、抗衰老等新的功能性诉求。

7. “天然”、“活性”、“健康”成为新兴理念，本草护肤品备受关注

近年来，随着消费者对“天然”、“活性”、“健康”化妆品的关注和追求，本草养颜护肤新理念日益受到追捧。以生物制剂、生物活性提取物、天然植物添加剂作为化妆品原料已经成为护肤品研发的重要领域之一，国内外企业纷纷进入这一细分市场。相宜本草凭借“本草养肤”理念稳步崛起；上海家化以“佰草集”进入中高端护肤品市场；霸王国际推出“本草堂”护肤品系列；云南白药、片仔癀、同仁堂等医药企业亦纷纷进入该细分领域；巴黎欧莱雅（L'oreal Paris）、雅诗兰黛（Estee Lauder）等外资企业也开始加大对这一领域的投入。本草护肤品领域呈现出巨大的增长潜力，发展速度远高于化妆品市场整体水平。

（二）妆品行业竞争格局

1. 行业整体竞争格局

化妆品行业是中国对外开放最早的产业之一，改革开放后发展迅速，企业数量众多，市场竞争激烈。目前国内的化妆品生产企业约有5 000余家，其中中小型化妆品企业占到总数的90%，但市场份额不到20%。化妆品行业总体市场较为分散，超过1%份额的品牌已是市场上比较知名和常见的品牌。

目前国内化妆品市场主要被外资企业所占据。外资企业的优势在中高端化妆品市场尤为明显，我国前20名中高端化妆品品牌基本来自美国、法国和日本。尽管外资品牌在传统化妆品领域占据优势，但由于化妆品行业整体容量大，消费者需求呈现多样性且不断变化，本土品牌依然可以基于对本土文化的深入理解和消费者心理的准确把握、通过清晰准确的品牌定位，在某些细分领域获得长足的发展，甚至取得领先地位。如相宜本草等本土品牌在国内护肤品市场中逐步占据一定的市场份额，并快速成长和发展。

2. 按产品档次划分市场竞争格局

我国化妆品市场按价格区分可以划分为高档化妆品（零售价在200元以上）、中档化妆品（零售价在100～200元）和大众化妆品（零售价在100元以下）三个细分市场。上述三个细分市场均处于多品牌竞争状态。

(1) 高档化妆品市场竞争格局。

高档化妆品市场主要由国际顶尖品牌占据，如娇兰（Guerlain）、克里斯汀·迪奥（CD）、香奈儿（Chanel）、娇韵诗（Clarins）、兰蔻（Lancome）、雅诗兰黛（Estee Lauder）等。该类品牌主要定位于金字塔顶层的少数消费者，利用其国际品牌优势在

国内大城市的百货商场设立专柜，以树立高端品牌和高端消费的形象。

（2）中档化妆品市场竞争格局。

外资品牌化妆品在我国中档化妆品市场也具有很强的市场竞争力，占据着较大市场份额，如图 5-5 所示。该类品牌主要包括玉兰油（Olay）、巴黎欧莱雅（L'oreal Paris）、资生堂（SHISEIDO）等，其一般通过百货商场专柜、大卖场、超市以及专营店等进行销售，并通过建立有效的营销渠道和进行大规模媒体宣传等方式，充分发挥品牌的市场影响力。

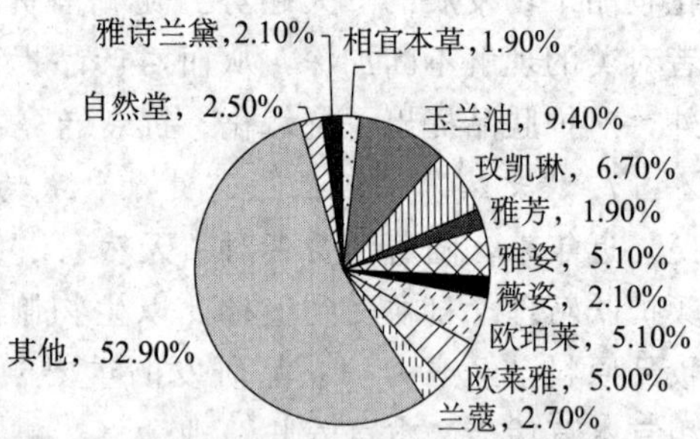

图 5-5 2011 年我国护肤品市场品牌构成

（3）大众化妆品市场竞争格局。

大众化妆品被部分外资品牌和本土品牌分占。该类品牌主要针对中低收入的消费群体，一般通过大卖场、超市以及专营店等渠道进行销售。该领域品牌数量较多，外资品牌包括妮维雅（NIVEA）、旁氏（POND'S）、卡尼尔（Garnier）等，本土品牌包括相宜本草、自然堂、丁家宜、大宝等。

3. 主要进入壁垒

（1）品牌认知度。

随着居民生活水平的提高和消费理念、消费方式的转变，品牌认知度和信赖度已经成为消费者选择化妆品的重要依据。化妆品品牌知名度是企业产品质量、品牌文化、工艺技术、管理服务、市场网络和口碑等多方面因素的综合体现，而建立品牌知名度需要大量的投入以及较长时间的发展和积淀。行业内现有知名企业通过多年的努力经营和积累已经建立了一定的品牌优势，取得了较高的市场认知度，新进企业在短时间内无法与已具有品牌优势的企业竞争。

（2）销售渠道成熟度。

作为直接面向终端消费者的行业，化妆品行业对销售环节依赖程度很高，销售渠道的成熟度和稳定性对于化妆品企业非常重要。随着市场竞争的日趋激烈，化妆品进入百货商场、大卖场、超市及专营店等零售终端的门槛越来越高。尤其是大型超市和大卖场，由于其规模较大、覆盖面广、影响力较强，对新品牌及新产品通常要收取高额的进场费用以及堆头费、促销费、海报费等其他销售费用。新品牌如果没有一定的销量支撑，则无法覆盖其成本支出，导致不少新品牌进入市场后昙花一现。总体而言，化妆品新进企业要想建立完善的销售渠道前期投入较大，不仅需要投入巨大的资金，还需要较长的建设周期，其很难在短时间内获得渠道优势。

（3）产品质量要求。

随着政府和消费者对化妆品质量安全的愈加重视，化妆品行业的准入门槛也逐渐提高，产品质量已成为进入该行业的主要壁垒之一。从 2005 年 9 月 1 日起，化妆品正式纳入食品质量安全（QS）市场准入制，只有经质量检验合格并贴上 QS 标志后方可上市销售。2007 年 1 月国家卫生部发布了新版《化妆品卫生规范》，对化妆品及其中所用的原材料的安全性做出了更严格的规定。以上准入标准的实施提高了行业的进入门槛，并逐步淘汰了实力弱、设备差、产品质量稳定性差的中小企业。

（4）管理能力要求。

化妆品企业的研发、采购、生产、营销和供应链等方面的管理经验和能力是企业在长期的运作过程中逐渐产生和积累的。尤其对于品牌型化妆品企业，其产品市场定位、新品推出和品牌推广策略等亦要求对市场动向和消费者需求特点具有敏锐的洞察力和判断力，上述管理能力对新进企业而言短期内很难获得，从而形成了一定的行业进入壁垒。

（三）行业经营方式及行业特点

1. 行业经营方式

从生产方式来看，化妆品企业根据自身商业模式和产品的特点，一般通过自制生产、委托加工或两者相互结合的模式进行产品生产。目前大多数品牌化妆品企业将生产环节进行外包，即生产环节部分或全部外包给专门从事化妆品生产的加工型企业，而自身则专注于产品研发、品牌运营和营销管理等附加值较高的环节。从销售方式来看，化妆品行业企业具有多种销售渠道选择。目前我国化妆品行业的销售渠道主要包括超市及大卖场、百货商场、药妆店、专营店、个人护理店及便利店、网络购物、直销等，如图 5-6 所示。

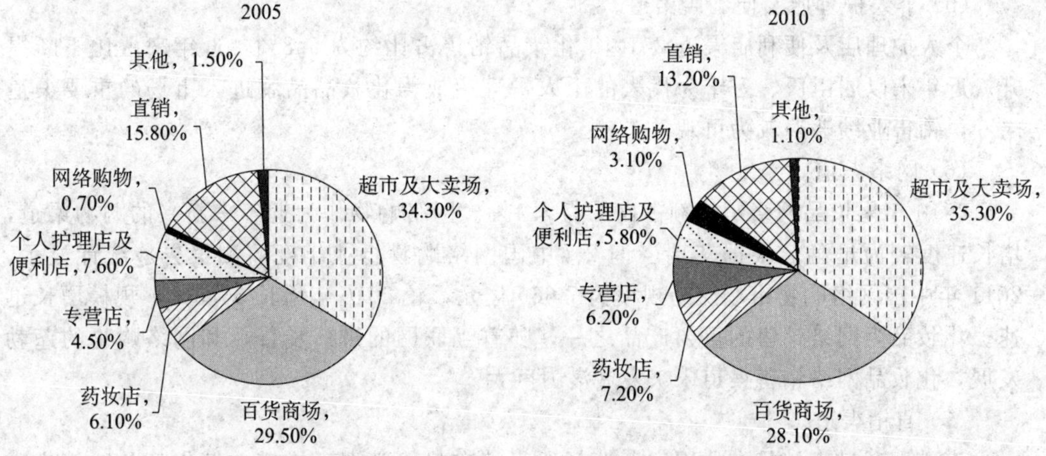

图 5-6 我国化妆品市场销售渠道分布情况

(1) 超市及大卖场渠道。

随着沃尔玛、家乐福等国际大超市进入国内市场并不断渗透和拓展，近年来超市及大卖场已经成为城市居民购买日用品、食品和日化产品最常用的渠道。2010 年该渠道化妆品销售额占比约为 35.3%，已成为最主要的销售渠道之一，近年来占比不断提升。据预测未来超市及大卖场门店数量还将持续上升，通过该渠道销售的化妆品数量和金额亦会持续增加。

(2) 百货商场渠道。

百货商场渠道是化妆品销售的另一主要渠道，2010 年销售额占比约为 28.1%。目前大型高端百货商场呈现数量增加的趋势，中小型百货商场数量逐步下滑；百货商场在一线城市的密度最大，在二、三线城市的数量也逐渐增多。面对激烈的竞争，国内百货商场形成了产品高端化、组织规模化、连锁化、区域下沉化和一站式购物的发展趋势。

(3) 药妆店渠道。

药妆店作为化妆品营销渠道在中国仍处于起步阶段，2010 年销售额占比约为 7.2%，主要涉及部分药妆产品。药妆店专营品牌较易获得较强的品牌识别性和顾客忠诚度，易于给消费者留下高效、专业的印象。但药妆店渠道狭窄，化妆品产品推广难度相对较大。

(4) 专营店渠道。

专营店渠道 2010 年化妆品销售占比约为 6.2%。专营店专门从事化妆品销售，具有产品定位相对精品化、客户忠诚度较高等特点。目前专营店多集中于二三线城市，数量较多，质量也在不断提高。目前专营店成为很多新兴或小众品牌进入市场的渠道。

(5) 个人护理店及便利店渠道。

个人护理店及便利店渠道 2010 年化妆品销售占比约为 5.8%，近年来占比不断提升。近年来以屈臣氏、万宁为代表的个人护理店成为化妆品品牌进入市场的重要渠道之一，销售业绩普遍较为可观。

(6) 网络渠道。

2010 年化妆品网络销售额占比约为 3.1%。网络购物作为近年来新兴的购物渠道，增长速度较为迅猛。根据艾瑞咨询 2《中国网络购物行业年度监测报告》统计显示，2011 年中国网络购物市场交易规模为 7 666 亿元，较 2010 年增长 66.3%，规模增长迅速。化妆品为网络销售的重要产品之一，随着互联网的进一步普及和网络购物的蓬勃发展，化妆品网络销售渠道未来发展潜力巨大。

(7) 直销渠道。

直销即通过直销员在非固定营业场所直接向最终消费者推销并销售产品的销售方式。部分国内外品牌选择了依靠直销方式进行化妆品销售，如雅芳等。2010 年该渠道化妆品销售额占比约为13.2%。

(8) 其他渠道。

除上述渠道外，化妆品还有电视购物、美容院等销售渠道。

2. 行业特点

(1) 行业周期性。

化妆品属于日常消费品，行业发展与国民经济发展和家庭可支配收入有一定的正相关关系，但居民用于化妆品方面的支出占其收入比例并不高，因此其行业周期性并不明显。

(2) 行业季节性。

化妆品行业整体季节性不明显，但单个品类由于气候和消费习惯的影响，使用和销售存在淡旺季节的区分。对于膏霜类护肤产品，春夏季为销售淡季、秋冬季为销售旺季；而对于防晒类产品，夏季为主要销售旺季，其他季节则销售情况一般。

(3) 行业区域性。

化妆品销售由于与居民收入及消费水平相关，经济相对发达的东部及沿海地区市场消费相对较高，内陆地区消费相对略低；一线、二线及三线城市地区销售量大，而县级城市及县级以下地区销量则相对较低。在生产方面，我国化妆品生产企业主要集中在东南沿海地区，广东、浙江、江苏、上海等地为中国化妆品企业比较集中的省市。

(四) 行业的利润率水平

化妆品行业的毛利率水平普遍较高，一般在60%～80%。品牌知名度对毛利率具有一定的拉动作用，高档品牌的毛利率略高于中低档品牌。但由于化妆品企业的广告费用、促销费用及销售终端费用等市场推广费用占销售收入比重较大，达到50%左右，导致行业净利润率在5%～20%，各品牌净利润率水平呈现一定差异。

(五) 行业的技术水平和技术特点

1. 行业技术水平

随着科学的不断发展，化妆品先后经历了单纯油脂、油和水乳化技术、添加各类功效性活性成分的化妆品以及生物技术化妆品等发展阶段。目前化妆品行业在生产制造工艺方面整体已经较为成熟，但在产品配方与消费者适应性研究、活性添加物的功效性能应用、人体皮肤生理特性研究及使用以及安全性等方面仍是各家企业技术投入的重点。

2. 行业技术特点

(1) 天然植物原料的功效研究、提取和应用。

近年来以天然植物为原料的化妆品备受消费者青睐，对各类本草等天然植物有效成分的功效发掘和研究、提取和应用成为化妆品的一大研究方向。

(2) 高新技术在化妆品中的应用。

高新技术在化妆品中的应用体现在以下几个方面：①用高科技加工和提取的新原料在化妆品中不断得到开发和利用；②新的高科技包裹材料和技术在化妆品中得到应用；③用高科技方法改进乳化技术和产品剂型，开拓新的护肤产品市场；④新型皮肤促渗透技术和缓释技术的应用。

(3) 化妆品包装技术的升级换代。

随着包装技术和数字化的逐渐应用，复合材料、真空包装技术、充气包装技术、绿色环保包装材料在化妆品包装中逐步发展起来，兼具保护性、功能性、使用便利性和装饰性成为未来化妆品包装的发展方向。

(六) 上下游行业对本行业的影响

1. 上游行业对化妆品行业的影响

化妆品行业的上游行业主要为原料及包装材料制造行业。其中，原料主要包括水、甘油、乳化剂、稳定剂、油脂、功能性添加剂和香精等；包装材料包括纸包装、塑料包装、软包装膜袋和玻璃包装等。原料占化妆品生产成本的比例约为 20%～40%，包装材料占化妆品生产成本的比例为 40%～60%。近年来，随着能源价格的上涨及通货膨胀等因素的影响，化妆品原料和包装材料的价格都出现了一定程度的上涨，这对化妆品企业的毛利率产生了一定影响，但由于化妆品行业毛利率整体比较可观，因此影响程度较小。

2. 下游行业对本行业的影响

化妆品属终端消费品，行业下游为经销商及销售终端市场。近年来，我国政府不断出台鼓励拉动内需的政策，支持商品流通市场的发展，促进居民提升消费水平。终端流通市场的发展以及居民可支配收入和消费水平的提升将有利于化妆品行业的发展。

(七) 影响行业发展的主要因素

1. 有利因素

(1) 国内市场容量和消费增长潜力巨大。

我国经济持续稳定发展是我国化妆品行业快速增长的有力保证。化妆品消费与居民收入水平直接相关，国民经济的持续健康发展将带来居民收入水平的显著提升，加之国家鼓励消费、拉动内需的经济政策，以及城市化进程加快等因素，均为化妆品行业的快速发展提供了良好的环境和巨大的市场空间。与此同时，随着国民素质的提高和消费理念的转变，社会消费结构逐渐向发展型、享受型升级。消费者对商品和品牌附加价值的认知程度逐渐提高，消费心理和需求逐渐呈现出多样化和个性化的特点，从而为化妆品向细分领域发展和差异化定位提供了进一步的空间。

(2) 监管不断规范化。

从国家监控力度看，我国政府对化妆品行业的监管力度随着行业的发展不断加强并走向规范化，对化妆品生产企业的准入门槛也不断提高。监管日趋严格所导致的成本增加使得部分生产条件差、无品牌优势的小型化妆品企业被逐渐淘汰，而具备品牌优势和质量管理优势的大中型化妆品企业则获得了提高市场份额和整合市场的机会。

(3) 税收支持政策出台。

消费税的调整为化妆品大众品牌的发展提供契机。2006 年国家税务总局颁布了新的消费税调节政策，取消了具有大众消费特征的中低档护肤品 8%的消费税，对香水、口红、指甲油、胭脂、眉笔、唇笔、睫毛膏等美容、修饰类化妆品以及高档护肤类化妆品和成套化妆品的消费税税率则提高到按 30%征收，该政策为本土大众化妆品品牌带来了良好的发展机遇。

(4) 下游零售行业的迅速发展为化妆品行业的发展提供了渠道支撑。

目前，我国零售行业呈现出高速发展的态势。沃尔玛、家乐福等国际大超市纷纷进入中国市场，为中国零售业带来了先进的经营模式、管理理念和实现跨越式发展的机遇。

此外，传统的百货商场等零售企业也在探索新的发展方向。零售业的多元发展路径有效地促进了快速消费品市场的发展，满足了新的消费需求，为包括化妆品行业在内的快速消费品行业的发展提供了渠道支撑。

2. 不利因素

(1) 行业竞争不规范。

化妆品行业门槛相对较低，我国化妆品生产企业众多，且大多数企业规模较小、产品档次和质量较低、营销能力和产品开发能力有限，低水平重复建设严重。为了维持生存和发展，部分小企业抄袭、模仿名牌企业和市场流行的产品外观设计，并采取低价竞争的方式，这些不规范行为在加剧行业竞争的同时，也影响了行业整体发展水平的提高。

(2) 技术创新能力与核心竞争力不高。

与欧美等发达国家化妆品企业相比，我国化妆品企业在产品与技术创新能力方面明显不足，研发投入相对较少，核心竞争力尚难提高，国际竞争力整体不强，在高档化妆品领域尚无法和外资品牌抗衡。

第六章 基本面分析——微观公司分析实验

一、相关知识

1. 公司是基本面分析中的微观因素

它涉及具体公司的行业地位以及该行业的发展前景。一个好的公司一般是那些在行业中处于领导地位的公司，是一个企业群体的风向标。它生产的产品一般具有自己的独特优点，或者公司本身具有行业垄断地位，产品一般不具有可替代性，因而能够在激烈的市场竞争中立于不败之地。

2. 一个公司的发展有其自身的规律

这个规律性可以从公司的成长四阶段来分析，它们是初创阶段、成长阶段、成熟阶段和衰退阶段。对于一个公司的投资分析，一定要把握好公司发展的四阶段，在这四个阶段中，初创时期是一个公司的开始，这个时期也是公司风险最大的时期。我们平常所说的风险投资大多指的就是对处于这个时期的公司的投资行为。但是，只要公司能够成功地度过这个高风险时期，其发展前景一般情况下就会相对良好，公司将会进入成长阶段，处于成长阶段的公司就是我们进行证券投资的最好的公司实体，这时公司一般具有良好的市场预期，也具有丰富的炒作题材，证券市场上最具有吸引力的公司莫过于此类公司。

3. 公司分析不仅仅是在一个公司的内部进行比较（即公司的纵向比较），还是公司之间的横向比较

这种横向比较包括两方面的含义：一是同行业公司的比较，另一就是不同行业之间的公司比较。同行业公司比较的是公司的规模、产品的差异性等，不同行业公司的比较则是比较公司

的财务指标、盈利能力、行业背景等。

4. 财务分析中的财务指标分析

二、实验目的

1. 本次实验主要对公司基本面分析进行操练，让学生对具体公司的基本面分析有个初步认识。

2. 通过学习本次实验，使学生对公司的基本面分析有一个理性认识，并在本次实验完成时能够初步根据公司基本面选取有投资价值的股票。认知公司基本面是选取股票不可缺少的因素。

三、实验原理

股票的价格是围绕股票的价值波动的，而股票的价值是由该公司的基本面所决定的，一般来说，一只股票被市场错误定价（高估或低估）的时间不超过 12 个月。

四、实验步骤

1. 选择模拟操作中的一只股票，指出该公司所处行业的发展前景，并指出该公司在该行业的地位及有什么独特之处。

2. 说明该公司目前所处的发展阶段。

3. 指出该公司未来发展状况（产能扩张、重大投资项目、政府重大倾斜政策等）。

4. 指出该公司未来分红扩股能力。

5. 对该公司的财务状况进行五力分析。

五、实验报告

对所选的某只股票进行微观分析。

六、案例××公司财务分析报告

（一）分析摘要

1. ××有限公司（以下简称“公司”）是一家从事葡萄酒进口和批发销售的连锁经

营公司，2012 年 4 月末的资产总额约为人民币 X 万元（以下货币单位均为人民币），负债为 Y 万元，所有者权益为 Z 万元。

2. 在 2011 年 1 月至 2012 年 4 月期间公司无长期资产和负债，所持有的均为流动资产及流动负债，且负债比例相当低，所有者权益占总资产的比例一直维持在 90%左右。

由于公司资产流动性相当高，因此具备较高的偿债能力，但也相应增加了机会成本和降低了获利的能力。

3. 应收账款、存货及资产的周转天数在 2012 年前 4 个月较上年同期总体增加，说明公司经营情况可能转差。

4. 2011 年累计营业收入为 A 万元，累计利润为 B 万元；2012 年前 4 个月的累计营业收入为 C 万元，累计利润为 D 万元，较去年同期下降了 4%，说明公司盈利水平下降。

5. 报告分析期内每月营业收入与上月相比波动性较大，没有保持长期稳定增长的趋势，其中 2012 年营业收入变动比率的波动性较去年同期更大，这意味着公司的未来发展情况不明朗，未来抗风险的能力存在疑问。

6. 公司的毛利率在报告期固定为 25%，显示公司可能缺乏具有弹性的定价策略。

7. 由于可能存在避税收益，需要深入了解以确定公司真实的利润水平。

（二）财务概况

1. 资产负债表

(1) 公司在 2011 年 1 月至 2012 年 4 月的 16 个月中，持有的均为流动性资产及负债，无长期资产或长期负债，2011 年 12 月底公司的总资产和总负债分别为 X 万元和 Y 万元；资产主要包括货币资金、应收账款和存货三部分，负债主要包括应付账款和应交税金，并且负债比例相当低，因此净资产即所有者权益占资产总额的比例较高，各期均为 90%左右。

(2) 从表 6-1 可以看出，货币资金和存货占资产的比例相对较高，而应收账款比重较低。应收账款除了在×年×月有较明显的增长外，其他月份均保持缓平的曲线，这在一定程度上说明了公司业务的增长趋于停滞的状态。另外，×年×月之后，货币资金占比资产的比例超过并持续高于存货占比，这一走势也同样反映业务开始停滞的情况。

表 6-1 2011 年 1 月至 2012 年 4 月资产走势

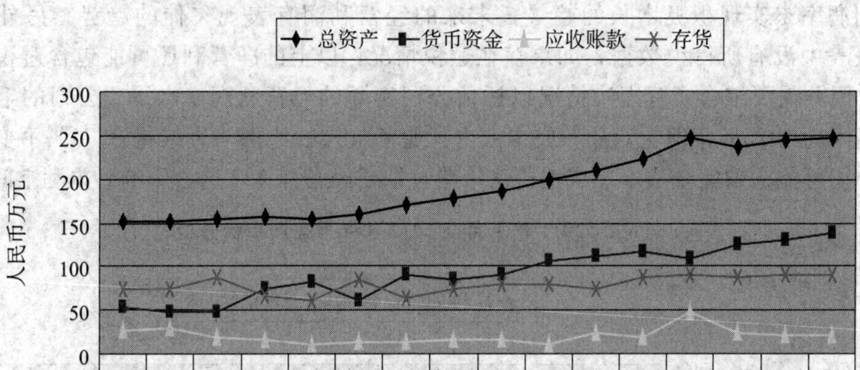

	1101	1102	1103	1104	1105	1106	1107	1108	1109	1110	1111	1112	1201	1202	1203	1204
总资产	151	151	154	155	154	158	170	178	186	198	209	222	247	237	243	248
货币资金	52	49	47	75	82	61	91	86	91	107	111	117	108	125	131	138
应收账款	25	28	18	15	12	13	14	16	15	11	23	18	49	24	22	20
存货	74	74	88	66	60	85	65	75	80	80	75	86	91	88	91	90

2. 损益表

(1) 公司在报告分析期的 16 个月中，取得的收入均来自主营业务，主要的成本和费用包括主营业务成本、管理费用、营业税金及附加。

(2) 公司累计营业收入及净利润分别为 X 万元及 Y 万元，全年平均利润率为 14%。2012 年前 4 个月累计营业收入及利润分别为 X 万元及 Y 万元，较去年同期分别下降了 1%和 4%，2012 年 2 月利润率更跌至 1%。总体分析说明，未来销售和盈利情况可能欠佳，需要进一步向公司了解情况及做×年的全年预算以进行分析和决策。

3. 现金流量表

(1) 公司在报告分析期的 16 个月中，当期发生的现金流量均来自于经营活动，未有涉及投资活动（购买长期资产、长期投资等）或筹资活动（借款、增资等）。

(2) 公司在×年期初的实收资本金为 X 万元，在报告分析期间未发生变动。

(3) 2011 年经营活动产生的净现金流入量为 X 万元，截止×年×月，现金净流入量为 X 万元，低于去年同期水平。

七、主要财务指标分析

1. 盈利能力分析

在 2011 年，公司的利润率从 1 月最高点 18%持续下降至 4 至 7 月的最低点 12%；接着在当年后面的 5 个月略有回升；2012 年 1 月至 4 月的利润率变动趋势与 2011 年同期一致，也从18%降至12%，但中间两个月较去年同期利润率更低。如表6-2所示，公司利润率未实现积极增长的趋势，未来的经营利润有表现欠佳的趋势。另外，由于财务报表中没有所得税数据，如果存在避税情况，以上的净营利还可能包含避税收益的部分，因此需要综合了解真实情况以评估公司实际的经营利润率水平。公司的毛利率在分析期间均为25%，即主营业务成本占主营业务收入的比例一直维持在75%不变，这说明了公司可能采取完全成本加成定价法策略，缺乏经营弹性，这会影响到盈利空间。

表6-2 2011年1月至2012年4月盈利指标分析

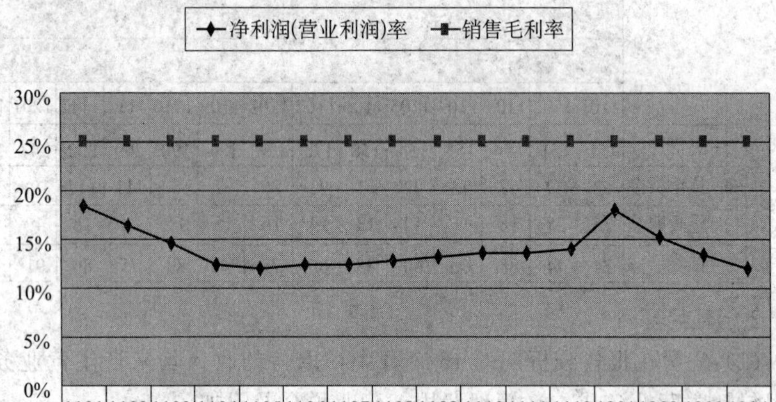

	1101	1102	1103	1104	1105	1106	1107	1108	1109	1110	1111	1112	1201	1202	1203	1204
净利润(营业利润)率	18%	16%	15%	12%	12%	12%	12%	13%	13%	14%	14%	14%	18%	15%	13%	12%
销售毛利率	25%	25%	25%	25%	25%	25%	25%	25%	25%	25%	25%	25%	25%	25%	25%	25%

2. 营运能力分析

从表6-3可以看出，2011年前4个月应收账款周转天数相对较长，后8个月周转天数较短，均维持在10天以内；2012年前4个月应收账款周转天数的变动趋势基本与2011年相同，但同期相比，2012年周转天数总体更长。这说明了公司在2012年前4个月较上年同期需要更多的时间去回笼资金，经营状况没有取得良好的发展趋势。存货周转天数的变动趋势与应收账款周转天数基本一致，除2012年1月之外，2012年2至4月的存货周转天数均高于去年同期，同时这3个月的销售收入和利润率均低于去年同期，这说明公司在经营欠佳的情况下，维持了较高的存货水平，因此需要进一步了解公司的存货经营管理情况。流动资产（总资产）周转天数的变动同样说明了以上的问题。

3. 短期偿债能力分析

根据财务报表分析，由于在报告分析期间持有的资产和负债都是流动性的资产和负债，公司短期偿债能力方面的财务指标均处于较高的水平，如表6-4所示，资产的流动性很高，偿还短期债务的能力也很高。但从经营角度而言，流动资产的获利能力较长期资产的获利能力低，因此过高的流动比率意味着机会成本的增加和获利能力的下降。

表 6-3　2011 年 1 月至 2012 年 4 月营运指标分析

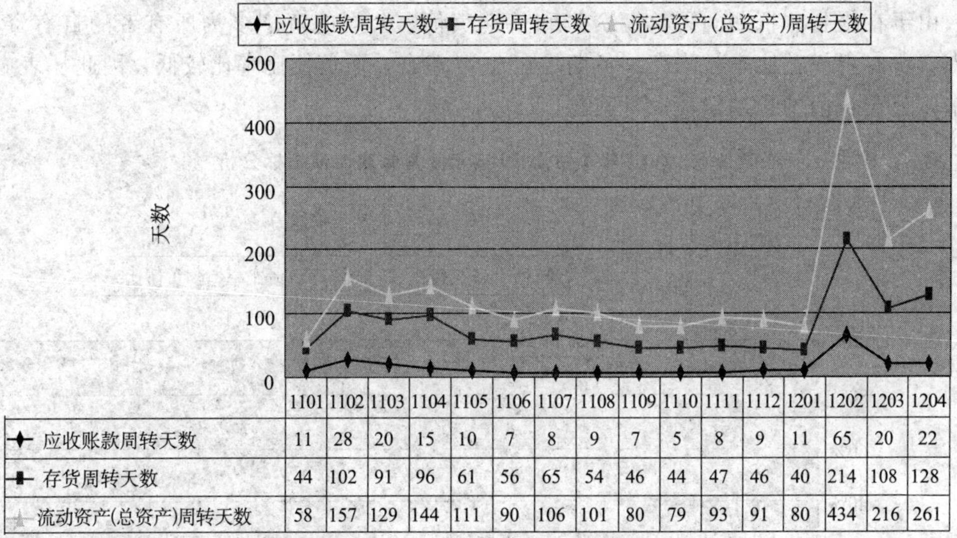

	1101	1102	1103	1104	1105	1106	1107	1108	1109	1110	1111	1112	1201	1202	1203	1204
应收账款周转天数	11	28	20	15	10	7	8	9	7	5	8	9	11	65	20	22
存货周转天数	44	102	91	96	61	56	65	54	46	44	47	46	40	214	108	128
流动资产(总资产)周转天数	58	157	129	144	111	90	106	101	80	79	93	91	80	434	216	261

表 6-4　2011 年 1 月至 2012 年 4 月短期偿债指标分析

流动比率　速动比率　现金比率　短期偿债能力比率

	1101	1102	1103	1104	1105	1106	1107	1108	1109	1110	1111	1112	1201	1202	1203	1204
流动比率	742%	894%	907%	907%	1408%	1793%	1209%	1188%	1498%	1526%	1453%	1405%	978%	1610%	1311%	1127%
速动比率	380%	457%	387%	522%	856%	829%	748%	685%	853%	911%	930%	858%	619%	1010%	822%	717%
现金比率	255%	289%	279%	436%	747%	687%	652%	575%	729%	825%	771%	742%	427%	850%	706%	625%
短期偿债能力比率	78%	308%	287%	277%	685%	922%	581%	610%	693%	698%	631%	702%	439%	733%	581%	595%

4. 长期偿债能力分析

由于在报告分析期间无长期资产和长期负债，公司的资产多为所有者的自有资金投入，所有者权益比率相当高，各期均在90%左右，而负债比率比较低，因此从表6-5看来，公司目前的长期偿债没有问题。

表6-5 2011年1月至2012年4月长期偿债指标分析

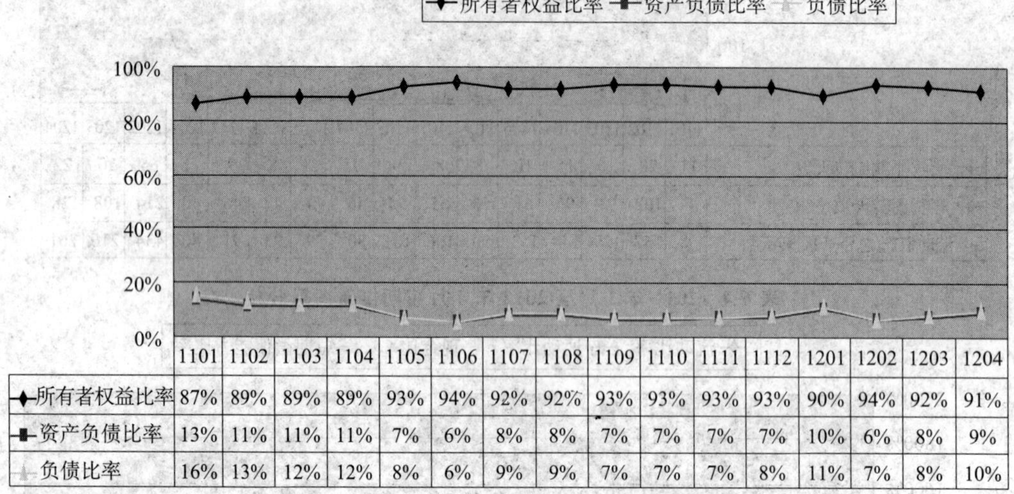

	1101	1102	1103	1104	1105	1106	1107	1108	1109	1110	1111	1112	1201	1202	1203	1204
所有者权益比率	87%	89%	89%	89%	93%	94%	92%	92%	93%	93%	93%	93%	90%	94%	92%	91%
资产负债比率	13%	11%	11%	11%	7%	6%	8%	8%	7%	7%	7%	7%	10%	6%	8%	9%
负债比率	16%	13%	12%	12%	8%	6%	9%	9%	7%	7%	7%	8%	11%	7%	8%	10%

5. 发展能力分析

公司总资产在2011年和2012年的1月较上月均有较高的增长，分别为17%和11%，在2月分别下降了0.1%和4%，这主要是受到2月销售收入下降的影响；2011年5月资产总额也较上月下降了1%，在分析期间的其他11个月中，资产一直维持5%上下较低水平的增长率。由于公司90%左右的资产为所有者权益资本，因此资本累积率的变动趋势基本与资产增长率一致。总体来看，每月营业收入与上月相比波动性较大，没有保持长期稳定增长的趋势，时增时跌，同时下降的幅度超过资产增长率。从表6-6可以明显看出，2012年营业收入变动比率的波动性较去年同期更大，这意味着公司未来发展情况不明朗，未来抗风险的能力也不是比较高。除了与公司的经营发展能力有关外，以上变动还可能与内地当前的经济形势发展放缓有关，另外还可能受到近两年××市场迅速发展所造成的供应量增加的影响，需要进一步了解将来业务发展的情况。

表 6-6　2011 年 1 月至 2012 年 4 月发展能力指标分析

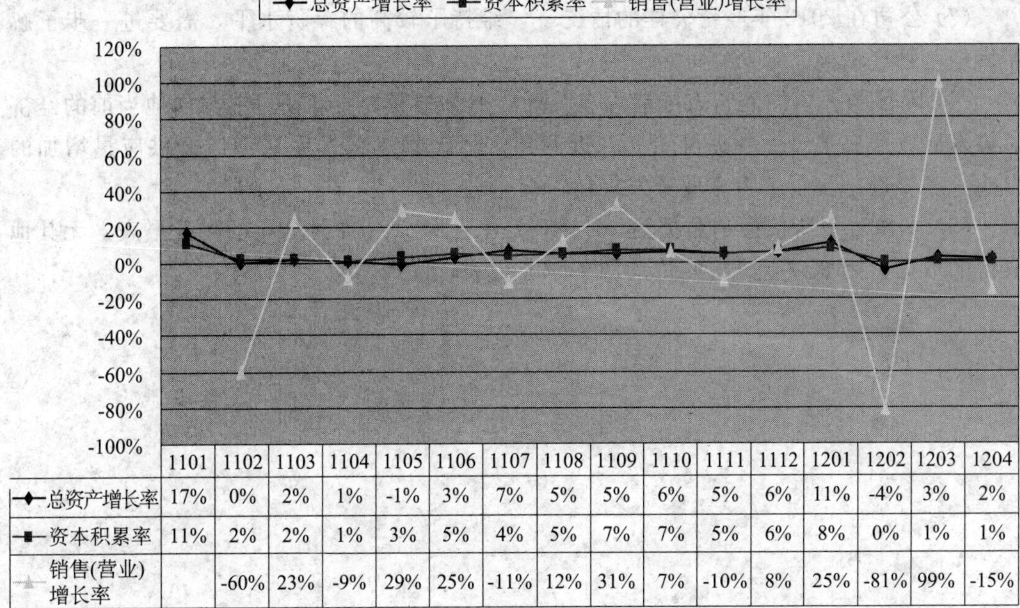

	1101	1102	1103	1104	1105	1106	1107	1108	1109	1110	1111	1112	1201	1202	1203	1204
总资产增长率	17%	0%	2%	1%	-1%	3%	7%	5%	5%	6%	5%	6%	11%	-4%	3%	2%
资本积累率	11%	2%	2%	1%	3%	5%	4%	5%	7%	7%	5%	6%	8%	0%	1%	1%
销售(营业)增长率		-60%	23%	-9%	29%	25%	-11%	12%	31%	7%	-10%	8%	25%	-81%	99%	-15%

八、总结及说明

1. 总结

(1) 根据以上对财务报表数据的分析，说明公司在 2012 年前 4 个月的盈利水平较去年同期有所下降，经营转差。

(2) 公司可能采用固定的成本定价模式，缺乏具备弹性的定价策略，会影响盈利空间；与去年同期相比，公司在 2012 年前 4 个月需要用更多的营运时间去回笼资金。

(3) 公司的资产流动性相当高，所有者权益比例也很高，负债比例相对较低，具备较好的偿债能力，但资产大部分为现金，因此获利能力相对不高。

(4) 公司的资产在分析期间维持不高的增长率，同时营业收入的增长率变动较大，不能保持持续增长的趋势，说明未来发展情况不明朗，抵抗风险的能力不高。

(5) 公司的表现除了受经营能力影响之外，还可能受到经济发展放缓和市场供应量增加的影响。

2. 说明

(1) 需要说明的是，分析期间的财务指标有一定的季节性变动趋同的走势，由于目前仅有 2012 年前 4 个月的财务报表，缺乏全年的数据进行更深入的分析和趋势预测。

（2）总体分析说明，未来销售和盈利情况可能欠佳，需要进一步向公司了解情况及做2012年的全年预算以进行分析和决策。

（3）公司在2012年经营欠佳的情况下，维持了较高的存货水平，需要进一步了解存货经营管理情况。

（4）除了与公司的经营发展能力有关外，财务指标的变动还可能与内地当前的经济形势发展放缓有关，另外还可能受到近两年××市场迅速发展所造成的供应量增加的影响，需要进一步了解将来业务发展的情况。

（5）本次分析所依据的数据为2011年1月至2012年4月公司的财务报表，无其他取得的数据，因此以上分析结论均源于财务报表，仅供参考。

第七章 技术面分析——K线和形态分析实验

一、实验目的

K线分析是证券投资分析中最重要的一环。从K线图中，投资者可以捕捉到买卖双方力量对比的变化。根据K线图，可以分析预测股价的未来走势。K线形态分析是最基本的分析工具之一。

二、实验要求

1. 理解K线图的定义。
2. 掌握K线图的绘制。
3. 理解各种K线图形态和其意义。
4. 了解组合K线图的分析。

三、实验步骤

1. 识别阴阳线和上下影线

K线理论发源于日本，是最古老的技术分析方法，1750年日本人就开始利用阴阳烛来分析大米期货，后因其细腻独到的标画方式而被引入到股市及期货市场。目前，这种图表分析法在我国以至整个东南亚地区尤为流行。由于用这种方法绘制出来的图表形状颇似一根根蜡烛，加上这些蜡烛有黑白之分，因而也叫阴阳线图表。通过K线图，我们能够把每日或某一周期的市况表现完全记录下来。

(1) 绘制方法。

首先找出当日或某一周期的开市和收市价，把这两个价位连接成一条狭长的长方柱体；然后再找到该日或某一周期的最高和最低价，垂直地与长方柱体连成一条直线。假如当日或某一周期的收市价较开市价高（即低开高收），便以红色来表示，或是在柱体上留白，这种柱体就称之为“阳线”。如果当日或某一周期的收市价较开市价低（即高开低收），则以蓝色表示，又或是在柱体上涂黑色，这柱体就是“阴线”了。

(2) 优点。

其优点是能够全面透彻地观察到市场的真正变化。我们从 K 线图中，既可看到股价（或大市）的趋势，同时又可以了解到每日市况的波动情形。

(3) 缺点。

阴线与阳线的变化繁多，对初学者来说，在掌握分析方面会有相当的困难，不及柱线图那样简单易明。

2. 进行 K 线图分析

由于“阴阳线”变化繁多，“阴线”与“阳线”里包含着许多大小不同的变化，因此其分析的意义，有特别提出一谈的必要。

在讨论“阴阳线”的分析意义之前，先要了解一下阳线每一个部分的名称。

下面以阳线为例，最高与收市价之间的部分称之为“上影”，开市价与收市价之间的部分称为“实体”，开市价与最低价之间的部分就称作“下影”，如图 7-1 所示。

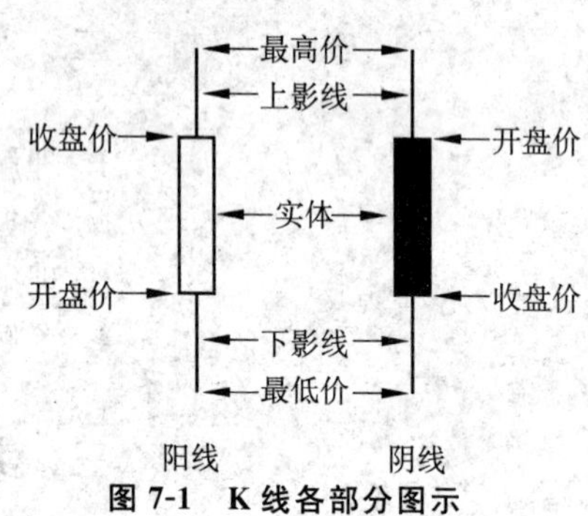

图 7-1　K 线各部分图示

K 线具有东方人所擅长的形象思维特点，没有西方用演绎法得出的技术指标那样定量，因此在运用上还是主观意识占上风。面对形形色色的 K 线组合，初学者不禁有些为难，其实浓缩的就是精华，我们把浩瀚的 K 线大法归纳为简单的三招，即一看阴阳；二看实体大小；三看影线长短。

(1) 看阴阳。

阴阳代表趋势方向，阳线表示将继续上涨，阴线表示将继续下跌。以阳线为例，在经过一段时间的多空拼搏，收盘高于开盘表明多头占据上风，根据牛顿力学定理，在没有外力作用下价格仍将按原有的方向与速度运行，因此阳线预示下一阶段仍将继续上涨，最起码能保证下一阶段初期能惯性上冲。故阳线往往预示着继续上涨，这一点也极为符合技术分析中三大假设之一的股价沿趋势波动，而这种顺势而为也是技术分析最核心的思想。同理可得阴线继续下跌。

(2) 看实体。

实体大小代表内在动力，实体越大，上涨或下跌的趋势越是明显，反之趋势则不明显。以阳线为例，其实体就是收盘高于开盘的那部分，阳线实体越大说明了上涨的动力越足，就如质量越大与速度越快的物体其惯性冲力也越大的物理学原理，阳线实体越大代表其内在上涨动力也越大，其上涨的动力将大于实体小的阳线。同理可得阴线实体越大，下跌动力也越足。

(3) 看影线。

影线代表转折信号，向一个方向的影线越长，越不利于股价向这个方向变动，即上影线越长，越不利于股价上涨，下影线越长，越不利于股价下跌。以上影线为例，在经过一段时间多空斗争之后，多头终于晚节不保败下阵来，一朝被蛇咬，十年怕井绳，不论K线是阴还是阳，上影线部分已构成下一阶段的上挡阻力，股价向下调整的概率居大。同理可得下影线预示着股价向上攻击的概率居大。

K线一点通的简单三招，既可对日K线、周K线、月K线甚至年K线进行分析，也可对二根、三根甚至N根K线进行研判。前者可简单运用，后者将N根K线叠加为一根然后进行研判。

(4) K线基本形态（如图7-2所示）

K线组合形态分为反转和持续两个大的种类，下面只列举9种反转组合形态。

① 锤形线和上吊线如图7-2所示。锤形线处在下降趋势中。当天疯狂地卖出行动被遏制，价格又回到了或者接近了当天的最高点。锤形线有牛市含义。上吊线处在上升趋势中。当天的价格行为一定在低于开盘价的位置，之后反弹使收盘价几乎是在最高价的位置。上吊线中产生出来的长下影线显示了一个疯狂卖出是怎样开始的。上吊线具有熊市的含义。

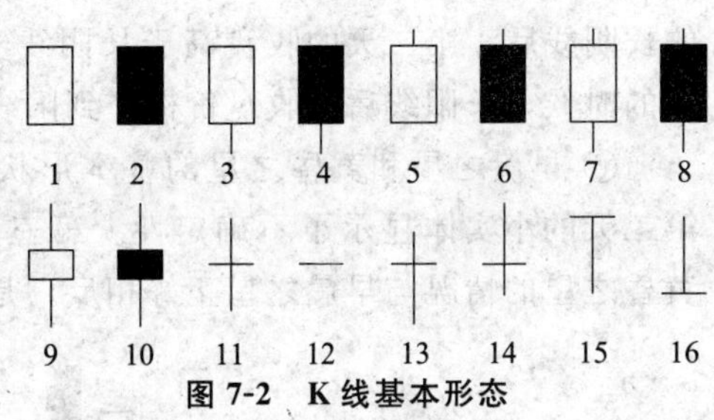

图7-2 K线基本形态

② 鲸吞型基本形状如图7-3所示。熊市鲸吞型处在上升趋势中，收盘比前一天的开盘低。上升的趋势已经被破坏，上升趋势将要反转。牛市鲸吞型的情况与熊市鲸吞型的叙述情况正好相反，是看涨的组合形态。

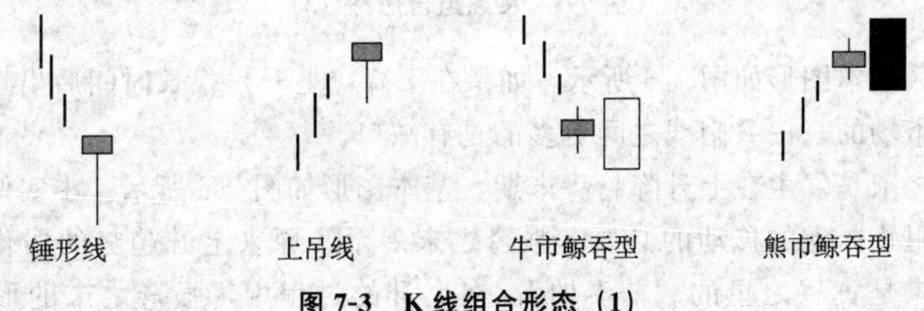

图7-3 K线组合形态（1）

③孕育型的基本形状如图 7-4 所示。牛市孕育型处在下降趋势进行了一段时间之后，第二天价格的上升建议买进。熊市孕育型处在上升趋势进行了一段时间之后，第二天，价格低开，动摇了多头，引起价格的下降，建议卖出。倒锤线和射击之星的基本形状如图 7-3 所示。

④ 倒锤线之前已经是下降趋势。潜在的趋势反转将支持上升。射击之星处在上升趋势中，市场跳空向上开盘，出现新高，最后收盘在当天较低的位置。后面的跳空行为只能当成看跌的熊市信号。

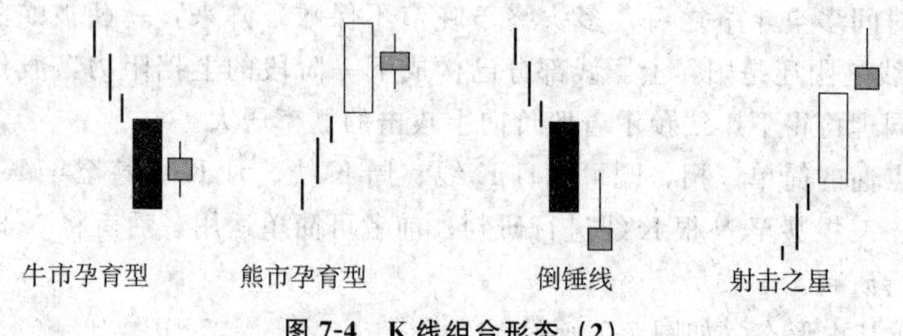

图 7-4　K 线组合形态（2）

⑤刺穿线与乌云盖顶的基本形状如图 7-5 所示。刺穿线形成于下降趋势中，第一天的长阴线后，第二天的收盘高于长阴线实体的中点，是反转形态。乌云盖顶是上升趋势的时候，长阳线后的收盘价格降到阳线实体的中间之下，顶部反转的机会越大。

⑥ 早晨之星和黄昏之星的基本形状如图 7-5 所示。早晨之星开始是一根长阴线，第二天的小实体显示了不确定性。第三天价格跳空高开，显著的趋势反转已经发生。黄昏之星的情况与早晨之星正好相反，是上升趋势中的反转组合形态。

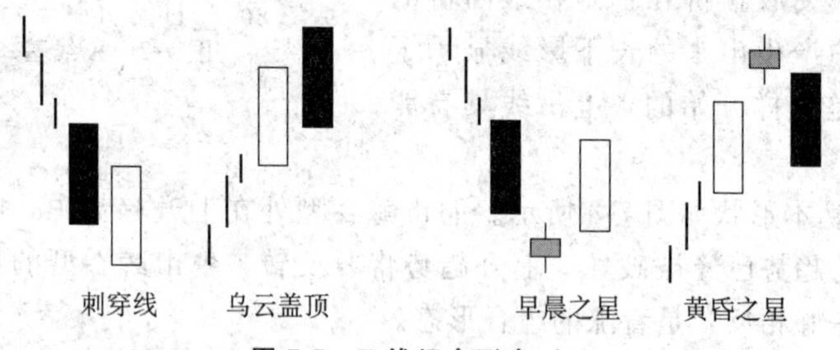

图 7-5　K 线组合形态（3）

⑦三白兵基本图形如图 7-6 所示。如果在下降（上升）很长时间后出现，是反转的信号。沪深市场的三白兵阳线之间更多的是有缺口。

⑧强弩之末是发生在上升降趋势末期，基本图形如图 7-6 所示。小实体和缺口说明不确定性有阻止向上的移动的必要。强弩之末展示了原来上升趋势的弱化。从图形上看，强弩之末是黄昏之星的“前奏曲”。在上升的过程中，强弩之末的形态出现得越

晚，不能继续上升的强弩之末的含义越强。

⑨三乌鸦呈阶梯形逐步下降，发生在上升降趋势末期，基本图形如图7-6所示。由于出现一根长阴线，明确的趋势倒向了下降的一边。

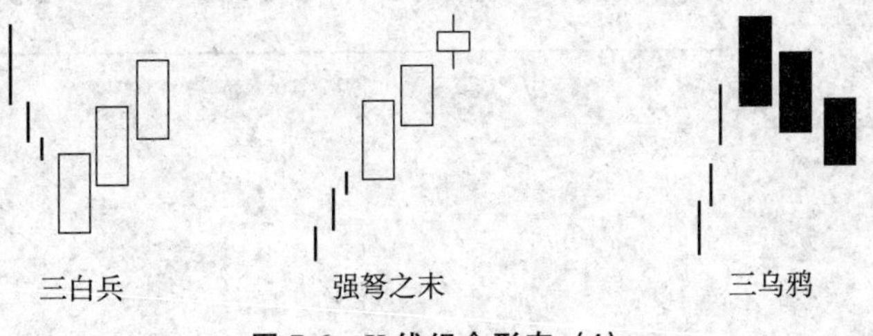

图7-6　K线组合形态（4）

3. K线图分析小结

无论是一根K线，还是两根、三根K线以至多根K线，都是对多空双方争斗做出的一个描述，由它们的组合得到的结论都是相对的，不是绝对的。对具体进行股票买卖的投资者而言，结论只是起一种建议作用，并不是命令，也不是说，今后要涨就一定涨，而是指今后要涨的概率比较大。

有时候在应用时，会发现运用不同种类的组合得到了不同的结论。有时应用一种组合得到明天会下跌的结论，但是实际没有下跌，而是与事实相反的结果。这个时候的一个重要原则是尽量使用根数多的K线组合的结论，将新的K线加进来重新进行分析判断。一般来说，多根K线组合得到的结果不大容易与事实相反。

四、实验报告

1. 谈谈对K线理论的认识。

2. 运用K线理论制定投资策略，要求对股票价格指数和不少于5只个股进行分析。

第八章 技术面分析——移动平均线 MA 分析实验

一、实验目的

了解移动平均线的应用法则，能通过移动平均线（MA）原理预测股票的未来走势并判断最佳的买卖时机。

二、实验要求

1. 移动平均线（MA）理论的含义与本质。
2. 移动平均线（MA）的分类。
3. 移动平均线（MA）理论的使用方法。
4. 移动平均线（MA）理论的拓展运用。

三、实验内容

1. 移动平均线（MA）原理与计算

道·琼斯理论被认为是证券市场技术分析的基石，道氏理论的核心是把市场趋势分为长期、中期、短期三种波动，但道氏理论未能把这些波动加以量化，移动平均线（Moving Average，MA）则可以弥补这一遗憾，把长、中、短期趋势形象地描绘出来，表现趋势的走向。

证券市场的波动有时是非常剧烈的，短期的振荡使价格差异很大，对研究趋势的走向有干扰作用，为消除这种影响，可以把某个时间段的价格综合起来找一个平均价，则得到一个较为有规律的价格，下面以日线为例来介绍。

如果要计算 5 日的平均价，则取连续五个交易日的收盘价（或收盘指数），计算它们的和，再除以 5，得到五日的平均价，公式是：

$$5\text{日平均价}=(C_1+C_2+C_3+C_4+C_5)/5$$

上式中 C_1、C_2、C_3、C_4、C_5 分别代表第一日到第五日的收盘价。

第六日 5 日平均价＝（$C_2+C_3+C_4+C_5+C_6$）/5

即是说把第一日的价格去掉，换为第六日的价格，其他计算方法不变。同理，计算第七日的五日平均价格则把第二日的价格换为第七日的价格即可。把计算出的平均价标在每天的股价图上再进行平滑连接，就得到 5 日移动平均线（MA5）。移动平均线一般标在以时间为横轴、股价为纵轴的 K 线图上，一并分析。

同样道理十日移动平均线 MA10 的计算公式是：

$$\text{MA10}=(C_1+C_2+C_3+C_4+C_5+C_6+C_7+C_8+C_9+C_{10})/10$$

推广到一般情况，计算 n 日移动平均线的公式是：

$$\text{Man}=(C_1+C_2+C_3+\cdots\cdots+Cn)/n$$

以上是计算移动平均线的最常用的基本方法，即算术移动平均线（SMA）。从计算公式可知，在 n 日移动平均线中，每一天价格对平均线的影响均是 n 分之一，这不太符合市场实际情况，以三十日移动平均线来说，当日价格对未来行情的影响远比三十天以前的价格对未来的影响重要得多。为使移动平均线能够更确切地反映未来趋势，有必要加大最近的日期在移动平均线中的比例，体现其重要性，这就是加权移动平均线（WMA），计算公式如下：

$$\text{MA}_n=(C_1\times1+C_2\times2+C_3\times3+\cdots\cdots+C_n\times n)/(1+2+3\cdots\cdots+n)$$

还有指数平滑移动平均线（EMA），先计算出第一个移动平均线（或使用起算日的收盘价也可）作为基数，确定移动平均线日数，如 5 日移动平均线，把基数乘一个系数，如对 MA5 是 4/5，对 MA10 是 9/10，对 MA 是（n-1）/n 等，再加上计算日的收盘价乘一个系数 n，MA5 的系数就是 1/5，MA10 的系数是 1/10，MAn 的系数是 1/n。计算从基期起第 t 天的 n 日指数平滑移动平均线的一般公式为：

$$\text{EMA}_t=C_t\times1/n+\text{EMA}_{(t-1)}\times(n-1)/n$$

这里使用了基期（即初值）的概念，在此基础上进行连续计算，使计算日有 1/n 的比例。这种计算在离基期较近的日期误差较大，选择不同的基期也会有不同的数值，只有长期持续计算之后不同基期的影响才会逐渐消失。

移动平均线不仅可用于日 K 线，还可用于周 K 线、月 K 线等。图 8-1 是移动平均线应用图。

根据计算期的长短，移动平均线又可分为短期、中期和长期三种。短期移动平均线代表短期趋势，中期移动平均线代表中期趋势，长期移动平均线代表长期

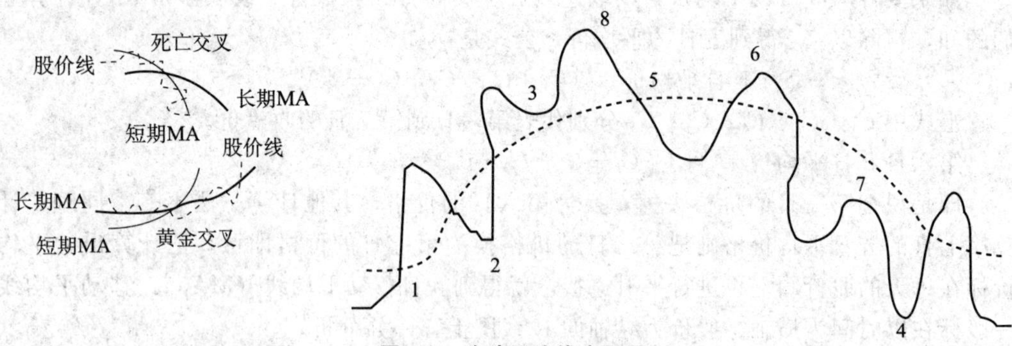

图 8-1 移动平均线应用图

趋势。长期移动平均线方向向上则代表长期趋势上升，可以确定是牛市或叫多头市场；长期移动平均线方向向下则代表长期趋势下降，可以确定是熊市或叫空头市场。

对于移动平均线的具体划分没有确定的说法，下面试举几种分类法。

(1) 短期 MA：0～10 天，中期 MA：10～30 天，长期 MA：30 天以上。

(2) 短期 MA：0～15 天，中期 MA：15～60 天，长期 MA：60 天以上。

(3) 短期 MA：0～15 天，中期 MA：25～120 天，长期 MA：120 天以上。

经过实践证明，短期移动平均线应在 15 天以下，中期移动平均线在 25 天至 60 天之间，60 天以上为长期移动平均线。西方投资机构非常看重 200 天移动平均线，并以此作为长期投资的依据：若行情价格在 200 天均线以下，属空头市场；反之，则为多头市场。

根据短期线变化快，长期线变化慢的特点可以进行多方面的比较分析，在其他指标中也经常使用短期与长期的比较，所有的短期线都可称为快速线，长期线都可称为慢速线，不局限于移动平均线。

2. 移动平均线的特点

MA 的基本思想是消除股价随机波动的影响，寻求股价波动的趋势。它有以下几个特点。

(1) 追踪趋势。MA 能够表示股价的趋势方向，并追踪这个趋势。如果能从股价的图表中找出上升或下降趋势，那么，MA 将与趋势方向保持一致。原始数据的股价图表不具备这个追踪趋势的特性。

(2) 滞后性。在股价原有趋势发生反转时，由于 MA 追踪趋势的特征，使其行动往往过于迟缓，调头速度落后于大趋势。这是 MA 一个极大的弱点。

(3) 稳定性。根据移动平均线的计算方法，要想较大地改变移动平均的数值，当天的股价必须有很大的变化，因为 MA 是股价几天变动的平均值。这个特点也决定了移动平均线对股价反映的滞后性。这种稳定性有优点，也有缺点，在应用时应多加注意，掌握好分寸。

(4) 助涨助跌性。当股价突破移动平均线时，无论是向上还是向下突破，股价都有继续向突破方向发展的愿望。

(5) 支撑线和压力线的特性。由于 MA 的上述四个特性，使得它在股价走势中起支撑线和压力线的作用。MA 被突破，实际上是支撑线和压力线被突破，从这个意义上就很容易解释后面将介绍的葛氏法则。MA 的参数作用实际上就是调整 MA 上述几方面的特性。参数选择得越大，上述的特性就越大。例如，突破 5 日线和突破 10 日线的助涨助跌的力度完全不同，10 日线比 5 日线的力度大。

3. 移动平均线的应用法则——葛兰威尔（Granvile）法则

了解了移动平均线的概念之后，如何利用这一系统进行市场操作呢？美国分析师葛兰威尔（Granvile）提出了移动平均线八条法则。

(1) 当移动平均线由下跌开始走平，将要转为上涨时，股价线从移动平均线下方向上突破移动平均线，是买入讯号。

(2) 股价线向下跌破移动平均线而处于移动平均线下方，移动平均线仍然继续上涨，是买入讯号。

(3) 股价线在移动平均线上方，当股价线开始下跌但并未跌破移动平均线时又转向上涨，是买入讯号。

(4) 股价线处于移动平均线下方并且出现暴跌，导致股价线距离移动平均线过远时，是买入讯号。

(5) 当移动平均线由上涨开始走平，将要转为下跌时，股价线从移动平均线上方向下跌破移动平均线，是卖出讯号。

(6) 股价线向上突破移动平均线而处于移动平均线上方，移动平均线仍然继续下跌，是卖出讯号。

(7) 股价线在移动平均线下方，当股价线开始上涨但并未突破移动平均线时又转向下跌，是卖出讯号。

(8) 股价线在移动平均线上方并且出现暴涨，导致股价线距离移动平均线过远时，是卖出讯号。

葛兰威尔移动平均线八法则共有四个买入讯号和四个卖出讯号，其中的买卖讯号基本是两两对应的，第 1 条对应第 5 条，第 2 条对应第 6 条，第 3 条对应第 7 条，第 4 条对应第 8 条。用图形表示八法则可以更清楚地看到这种对应关系：

把八法则再进行概括，1、5 两条是指股价和移动平均线同方向运行时则趋势确立，MA 上涨则买（第 1 条）、MA 下跌则卖（第 5 条）；当股价和移动平均线反方向运行而股价在移动平均线位置受到支撑则买（第 2 条）、受到阻力则卖（第 6 条）；当股价和移动平均线反方向运行而移动平均线不受股价影响保持原方向时应以移动平均线的方向为依据，MA上涨则买（第3条）、MA下跌则卖（第7条）；当股价和移动平均线之间在短时间内出现拉开距离过远时，股价应向移动平均线回归，靠向移动平均线，向上靠则买（第4条）、向下靠则卖（第8条）。

把葛兰威尔移动平均线八法则归纳为三句话则为："同向顺势而为，异向均线为主，太远必回归。"

总之，葛兰威尔移动平均线法则是针对股价和移动平均线的位置关系决定操作方向的，这是依据移动平均线原理进行操作的基础。

4. MA的组合应用

（1）"黄金交叉"与"死亡交叉"。

一般情况下，投资者可利用短期和长期两种移动平均线的交叉情况来决定买进和卖出的时机。当现在价位站稳在长期与短期MA之上，短期MA又向上突破长期MA时，为买进信号，此种交叉称为"黄金交叉"；反之，若现在行情价位于长期与短期MA之下，短期MA又向下突破长期MA时，则为卖出信号，交叉称之为"死亡交叉"，如图8-1所示。

黄金交叉和死亡交叉，实际上就是向上突破压力线或向下突破支撑线，所以，只要掌握了支撑和压力的思想就不难理解。

（2）长、中、短期移动平均线的组合使用。

在实际应用中，常将长期MA（250日）、中期MA（50日）、短期MA（10日）结合起来使用，分析它们的相互关系，判断股市趋势。三种移动平均线的移动方向有时趋于一致，有时不一致，可从两个方面来分析、研判。

方向一致的情况。在空头市场中，经过长时间的下跌，股价与10日平均线、50日平均线、250日平均线的排列关系，从下到上依次为股价、10日均线、50日均线和250日均线。若股市出现转机，股价开始回升，反应最敏感的是10日平均线，最先跟着股价从下跌转为上升；随着股价继续攀升，50日平均线才开始转为向上方移动。至于250日平均线的方向改变，则意味着股市的基本趋势的转变，多头市场的来临。若股市仅出现次级移动，股价上升数星期或两三个月，使得短期均线和中期均线向上移动；当次级移动结束后，股价再朝原始方向运动，平均线则从短期均线、中期均线依次向下移动。在多头市场中，情形则恰恰相反。

方向不一致的情况。当股价进入整理盘旋后，短期平均线、中期平均线很容易与股价缠绕在一起，不能正确地指明运动方向。有时短期均线在中期均线之上或之下，此种情形表示整个股市缺乏弹性，静待多方或空方打破僵局，使行情再度上升或下跌。

另一种不协调的现象是中期平均线向上移动，股价和短期平均线向下移动，这表明股市上升趋势并未改变，暂时出现回档调整现象。只有当股价和短期均线相继跌破中期均线，并且中期均线亦有向下反转的迹象，则上升趋势改变。或是中期平均线仍向下移动，股价与短期平均线却向上移动，表明下跌趋势并未改变，中间出现一段反弹情况而已。只有当股价和短期均线都回到均线之上，并且中期均线亦有向上反转，则趋势才改变。

移动平均线是实际中常用的一类技术指标，它的分析方法和思路对后面的指标有重要的影响。但该指标也存在一些盲点，特别是在盘整阶段或趋势形成后中途休整阶段，以及局部反弹或回落阶段，MA 极易发出错误的信号，这是使用 MA 时最应该注意的。另外，MA 只是作为支撑线和压力线，站在某线之上，当然有利于上涨，但并不是说就一定会涨，支撑线也有被击穿的时候。

四、实验报告

1. 谈谈对移动平均线理论的认识。

2. 运用移动平均线理论制定投资策略，要求对股票价格指数和不少于 5 只个股进行分析，并写出有关投资策略的报告。

五、案例　江西铜业股票技术分析

江西铜业股份有限公司（以下简称“公司”）是由江西铜业集团公司（以下简称“江铜集团”）与香港国际铜业（中国）投资有限公司、深圳宝恒（集团）股份有限公司、江西鑫新实业股份有限公司及湖北三鑫金铜股份有限公司共同发起设立的股份有限公司。公司于 2001 年 12 月 21 日发行 230 000 000 股人民币普通股（A 股），并于 2002 年 1 月 11 日在上海证券交易所上市交易。A 股发行以后，公司的股本总额增至人民币 2 664 038 200 元。根据公司 2004 年股东大会决议和中国证券监督管理委员会证监国合字［2004］16 号文核准同意，公司于 2005 年 7 月 25 日配售增发境外上市外资股（H 股）231 000 000 股，每股面值人民币 1 元。

1. K 线分析

图 8-2 为江西铜业自今年 8 月中旬以来的 K 线走势图，图中分别选取了几个特点比较明显的 K 线组合进行分析，如早晨十字星、倾盆大雨、射击之星和跳空高开等。

早晨十字星：通常出现在连续下挫的过程中。它由 3 根 K 线组成，第一根 K 线为阴线，第二根 K 线是十字线，第三根 K 线为阳线。第三根 K 线即阳线收盘，已深入一根 K 线即阴线实体之中（见图 8-2）。阳线深入阴线实体部分越多，信号就越可靠。早

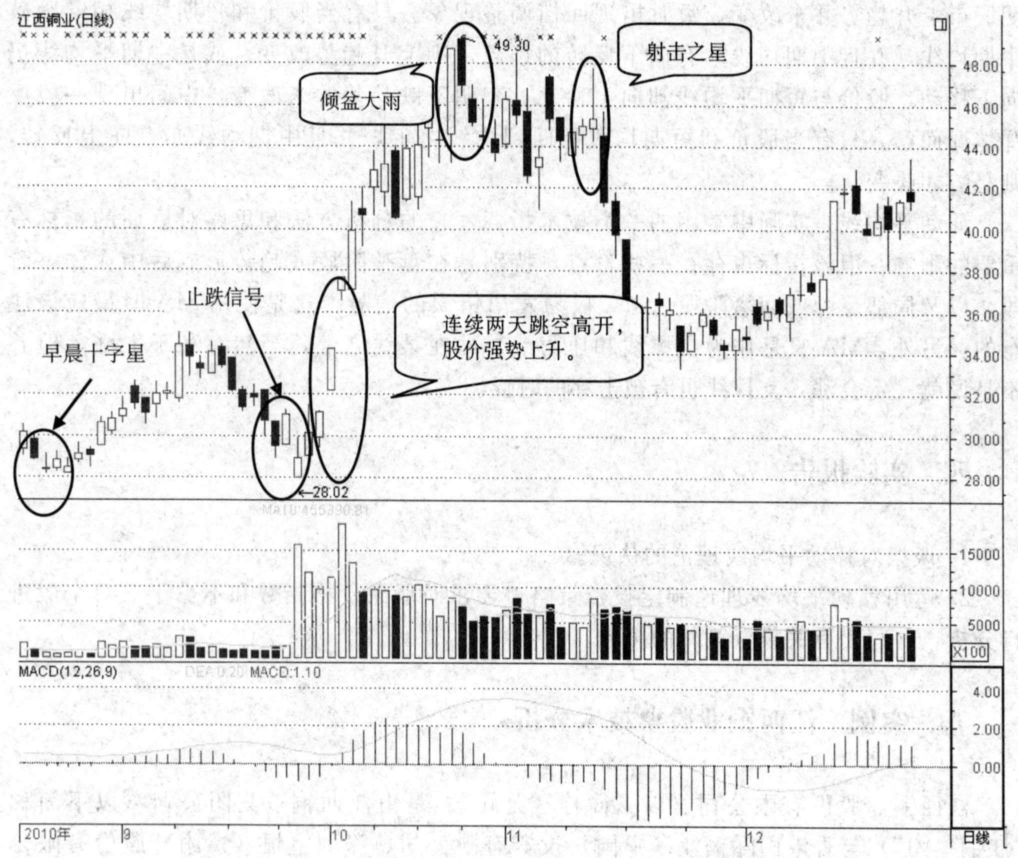

图 8-2　江西铜业 K 线走势图

晨十字星的技术含义是：经过大幅回落后，做空能量已大量释放，无力再创新低，呈现底部回升态势，这是较明显的转向信号。一般见此信号，再结合其他技术指标，可考虑适量买进。上图中出现早晨十字星之后，股价呈缓慢上升趋势，但是由于没有量的支撑，所以当股价在 9 月中旬达到第一个高点时调头向下，直到 9 月底出现了止跌信号，随即价随量涨。从量上看，9 月底时呈现出较大成交量，并且比之前的量要大很多，因此股价得到强势抬升，出现连续两天跳空高开，在短期内把该股价大幅拉升，直至 10 月底时达到第二个高点。

倾盆大雨，其特征是：在有了一段升幅之后，先出现一根大阳线或中阳线，接着出现了一根低开低收的大阴线或中阴线（见图 8-2）。一般见此图形时，应及早平仓出局观望。这根低开低收的阴线使多方信心受到极大的打击。这种 K 线组合，如伴有大成交量，形势则更糟糕。尤其是在上涨了很多之后看到这种图形，从规避风险的角度出发，还是多仓减磅操作为好。在这之后，如果重心仍在下移，就应该坚决出局。图 8-2 中，股价达到第二个高点时，出现了倾盆大雨的 K 线组合，随即股价开始回调，并在短期内呈现振荡整理趋势。

射击之星出现在上升趋势中，通常已有一段较大涨幅，其特点是：K 线实体很小，阴线、阳线均可。但上影线要很长（是 K 线实体二倍以上），如若有下影线，也是很短。从技术上来讲，在一轮升势后出现射击之星表示市势已经失去了上升的持久力，多方已经抵抗不住空方打击，随时可能见顶回落（见图 8-2）。因此，在市场价格大幅上扬后，见到射击之星应以空仓为宜。上图中该股价在出现射击之星后，连续大跌，回调至第一个高点的位置。

从该股整体 K 线走势上看，出现射击之星后，股价大幅回调，在图中第一个高点位置小幅振荡整理，并在 12 月份后缓慢上升。在此间断内，该股从跳空高开至最高点，后又大幅下跌，是一种合理的波动，且与成交量的波动也相互吻合。预计该股后市应为价随量稳，不会出现大幅振荡，可以适当介入。

2. 均线分析

图 8-3 分别选取了 5 日、10 日、20 日和 60 日均线作为分析参考，在对该股的分析中，主要从各均线之间的交叉情况和与股价的偏离情况两方面着手。在点 1 处，5 日、10 日和 20 日线互相扭在一起，并且 60 日线与股价的偏离程度相对较低，可知该股在这个时段正处于整理过程中，但很快地，到了点 2 时，5 日线从下分别上穿 10 日和 20 日线，10 日线也同样上穿 20 日线，彼此形成金交叉，同时，股价处在均线之上并缓慢上升，这是股价上涨的信号。在点 3 处，成交量大幅增加，股价跳空高走，使四条均线彼此偏离度较大，尤其在股价达到最高点时，60 日线大幅偏离股价，说明股价在强势拉升。但是均线与股价的较大偏离，也使这种上升趋势增加了回调的风险。如图中所示，当股价从高位回调至点 4 时，5 日线从上下穿 10 日和 20 日线，10 日线也下穿 20 日线，形成死叉，此时，股价大幅下压，回调至均线之下，这是股价下跌的信号，一般来说，见到这种较大的偏离和交叉情况，应该平仓出局。

该股在回调至已偏离 60 日线向下后，进入了一段振荡整理的过程，时至最近，与四条均线交叉向上，预计后市将缓慢拉升，可以持仓观望。

3. 轨道线分析

图 8-4 应用了切线理论中的轨道线进行分析，图中根据切线的理论画出了相应的轨道线。看图可知，这是一个上升轨道，该股在此时段内，分别出现了三次比较明显的上升波动，且在最近逐渐形成第四次上升波动。在第三次上升中，巨大的成交量使股价大幅度拉升，偏离了轨道线，但高位整理后，股价终究回调至轨道线内。这说明第三次股价拉升存在机构介入的可能，有炒作的嫌疑，没有量能支撑。特别在最近时段中，股价逐渐上升，并且在轨道线内波动整理，始终没有改变上升轨道的趋势。

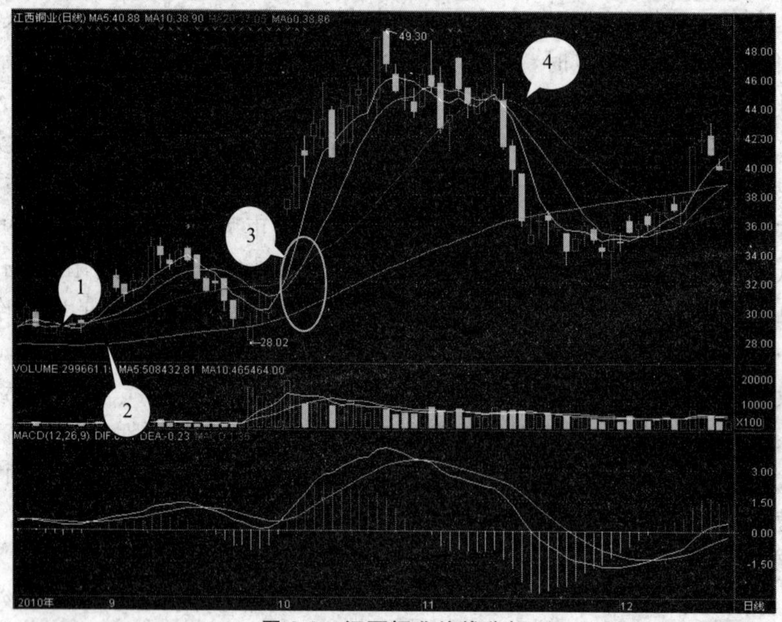

图 8-3 江西铜业均线分析

综上所述，该股在这一时段内，上升轨道的趋势比较明显，股价始终在合理的轨道线内缓慢上升，预计该股后市仍然不改上升的趋势，可以继续持股或者看量做多。

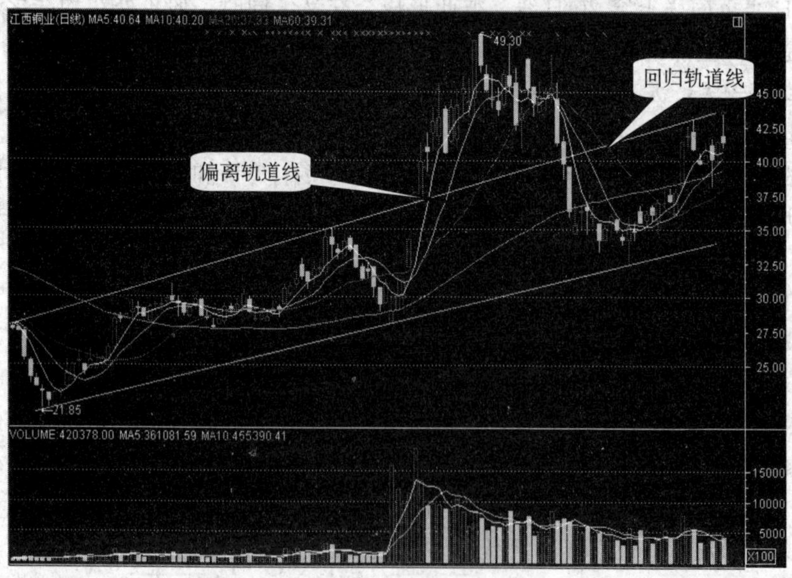

图 8-4 江西铜业轨道线分析

第九章 技术面分析——指标分析实验

一、实验目的

了解技术指标分析的优缺点和常用的几种技术指标分析，MACD、BIAS、RSI 和其他常用技术指标的应用法则，能通过简单的技术分析预测股票的未来走势并判断最佳的买卖时机。

二、实验要求

1. 技术指标法的含义与本质。
2. 技术指标的分类。
3. 技术指标法与其他技术分析方法的关系。
4. 技术指标使用方法。
5. 技术指标的深层理解。

三、实验原理

1. 股票分析软件技术指标方法简述

技术分析的指标相当多，缺省的系统指标就有近百种，即使是专业的分析师有时也容易混淆。为了解决这种困扰，本分析系统根据指标的设计原理和应用法则，将所有指标划分为十大类型：

（1）大势型指标；（2）超买超卖型指标；（3）趋势指标；（4）能量指标；（5）成交量型指标；（6）均线指标；（7）图表指标；（8）选股指标；（9）路径指标；（10）停损型指标。

用户只要知道指标属于哪一类的、就差不多知道了该指标的应用法则；同样，用户只要明白自己的需求（例如，是判断趋势呢还是要寻找超买超卖区域），就可以方便地在相应类别中找到合适的技术指标。技术指标的这种分类，也便于用户对指标原理的学习、理解和记忆。

2. 股票分析软件技术指标使用方法

技术指标法是技术分析的重要分支。全世界各种各样的技术指标有千种以上，按照固定方法对数据进行处理，得到反映“技术指标值”的数字。将技术指标值绘制成图表，根据图表对市场进行行情研判。

技术指标涉及数据和处理数据的方法。数据是价格和成交量，以及其他反映市场行为的因素，如期货中的 Open Interest。不同的数据处理方法将产生不同的技术指标，主要有两类方法——数学模型法和叙述法。

背离是指，技术指标的方向与价格曲线的趋势方向不一致，如图 9-1 所示。背离表明价格的变动没有得到指标的支持。有“顶背离”和“底背离”之分，前者看跌，后者看涨。背离是技术指标的最重要的内容，其使用需要涉及很多条件。

交叉是指，技术指标图形中的两条线发生了相交现象。图 9-2 所表现的是三种交叉的情况。交叉表明原来的力量对比格局受到了“挑战”。

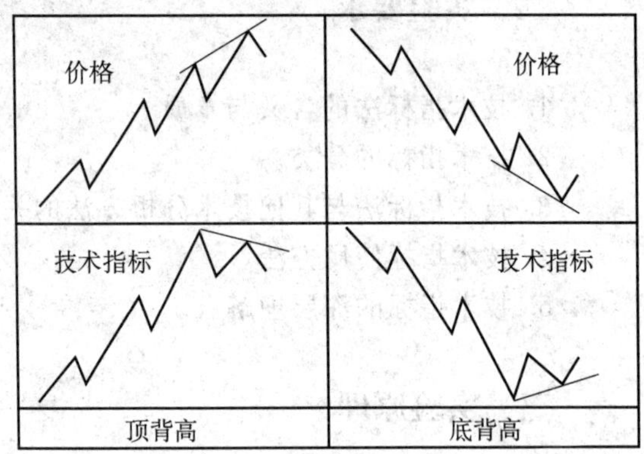

图 9-1　背离

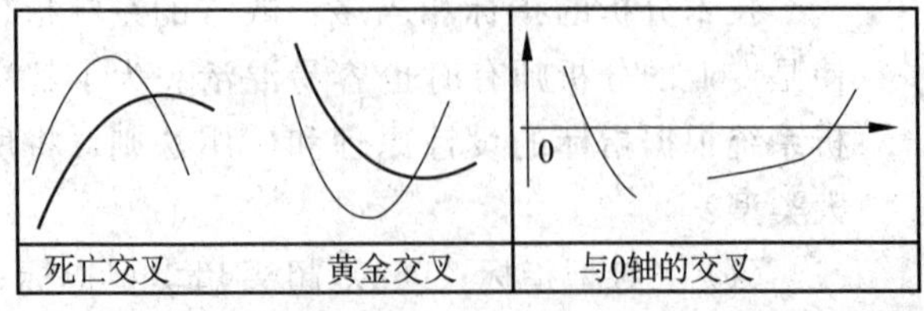

图 9-2　交叉

极端值是指，技术指标的取值过分地大或小。其术语是“超买区和超卖区”。极端值表示市场在某个方面已经达到了过分的地步，应该引起注意。

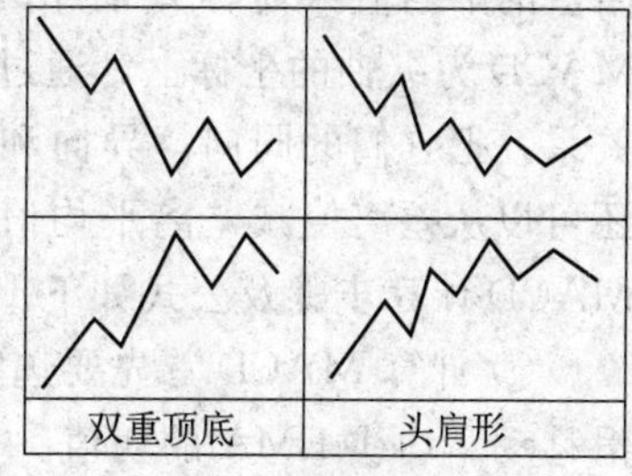

图 9-3 指标形态

指标形态是指，技术指标曲线的波动轨迹呈现出了双重顶底和头肩形等反转形态，如图 9-3 所示。

指标的转折是指，技术指标曲线在高位或低位“调头”，表明前面过于“极端”的行动已经遇到了“麻烦”。技术指标的盲点是指，在大部分时间，技术指标都不能发出信号，而处于“盲”的状态。“每天都期待技术指标提供有用的信息”是对技术指标的误解。

四、实验内容

(一) 趋势型技术指标

本类型指标至少有两条线，指标以两条线交叉为信号。

趋向类指标的讯号发生，大致上都是以两条线的交叉为准，把握这个重点就可以运用自如，如图 9-4 所示。

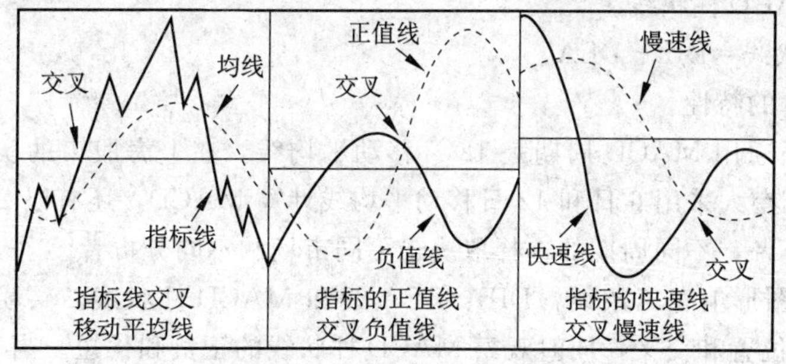

图 9-4 趋势型技术指标

1. 指数平滑异同移动平均线（MACD）

(1) 指数平滑异同移动平均线 MACD 的原理与计算。

指数平滑异同移动平均线（MACD）是以快速移动平均线（短期线）与慢速移动平均线（长期线）相对距离的变化提示买卖时机的指标。它首先以指数平滑计算法（见 MA 讨论）计算出快速移动平均线（一般选 12 日）和慢速移动平均线（一般选 26 日），再以快速线数值减慢速线数值即得到快慢线相对距离的差离值，为使趋势信号更明显并且不受股价过分波动的影响，对差离值也进行平滑计算（一般选 9 日），得到差离值的平均值（简称差离平均值），把差离值和差离平均值画在以时间为横轴，以 MACD 为纵轴的坐标上，通过观察差离值和差离平均值的方向、绝对位置和相对位置关系，把它们的同向、异向和交叉现象作为买卖信号的提示，为使买卖信号更直观，还可以从差离值减差离平均值之差向时间轴（0 轴）引垂直线，得到 MACD 柱状线。MACD 计算步骤及公式如下。

① 计算 MACD 首先要选定移动平均线的初值，一般以起始日的收盘价作为指数平滑移动平均线 EMA 的初值。

② 设 12 日指数平滑移动平均线为 EMA12，26 日指数平滑移动平均线为 EMA26，当日收盘价为 Ct，计算从起始日起的第 n 天 EMA12 和 EMA26。

n 日 EMA12＝（n-1）EMA12×11/13＋Ct×2/13

n 日 EMA26＝（n-1）EMA26×25/27＋Ct×2/27

③ 计算差离值 DIF。

DIF＝EMA12－EMA26

④ 计算从起始日起第 n 天差离平均值 DEA（即差离值 DIF 的 9 日指数平滑移动平均线）。

DEA＝（n－1）DIF×8/10＋DIF×2/10

其中可用第一个 DIF 作为 DEA 的初值。

⑤ 计算 MACD 柱状线。

MACD 柱状线＝DIF－DEA

(2) MACD 的特性。

目前国内外通用 MACD 周期是 12 日移动平均线，在上海股市的实际应用中也功效不凡。此外也有人采用 6 日和 12 日移动平均线计算 MACD，还有以 25 日和 50 日作为周期进行计算者，不同周期的选择取决于不同市场和不同分析者。

在 MACD 图形上有三条线：DIF、DEA 线和 MACD 柱状线。买卖信号就是 DIF 和 DEA 的正负位置和交叉，同时观察 MACD 柱状线的正负和长短。当 DIF 和 DEA 为负值，表明市场目前处于空头市场，即熊市；当 DIF 和 DEA 为正值，表明市场目前处于多头市场，即牛市。

MACD 没有固定的数值界限，其数值围绕零值上下摆动，属摆动指标。一定时期的 MACD 值有一个常态分布范围，其常态数值区间随时期不同会有改变。

(3) MACD 的意义。

MACD 是各种指标中较难理解的指标，主要原因是因为它使用了两次指数平滑移动平均的计算，正因为它的两次平滑计算法才更准确地反映了市场的中级趋势走向。在移动平均线理论中有两种重要位置关系：一种是股价与移动平均线的位置关系，乖离率理论已经把这种位置关系量化。另一种是短期移动平均线（快速线）与长期移动平均线（慢速线）的位置关系，MACD 理论把这种位置关系予以量化。指数平滑异同移动平均线中的“异同”就是指快速线与慢速线方向相同或相反之意。

MACD 中的差离值 DIF 是快速线与慢速线之差，表示快慢线之间距离的远近。差离平均值 DEA 则表示一定时期内快慢线之间的平均距离。MACD 柱状线表示短期内快慢线距离与一定时期内平均距离的对比。MACD 的买卖信号正是由其代表的意义决定的。

（4）MACD 的应用原则。

指数平滑异同移动平均线是利用快速移动平均线和慢速移动平均线，在一段上涨或下跌行情中两线之间的差距拉大，而在涨势或跌势趋缓时两线又相互接近或交叉的特征，通过双重平滑运算后研判买卖时机的方法。

（5）MACD 的计算公式。

MACD 由正负差（DIF）和异同平均数（DEA）两部分组成，DIF 是核心，DEA 是辅助。

DIF 是快速平滑移动平均线与慢速平滑移动平均线的差。在实际应用 MACD 时，常以 12 日 EMA 为快速移动平均线，26 日 EMA 为慢速移动平均线，计算出两条移动平均线数值间的离差值（DIF）作为研判行情的基础，然后再求 DIF 的 9 日平滑移动平均线，即 MACD 线，作为买卖时机的判断依据。

（6）MACD 的应用法则（见图 9-5）。

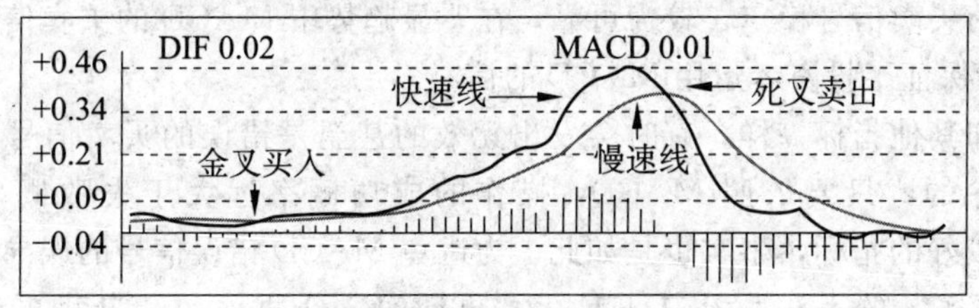

图 9-5　MACD 的应用法则

第一，以 DIF 和 DEA 的取值和这两者之间的相对取值对行情进行预测。其应用法则如下。

① DIF 和 DEA 均为正值时，属多头市场。DIF 向上突破，DEA 是买入信号；DIF 向下跌破，DEA 只能认为是回落，作获利了结，如图 9-5 所示。

② DIF 和 DEA 均为负值时，属空头市场。DIF 向下突破，DEA 是卖出信号；DIF 向上穿破，DEA 只能认为是反弹，作暂时补空。

③ 当 DIF 向下跌破 0 轴线时，此为卖出信号，即 12 日 EMA 与 26 日 EMA 发生死亡交叉；当 DIF 上穿 0 轴线时，为买入信号，即 12 日 EMA 与 26 日 EMA 发生黄金

交叉。

第二，指标背离原则。如果 DIF 的走向与股价走向相背离，则此时是采取行动的信号。

① 当股价走势出现 2 个或 3 个近期低点时，而 DIF（DEA）并不配合出现新低点，可做买；

② 当股价走势出现 2 个或 3 个近期高点时，而 DIF（DEA）并不配合出现新高点，可做卖。

MACD 的优点是除掉了移动平均线产生的频繁出现买入与卖出信号，避免一部分假信号的出现，用起来比移动平均线更有把握。

MACD 的缺点与移动平均线相同，在股市没有明显趋势而进入盘整时，失误的时候较多。另外，对未来股价的上升和下降的深度不能提供有帮助的建议。

(7) MACD 的优点和不足。

注意 MACD 的买卖信号，可以发现它在快速 MA 开始接近慢速 MA 时即发出买卖信号，这是 MACD 的最大优点：比移动平均线提前发出买卖信号，改进移动平均线的滞后反映。

MACD 的趋势和买卖信号明显，在移动平均线的买卖信号中有许多时候信号并不明显不易观察，而在 MACD 中的趋势和趋势转折时的买卖信号都十分明显。MACD 图形信号众多，可以提供的参考角度各不相同，使分析者得到的信息量较大，有利于投资决策。

MACD 的买卖信号稳定，较为可靠。在明显趋势中 MACD 的买卖信号一般不会有突然的改变，保证了投资者运用 MACD 的信心。

MACD 和其他指标一样，有时会发出无效的甚至是错误的买卖信号，事实上这是无法完全消除的，只要依照 MACD，操作的成功概率远大于失败概率，这就说明 MACD 是个较好的指标，事实也是如此。为避免 MACD 错误信号的误导，可以采取等待指标“再证实”的手法弥补其不足。“再证实”分两种：“自我再证实”是等待 MACD 第二次发出信号；“其他再证实”是观察其他指标是否发出同样信号。实践证明“再证实”是弥补 MACD 不足的有力手段。

2. 超买超卖型技术指标

对超买超卖型指标完全精确地应用、解释，会相当复杂，但只要掌握它的“天线”和“地线”的特征，各种难题就可以迎刃而解了。

天线和地线都与中轴线平行，天线位于中轴线上方、地线位于中轴线下方，两者离中轴线有相同的距离。天线可视为指标压力或是常态行情中的上涨极限。地线可视为指标支撑或常态行情中的下跌极限。这里的常态行情是指涨跌互见、走势波动以波浪理论的模式进行，并且促使指标持续上下波动于固定的范围里面的情形，连续急涨急跌或瞬间的暴涨暴跌都不能算是常态行情，如图 9-6 所示。

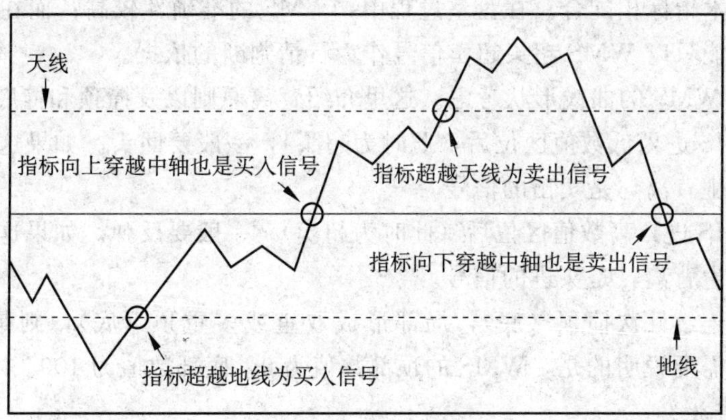

图 9-6 超买超卖型技术指标

3. 威廉指标

威廉指标（WMS）最早起源于期货市场，由 Larry Williams 于 1973 年首创。该指标通过分析一段时间内股价高低价位和收盘价之间的关系，来量度股市的超买超卖状态，依此作为短期投资信号的一种技术指标。目前它已经成为中国股市中被广泛使用的指标之一。

(1) WMS 的计算公式。

$$WMS\ (n) = \frac{H_N - C_t}{H_n - L_n} \times 100$$

式中：C_t 为当天的收盘价；H_n 和 L_n 分别为最近 n 日内（包括当天）出现的最高价和最低价。公式中的 n 为选定的时间参数，一般为 14 日或 20 日。WMS 指标的含义是当天的收盘价在过去的一段时日全部价格范围内所处的相对位置。如果 WMS 的值比较小，则当天的价格处在相对较高的位置，要提防回落；如果 WMS 的值较大，则说明当天的价格处在相对较低的位置，要注意反弹。WMS 的取值范围为 0～100。WMS 参数的选择应该至少是循环周期的一半。中国股市的循环周期目前还没有明确的共识，在应用 WMS 时，应该多选择几个参数进行尝试。

(2) WMS 的应用法则。

WMS 的操作法则也是从两方面考虑：一是 WMS 的数值；二是 WMS 曲线的形状。

第一，从 WMS 的取值方面考虑：

① 当 WMS 高于 80 时，处于超卖状态，行情即将见底，应当考虑买进；

② 当 WMS 低于 20 时，处于超买状态，行情即将见顶，应当考虑卖出。

这里 80 和 20 只是一个经验数字，并不是绝对的。同时，WMS 在使用过程中应该注意与其他技术指标相配合。在盘整过程中，WMS 的准确性较高；而在上升或下降趋势当中，却不能只以 WMS 超买超卖信号作为行情判断的依据。

第二，从 WMS 的曲线形状考虑。这里介绍背离原则以及撞顶和撞底次数的原则。

① 在 WMS 进入低数值区位后（此时为超买），一般要回头。如果这时股价还继续上升，就会产生背离，是卖出的信号。

② 在 WMS 进入高数值区位后（此时为超卖），一般要反弹。如果这时股价还继续下降，就会产生背离，是买进的信号。

③ WMS 连续几次撞顶（底），局部形成双重或多重顶（底），则是卖出（买进）的信号。这里需要说明的是，WMS 的顶部数值为 0，底部数值为 100。

4. 随机指数

(1) 随机指标 KDJ 的原理与计算。

随机指标 KDJ 是分析师乔治·兰德首先提出的技术分析理论。在股票、期货等证券市场中有很好的实战效果。

从实践看，KDJ 指标的核心原理是平衡的观点，即股价的任何动荡都将向平衡位置回归。KDJ 指标把一定周期内最高股价和最低股价的中心点作为平衡位置，高于此位置过远将向下回归，低于此位置过远将向上回归。在分析中设置快速线 K 和慢速线 D 共同研判，另外还有考察 K、D 位置关系的 J 线。快速线 K 表示为%K，慢速线 D 表示为%D，J 表示为%J。

KDJ 指标的计算过程如下。

① 计算未成熟随机值 RSV_n：

$$RSV_n = 100 \times (C_n - L_n) / (H_n - L_n)$$

其中 n 表示所选的周期天数，C_n 表示计算日当天收盘价，L_n 表示周期内最低价，H_n 表示周期内最高价。未成熟随机值 RSV_n 表示计算日当天收盘价在周期内最高价到周期内最低价之间的位置。

② 计算%K 值和%D 值：

$$\%K_t = RSV_t \times 1/3 + \%K_{(t-1)} \times 2/3$$

$$\%D_t = \%K_t \times 1/3 + \%D_{(t-1)} \times 2/3$$

其中$\%K_t$ 表示计算日当天的%K 值，$\%K_{(t-1)}$ 表示计算日前一天的%K 值，RSV_t 表示计算日当天未成熟随机值，$\%D_t$ 表示计算日的%D 值，$\%D_{(t-1)}$ 表示计算日前一天的%D 值，t 表示计算日期。由上式可以看出，%K 值实际上是 RSV 的 3 天指数平滑移动平均线，%D 值是%K 值的 3 天指数平滑移动平均线。KDJ 指标表示了计算日收盘价在周期内最高价和最低价间位置的两次平滑计算结果。%K 值和%D 值需要有初值，初值可在0～100间选择，如选%K=%D=RSV1或者%K=%D=50。

③ 计算%J值：

%J=3×%K−2×%D或%J=3×%D-2×%K

KD指标还有一些不同的计算方法。比如把RSV值直接作为%K值，把RSV的3天指数平滑移动平均线（上式中的%K值）作为%D值。但是这种计算的结果是%K值和%D波动过大，减弱了趋势的观察效果。

(2) KDJ的周期。

KDJ的周期有两个概念：其一是KDJ指标的周期，即选择几天的样本，目前通用周期有5日、6日、9日、12日等，也有分析者选用更长周期如20日、5周等。周期短KDJ指标反应灵敏但不稳定，周期长KDJ指标反应滞后大但趋势明显。其二是进行平滑计算时选用几天周期，一般都选择3日为平滑移动平均线的周期，当然也可以有其他选择。

(3) KDJ的数值范围和作图。

%K值和%D值均在0～100，属摆动指标。

把%K值、%D值、%J值标在以时间为横轴、以KDJ指标为纵轴的直角坐标上，分别用曲线平滑连接每天的%K、%D和%J即得到KDJ指标的三条曲线。

(4) KDJ的买卖信号。

KDJ位置信号：在KD指标中，当股价持续上涨时，股价会保持在周期内的较高位置，这样%K线和%D线会不断上升，维持在50以上，表明市场处于强势；当股价持续下跌时，股价会保持在周期内的较低位置，这样%K线和%D线不断下降，维持在50以下，表明市场处于弱势。当强势持续，%K线和%D线进入过高位置时即是高价警戒信号，一般标准是%K线在80以上、%D线在70以上时是超买信号，股价即将回落。当弱势持续时，%K线和%D线进入较低位置时，即是低价警戒信号，一般标准是%K线在20以下、%D线在30以下时是超卖信号，股价即将上涨。%K线和%D线在50附近时信号不明。

KDJ方向信号：KDJ的方向具有趋势特点，如果%K线和%D线在高位开始减慢上升速度、走平或调头向下是卖出信号。如果%K线和%D线在低位开始减慢下降速度，走平或调头向上是买进信号。

KDJ背离信号：如果股价呈一底比一底高走势，KDJ指标也同样一底比一底高，则上升趋势仍将持续；如果股价是一顶比一顶低走势，KDJ指标同样一顶比一顶低，则下降趋势仍将持续。如果股价创新高后回档，KDJ指标创新高后也随股价下跌，之后股价再创新高而KDJ指标却未创新高，说明KDJ指标不再支持股价上升，KDJ指标与股价出现顶背离卖出信号。如果股价创新低后反弹，KDJ指标创新低后也随股价反弹，之后股价再创新低而KDJ指标却未创新低，说明KD指标不再支持股价下降，KD

指标与股价出现底背离买入信号。

KDJ 交叉信号：当快速线%K 在低位自上而下与慢速线%D 出现黄金交叉时是买入信号；当快速线%K 在高位自上而下与慢速线%D 出现死亡交叉时是卖出信号。背离信号和交叉信号应注意一点：买入信号发生位置越低越有效，卖出信号发生位置越高越有效，如图 9-7 所示。

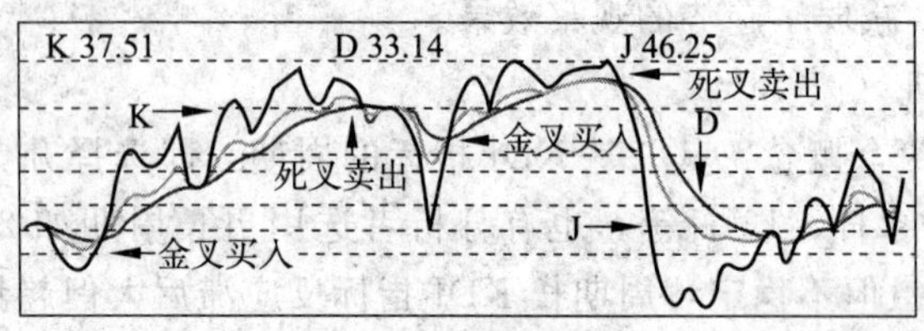

图 9-7 KDJ 的应用

（5）KDJ 的不足。

KDJ 指标是有重要实战价值的控制棒，优点很多，例如，客观性，趋势明显，短、中期均适用等，但它也有不足。

KDJ 指标的最大不足与 RSI 一样是买卖信号出现时机不稳定。当 KDJ 指标的位置、方向、背离、交叉等信号出现后，股价的最佳买（卖）点往往在其前面或后面。这里仍然应理解为“KDJ 指标提示的是顶部或底部区域。区域是一定的，具体点位要同时分析其他指标和股价形态分析、成交量等情况后才能确定。KDJ 指标对指数大势较准确，对个股较差。”

%J 线买卖信号较不可靠。

5. 相对强弱指数

（1）相对强弱指标 RSI 的原理与计算。

RSI 指标（Relative Strength lndex）是与 KDJ 指标齐名的常用技术指标。RSI 以一特定时期内股价的变动情况推测价格未来的变动方向，并根据股价涨跌幅度显示市场的强弱。相对强弱指标 RSI 是分析师（Wells. Wilder，Jr）于 20 世纪 70 年代首先提出的技术分析理论。尽管其历史不长，但由于该指标客观实用的特点，目前已为广大投资者接受，从而成为广泛使用的普及性指标之一。

技术分析原理之一是市场变化包含一切。相对强弱指标正是从这一点出发，从市场价格变化观察买卖双方的力量变化，其中以价格上涨幅度代表买方力量，以价格下跌幅度代表卖方力量，以涨跌幅度的对比代表买卖双方力量的对比，通过对比预测未来股价的运行方向，这种对比的比值就是 RSI 数值。

RSI 通常采用某一时期（n 日）内收盘指数的结果作为计算对象，来反映这一时期内多空力量的强弱对比。RSI 将 n 日内每日收盘价或收盘指数涨数（即当日收盘价或指数高于前日收盘价或指数）的总和作为买方总力量 A，而 n 日内每日收盘价或收盘指数跌数（即当日收盘价或指数低于前日收盘价或指数）的总和作为卖方总力量 B。

先找出包括当日在内的连续 $n+1$ 日的收盘价，用每日的收盘价减去上一日的收盘价，可得到 n 个数字。这 n 个数字中有正有负。

$$A = n\text{个数字中正数之和}$$

$$B = n\text{个数字中负数之和} \times (-1)$$

$$RSI(n) = \frac{A}{A+B} \times 100$$

A 表示 n 日中股价向上波动的大小；B 表示 n 日中股价向下波动的大小；$A+B$ 表示股价总的波动大小。RSI 实际上是表示股价向上波动的幅度占总波动的百分比。如果比例大就是强市，否则就是弱市。

(2) RSI 的周期。

对于 RSI 的周期选择没有统一标准。不过因为 RSI 是根据股价涨跌幅度计算的，如果周期过短则当股价变化较大时 RSI 数值也会随之剧烈振荡、过于敏感失去规律性，如果周期过长则股价变化对 RSI 数值影响力减弱，导致 RSI 反应过于缓慢、信号不明显，两种情况说明周期过长或周期过短都不宜选为 RSI 周期。威尔德推荐使用 14 日 RSI，目前国内较多使用的周期有 5 日、6 日、9 日、10 日、12 日、14 日、15 日、20 日、25 日等周期。

(3) RSI 的数值范围和作图。

RSI 数值固定在 0～100，属摆动指标。市场不同时期 RSI 数值有不同的常态分布区。

以时间为横轴，以 RSI 为纵轴的直角坐标中，标出每天的 RSI 数值后再连接起来即是 RSI 曲线图。

(4) RSI 的应用法则。

① 根据 RSI 取值的大小判断行情。将 100 分成四个区域，根据 RSI 的取值落入的区域进行操作。划分区域的方法如表 9-1 所示。

表 9-1 RSI 值的划分区域

RSI 值	市场特征	投资操作
80～100	极强	卖出
50～80	强	买入
20～50	弱	卖出
0～20	极弱	买入

“极强”与“强”的分界线和“极弱”与“弱”的分界线是不明确的，它们实际上

是一个区域。比如也可以取 30、70 或者 15.85。应该说明的是，分界线位置的确定与RSI 的参数和选择的股票有关。一般而言，参数越大，分界线离 50 越近；股票越活跃，RSI 所能达到的高度越高，分界线离 50 应该越远。

② 两条或多条 RSI 曲线的联合使用。我们称参数小的 RSI 为短期 RSI，参数大的 RSI 为长期 RSI。两条或多条 RSI 曲线的联合使用法则与两条均线的使用法则相同。即短期 RSI＞长期 RSI，应属多头市场；短期 RSI＜长期 RSI，则属空头市场，如图 9-8 所示。

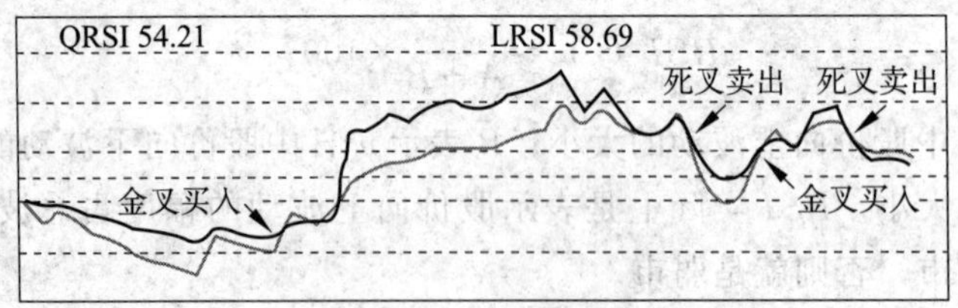

图 9-8　RSI 的应用

当然，这两条只是参考，不能完全照此操作。

③ 从 RSI 的曲线形状判断行情。当 RSI 在较高或较低的位置形成头肩形和多重顶（底），是采取行动的信号。这些形态一定要出现在较高位置和较低位置，离 50 越远，结论越可靠。

另外，也可以利用 RSI 上升和下降的轨迹画趋势线，此时，起支撑线和压力线作用的切线理论同样适用。

④ 从 RSI 与股价的背离方面判断行情。RSI 处于高位，并形成一峰比一峰低的两个峰，而此时，股价却对应的是一峰比一峰高，这叫顶背离，是比较强烈的卖出信号。与此相反的是底背离：RSI 在低位形成两个底部抬高的谷底，而股价还在下降，是可以买入的信号。

6. 乖离率

(1) 乖离率 BIAS 的原理与计算。

乖离率是表示当前股价偏离移动平均线程度的指标。当日收盘价与移动平均线之差和移动平均线的比值，即是乖离率。其公式如下：

乖离率＝（当日收盘价－某周期移动平均线）/某周期移动平均线×100％

如用 C 表示当日收盘价，MA_n 表示 n 日移动平均线，则公式为：

$$BIAS=(C-MA_n)/MA_n\times 100\%$$

(2) BIAS 的特性。

由公式可知，乖离率也是有不同周期的，如对应于 5 日移动平均线的 5 日乖离率，相对于 10 日移动平均线的 10 日乖离率等。

公式中当日收盘价与移动平均线之差决定乖离率的正负符号。当日收盘价在移动平均线之上，$C>MA_n$，乖离率为正值；当日收盘价在移动平均线之下，$C<MA_n$，乖离率为负值。

乖离率数值标在以时间为横轴，以乖离率为纵轴的平面直角坐标系上，连接成乖离率曲线即可进行图形研究。乖离率没有固定的数值界限，其数值围绕 0 轴上下摆动，属摆动指标。某特定市场的特定时期某股票乖离率有一个常态分布范围，这个常态区间随时期不同会有一定改变。

(3) BIAS 的应用法则。

① 从 BIAS 的取值大小和正负考虑。一般来说，正的乖离率愈大，短期多头的获利愈大，获利回吐的可能性愈高；负的乖离率愈大，则空头回补的可能性也愈高。在实际应用中，一般预设一个正数或负数，只要 BIAS 超过这个正数，我们就应该感到危险而考虑抛出；只要 BIAS 低于这个负数，我们就感到机会可能来了而考虑买入。问题的关键是找到这个正数或负数，它是采取行动与静观的分界线。这条分界线与三个因素有关，即 BIAS 参数、所选择股票的性质以及分析时所处的时期。

一般来说，参数越大，股票越活跃，选择的分界线也越大。但乖离率达到何种程度为正确的买入点或卖出点，目前并无统一的标准，投资者可凭经验和对行情强弱的判断得出综合的结论。

参考有关书籍，表 9-2 给出了这些分界线的参考数字。投资者在应用时应根据具体情况对它们进行适当的调整。

表 9-2 BIAS 分界线的参考数字

	买入信号（%）	卖出信号（%）
5 日	−3	3.5
10 日	−4.5	5
20 日	−7	8
60 日	−10	10

从表 9-2 中的数字可看出，正数和负数的选择不是对称的，正数的绝对值偏大是进行分界线选择的一般规律。据有关人员的经验总结，如果遇到由于突发的利多或利空消息而产生股价暴涨暴跌的情况时，可以参考如下的数据分界线：

对于综合指数：BIAS（10）＞30％为抛出时机，BIAS（10）＜－10％为买入时机；

对于个股：BIAS（10）＞35％为抛出时机，BIAS（10）＜－15％为买入时机。

② 从 BIAS 的曲线形状方面考虑。形态学和切线理论在 BIAS 上也可以适用，主要是顶背离和底背离的原理。

③ 从两条 BIAS 线结合方面考虑。当短期 BIAS 在高位下穿长期 BIAS 时，是卖出

信号；在低位，短期 BIAS 上穿长期 BIAS 时是买入信号，如图 9-9 所示。

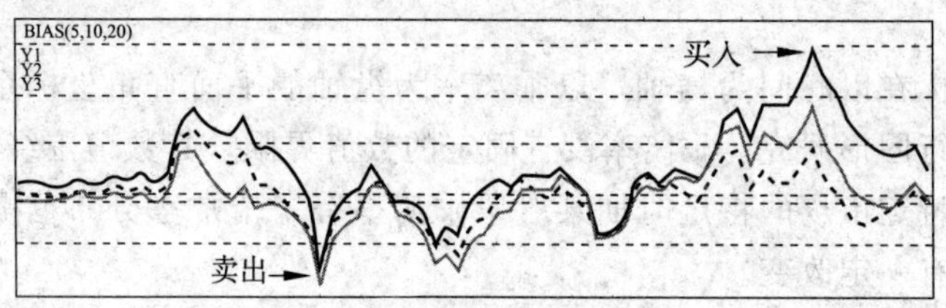

图 9-9 BIAS 的应用

（二）人气型技术指标

本类型指标是股价热度的温度计，专门测量股民情绪高亢或沮丧。

指标数据太高，代表高亢发烧；指标数据太低，代表沮丧发冷，如图 9-10 所示。

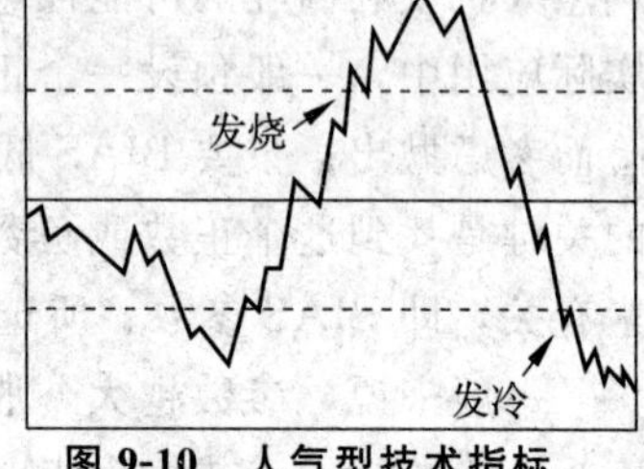

图 9-10 人气型技术指标

1. 心理线（PSY）

PSY（Psychological Line）是从投资者的买卖趋向心理方面，将一定时期内投资者看多或看空的心理事实转化为数值，来研判股价未来走势的技术指标。

（1）PSY 的计算公式。

$$PSY（N）=\frac{A}{N}\times 100$$

式中：N——天数，是 PSY 的参数；

A——这 N 天之中股价上涨的天数。

在实际应用中，N 一般定为 12 日。

例如，$N=12$，12 天之中有 3 天上涨，9 天下跌，则 A=3，PSY（12）=25。

这里的上涨和下跌的判断以收盘价为准。

PSY 的取值范围是 0～100，以 50 为中心，50 以上是多方市场，50 以下是空方市场。

PSY 参数的选择是人为的，参数选得越大，PSY 的取值范围越集中、越平稳。

（2）PSY 的应用法则。

① PSY 的取值在 25～75，说明多空双方基本处于平衡状态。如果 PSY 的取值超出了这个平衡状态，则是超卖或超买。

② PSY 的取值过高或过低，都是行动的信号。一般说来，如果 PSY＜10 或 PSY＞90这两种极端情况出现，是强烈的买入和卖出信号，如图 9-11 所示。

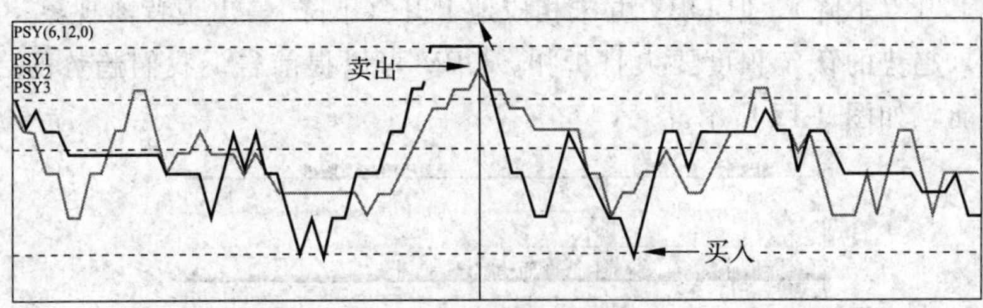

图 9-11　PSY 的应用

③PSY 的取值第一次进入采取行动的区域时，往往容易出错。一般都要求 PSY 进入高位或低位两次以上才能采取行动。

④ PSY 的曲线如果在低位或高位出现大的 W 底或 M 头，也是买入或卖出的行动信号。

⑤ PSY 线一般可同股价曲线配合使用，这时，前面讲到的背离原则在 PSY 中也同样适用。心理线所显示的买卖信号一般为事后现象，事前并不能十分确切地预测。同时，投资者的心理偏好又受诸多随机因素影响，随时调整，不可捉摸。特别是在一个投机气氛浓厚、投资者心态不十分稳定的股市中，心理线的运用有其局限性。

2. 能量潮（OBV）

OBV 的英文全称是 On Balance Volume，即“平衡交易量”，人们更多地称其为能量潮，它是 Granville 在 20 世纪 60 年代提出来的。该指标的理论基础是市场价格的有效变动必须有成交量配合，量是价的先行指标。利用 OBV 可以验证当前股价走势的可靠性，并可以得到趋势可能反转的信号。比起单独使用成交量来，OBV 看得更清楚。

（1）OBV 的计算公式。

假设已经知道了上一个交易日的 OBV，则：

今日 OBV＝昨日 OBV＋sgn×今天的成交量

其中，sgn 是符号函数，其数值由下式决定：

sgn＝＋1，今日收盘价≥昨日收盘价

sgn＝－1，今日收盘价＜昨日收盘价

这里的成交量指的是成交股票的手数，不是成交金额。sgn＝＋1 时，其成交量计入多方的能量；sgn＝－1 时，其成交量计入空方的能量。计算 OBV 时的初始值可自行确定，一般用第一日的成交量代替。

（2）OBV 的应用法则和注意事项。

① OBV 不能单独使用，必须与股价曲线结合使用才能发挥作用。

② OBV 曲线的变化对当前股价变化趋势的确认。

当股价上升（下降），而 OBV 也相应地上升（下降），则可确认当前的上升（下降）趋势。

当股价上升（下降），但 OBV 并未相应地上升（下降），出现背离现象，则对目前上升（下降）趋势的认定程度要大打折扣。OBV 可以提前告诉我们趋势的后劲不足，有反转的可能，如图 9-12 所示。

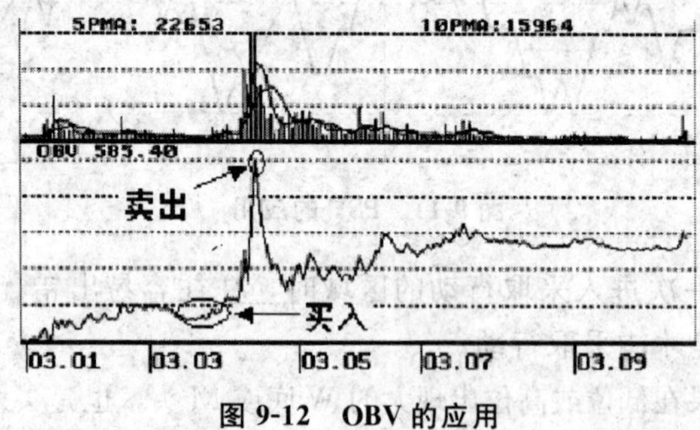

图 9-12　OBV 的应用

③形态学和切线理论的内容也同样适用于 OBV 曲线。

④ 在股价进入盘整区后，OBV 曲线会率先显露出脱离盘整的信号，向上或向下突破，且成功率较大。OBV 线是预测股市短期波动的重要判断指标，能帮助投资者确定股市突破盘局后的发展方向；而且 OBV 的走势，可以局部显示出市场内部主要资金的流向，有利于告示投资者市场内的多空倾向。

（三）大势型技术指标及其他技术指标

股票软件将各种类型、专用于判断大盘走势的指标归于此类，大多数技术指标都是既可应用于个股，又可应用于大盘指数。而大势型指标主要对整个证券市场的多空状况进行描述，它只能用于研判证券市场整体形势，而不能应用于个股。

一般来说，描述股市整体状况的指标是综合指数，如道-琼斯指数、上证指数等。但无论哪种指数都不可能面面俱到，总有不尽如人意的地方。以下介绍的 ADL、ADR 和 OBOS 三个指数从某个角度讲，能够弥补综合指数的不足，提前向投资者发出信号。

1. 腾落指数（ADL）

ADL（Advance/Decline Line，腾落指数）腾落指数，即升跌曲线的意思。ADL 是以股票每天上涨或下跌的家数作为观察的对象，通过简单算术加减来比较每日上涨股票和下跌股票家数的累积情况，形成升跌曲线，并与综合指数相互对比，对大势的未来进行预测。

(1) *ADL* 的计算公式。

假设已经知道了上一个交易日的 ADL 的取值，则今天的 ADL 值为：

今日 ADL＝昨日 $ADL+NA-ND$

其中，NA 为当天所有股票中上涨的家数；ND 为当天下跌的股票家数，涨跌的判断标准是以今日收盘价与上一日收盘价相比较（无涨跌者不计）。ADL 的初始值可取为 0。

(2) ADL 的应用法则。

① ADL 的应用重在相对走势，而不看重取值的大小。这与 OBV 相似。

② ADL 不能单独使用，要同股价曲线联合使用才能显示出作用。

ADL 与股价同步上升（下降），创新高（低），则可以验证大势的上升（下降）趋势，短期内反转的可能性不大。这是一致的现象。

ADL 连续上涨（下跌）了很长时间（一般是 3 天），而指数却向相反方向下跌（上升）了很长时间，这是买进（卖出）信号，至少有反弹存在。这是背离的一种现象，如图 9-13 所示。

在指数进入高位（低位）时，ADL 并没有同步行动，而是开始走平或下降（上升），这是趋势进入尾声的信号。这也是背离现象。

ADL 保持上升（下降）趋势，指数却在中途发生转折，但很快又恢复原有的趋势，并创新高（低），这是买进（卖出）信号，是后市多方（空方）力量强盛的标志。

③ 形态学和切线理论的内容也可以用于 ADL 曲线。

④ 经验证明，ADL 对多头市场的应用比对空头市场的应用效果好。

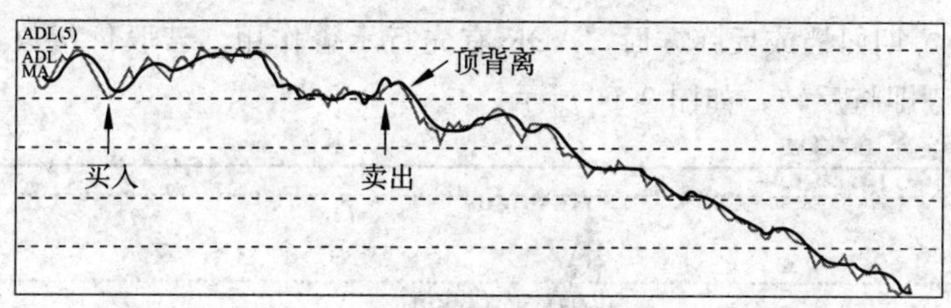

图 9-13 ADL 的应用

2. 涨跌比率（ADR）

ADR（Advance/Decline Ratio），中文名称为涨跌比指标，即上升下降比。ADR 是根据股票的上涨家数和下跌家数的比值，推断证券市场多空双方力量的对比，进而判断出证券市场的实际情况。

(1) *ADR* 的计算公式。

$$ADR\ (N) = \frac{P_1}{P_2}$$

式中：$P_1 = \sum N_A$，为 N 日内股票上涨家数之和；$P_2 = \sum N_D$，为 N 日内股票下跌家数之和；N 为选择的天数，是 ADR 的参数。目前，N 比较常用的参数为 10。ADR 的取值不小于 0。

ADR 的图形以 1 为中心上下波动，波动幅度取决于参数的选择。参数选择得越小，

ADR 波动的空间就越大，曲线的起伏就越剧烈；参数选择得越大，ADR 波动的幅度就越小，曲线上下起伏越平稳。

（2）ADR 的应用法则。

① 从 ADR 的取值看大势。

ADR 在 0.5～1.5 间是常态情况。此时，多空双方处于均衡状态。

在极端特殊的情况下，如出现突发的利多、利空消息引起股市暴涨暴跌时，ADR 常态的上限可修正为 1.9，下限修正为 0.4。超过了 ADR 常态状况的上下限，就是采取行动的信号，表示上涨或下跌的势头过于强烈，股价将有回头的可能。ADR 处于常态时，买进或卖出股票都没有太大的把握。

② ADR 可与综合指数配合使用，其应用法则与 ADL 相同，也有一致与背离两种情况。

③ 从 ADR 曲线的形态上看大势。

ADR 从低向高超过 0.5，并在 0.5 上下来回移动几次，是空头进入末期的信号。ADR 从高向低下降到 0.75 之下，是短期反弹的信号。

ADR 先下降到常态状况的下限，但不久就上升并接近常态状况的上限，则说明多头已具有足够的力量将综合指数拉上一个台阶。

④ 在大势短期回档或反弹方面，ADR 有先行示警作用。若股价指数与 ADR 成背离现象，则大势即将反转，如图 9-14 所示。

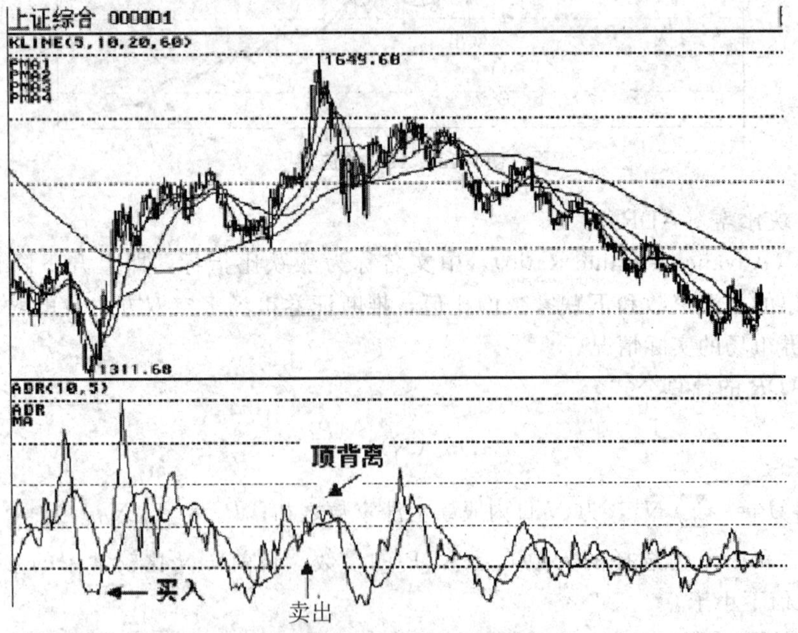

图 9-14 ADR 的应用

3. *超买超卖指标*（OBOS）

OBOS（Over Bought Over Sold,）中文名称是超买超卖指标，也是运用上涨和下跌的股票家数的差距对大势进行分析的技术指标。与 ADR 相比，其含义更直观，计算更简便。

（1）OBOS 的计算公式

OBOS 是用一段时间内上涨和下跌股票家数的差距来反映当前股市多空双方力量的对比和强弱。

OBOS 的计算公式如下：

$$OBOS\ (N) = \sum N_A - \sum N_D$$

式中，$\sum N_A$、$\sum N_D$ 分别表示 N 日内每日上涨股票家数的总和与每日下跌股票家数的总和；天数 N 为 OBOS 的参数，一般选 $N=10$。

OBOS 的多空平衡位置是 0，也就是 $\sum N_A = \sum N_D$ 的时候。当 OBOS＞0 时，多方占优势；当 OBOS＜0 时，空方占优势。

（2）OBOS 的应用法则。

① 根据 OBOS 的数值判断行情。

当 OBOS 的取值在 0 附近变化时，市场处于盘整时期；当 OBOS 为正数时，市场处于上涨行情；当 OBOS 为负数时，市场处于下跌行情。

当 OBOS 达到一定正数值时，大势处于超买阶段，可择机卖出；反之，当 OBOS 达到一定负数时，大势超卖，可伺机买进。至于 OBOS 超买超卖的区域划分，受上市股票总的家数、参数选择的直接影响。其中，参数选择可以确定，参数选择得越大，OBOS 一般越平稳；但上市股票的总家数则是不能确定的因素。这是 OBOS 的不足之处。

② 当 OBOS 的走势与指数背离时，是采取行动的信号，大势可能反转，如图 9-15 所示。

③ 形态理论和切线理论中的结论也可用于 OBOS 曲线。

④ 当 OBOS 曲线第一次进入发出信号的区域时，应该特别注意是否出现错误。

⑤ OBOS 比 ADR 的计算简单，意义直观易懂，所以使用 OBOS 的时候较多，使用 ADR 的时候较少，但放弃 ADR 是不对的。

（四）其他技术指标

世界上各种各样的技术指标成百上千，它们都有各自的拥护者，常用指标或非常用指标仅仅相对于不同分析者的不同需要、不同喜好而言。技术指标可以在使用中不断变化、不断创新。以下简略介绍一些目前各类投资分析软件上常见的指标。

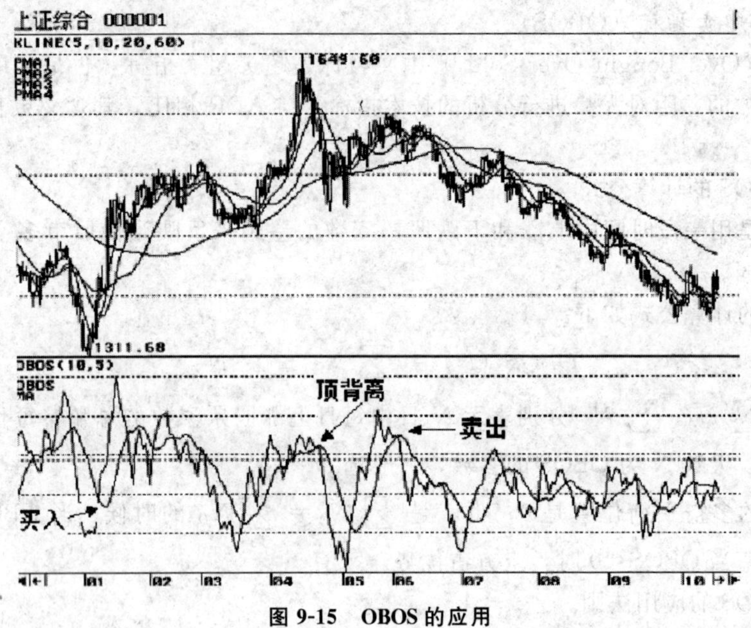

图 9-15 OBOS 的应用

1. BOLL（路径型指标）中文名称：布林线。

应用法则：

(1) 布林线的上、中、下轨线均对价格产生支撑或压力作用。

(2) 当价格处于中线以上运行时，是强势趋势；处于中线以下运行时，是弱势趋势。

(3) 当价格突破上线或者下线时，会受到压力或者支撑而改变当前的运行方向，价格逐步向中线靠拢。

(4) 当波带开口逐渐收窄时，预示价格将在今后一段时间中进入盘整期；当波带开口放大时，预示着价格将在今后一段时间中出现比较剧烈的波动，此时可以根据波带开口的上下方向，确定未来价格波动的主要趋势。

2. SAR（停损型指标）中文名称：抛物线指标。

应用法则：应用方法与移动平均线的穿越原则相同。

(1) 当股价线从下向上穿过线 SAR 线时，是买入时机；

(2) 当股价线从上向下穿过 SAR 线时，是卖出时机，应卖出股票以停止损失。

3. TOWER（图表型指标）中文名称：宝塔线。

应用法则：

(1) 宝塔线翻红之后，股价后市总要延伸一段上升行情。

(2) 宝塔线翻黑之后，股价后市总要延伸一段下降行情。

（3）盘局时宝塔线的小翻白，小翻黑，可依设定损失点或利润点的大小而决定是否进出。

（4）盘局或高档时宝塔线长黑而下，应即时获利了结，将手中持股卖出；反之，翻白而上，则是介入时机。

（5）宝塔线翻黑下跌一段后，突然翻白，须防范为假突破现象，不可马上抢进，须观察数天。最好配合 K 线与成交量观察再作决定。

4. EXPMA（指数平均数）

该指标克服了 MACD 指标信号滞后性的弱点，可以迅速反映出股价的跌涨。

应用法则：

（1）当黄色的 EXPMAl 曲线由下向上穿越绿色的 EXPMA2 曲线时，为买进时机。

（2）当黄色的 EXPMAl 曲线由上向下穿越绿色的 EXPMA2 曲线时，为卖出时机。

（3）股价由下向上接触 EXPMA 曲线时，很容易遭受很大的阻力而回档。

（4）股价由上向下接触 EXPMA 曲线时，很容易受到支撑而反弹。

（5）EXPMA 配合 MOM（动量线）指标使用，效果更佳。

5. CSI（选股型指标）中文名称：股票选择指标。

比较上市公司的 CSI 值，可选择投资价值较高的股票。

应用法则：

（1）CSI 数值越高，股票的投资价值越大。

（2）CSI 指标向上交叉其 N 日平均线时，表示该股票的投资利润较高。

（3）CSI 指标向下交叉其 N 日平均线时，表示该股票投资价值较低。

（4）该指标应配合 DMI（趋向指标）、DX（趋向比例指标）和 VHF（十字过滤线）使用。

6. AR、BR 和 CR（人气型指标）

（1）AR 指标（人气指标）。

应用法则：

① AR 值在 80～120 间波动时，行情属盘整，价格走势比较平稳，不会出现太大波动。

② AR 值走高表示行情活跃，人气旺盛；过高则表示股价已进入高价区，应择机退出。一般情况下，AR 值大于 150 时，股价随时可能回档下调。

③ AR 值走低表示人气涣散；过低则暗示股价可能跌入底部，可伺机进场。一般 AR 值小于 70 时，股价有可能随时反弹上升。

④ AR 曲线具有先于价格到峰顶或跌入谷底的功能。当出现 AR 曲线与股价背离时，可以应用背离原则进行分析。

⑤ AR 指标最好与 BR 指标结合使用。

(2) BR 指标（买卖意愿指标）。

应用法则：

① 当 BR 值在 70～150 间波动时，属盘整行情，应持观望态度。当 BR 值高于 300 以上时，股价可能随时回档下跌，应择机抛出；当 BR 值低于 40 以下时，股价可能随时反弹上升，应逢低买入。

② BR 指标有领先股价达到峰顶和谷底的功能，当出现 BR 曲线与股价的背离时，可以应用背离原则进行分析。

③ 如果 AR、BR 都急剧上升，说明股价离顶峰已经不远，应考虑获利了结。

④ 如果 AR 被 BR 从上往下穿破，并且处在低位，则是逢低买进的信号。

⑤ 如果 BR 急剧上升，AR 指标未配合上升，而是盘整或小回，是逢高出货的信号。

(3) CR 指标（中间意愿指标）。

应用法则：

与 AR、BR 基本相同。其特征介于 AR 与 BR 之间，一般比较接近 BR。当 CR 低于 90 时，买进的风险不大；当出现 CR 曲线与股价的背离时，可以应用背离原则进行分析。

五、实验报告

1. 谈谈对各种技术指标的认识。

2. 运用各种技术指标制定投资策略，要求对股票价格指数和不少于 5 只个股进行分析，并写出有关投资策略的报告。

六、实战技巧——止损

在变幻莫测的股市中，不论是机构投资者还是中小投资者，都有被套牢的经历。而绝大多数投资者采取的是“长期抗战”、“死猪不怕开水烫”的策略，抱着不获利不出局的态度。结果往往是越等越套，越套越深。有的股票跌幅甚至在 60%以上，如陆家嘴 1997 年最高 40 元/股，最低跌到 14.19 元/股；东方钽业 2001 年最高 45 元/股（除权价），最低近 12 元/股；银广夏、中科创业等跌幅更是惊人。高位持有这些股票的投资者无不损失惨重。因而，进入市场的投资者必须高度重视止损的原则。

根据实践经验，对付套牢的对策，原则上有以下几条。

1. 要看清股市的大势是向上还是向下或是盘整

如果大势是向上的，可以适当持股等一段时间。如果大势是盘整或向下，则应及时实施止损措施。大势向上通常表现为股指呈多头排列，股指在上升通道里运行，主要技术指标呈强势。相反则大盘很可能向下运行。

2. 如果一时判断不清股市走势方向，也应及时止损

止损措施主要有以下几种：

(1) 设置止损点位。一般以买进后股价下跌 8%～15%时止损出局为好。点位设小了，会成为洗盘出局对象，设大了损失又太大。

(2) 如股价仍在上升通道内，可持股不动；如跌破上升通道并向下运行时最好及时止损（也有人建议在跌出通道后两天或下跌 2%时止损，损失少但风险也大）。

(3) 如股价连续两天空头排列，可以考虑出局。

(4) 股价已跌破 30 日均线或股价箱底时，须坚决止损。

(5) 如果第一天股价放量上涨时追进，第二天却出现放量长阴时，多数情况应出局；如果第三、第四天连续放量出长阴时则应坚决出局。

3. 必须特别注意的是，设好止损点，不要随意变动

有的投资者开始也设了止损点，但当跌破后，看到下方有支撑位或均线时，就把下方的支撑位改为止损点。例如，10 日均线扛不住了，就把止损位改在 20 日或 30 日均线，这很危险。须知，多数股票一旦形成下跌趋势是势不可挡的。下方的一系列支撑位或均线往往是很轻易地就会被跌破（除非是庄家的洗盘行为）。

4. 还须注意的是，切勿在大盘弱势股下跌时补仓

如近几年的长虹、深发展、粤宏远、近期的东方钽业等。那样只会越补套得越多，损失越大。只能选中小盘、质地较好、以往股性较活跃的股票，股价跌到箱形底部区域时补仓，随后于反弹时逐渐分批出局。

对于以上几条，只要坚决照办，成为深度套牢投资者的机会就很小。当然，说起来容易做起来难。对于大多数投资者来说，入市的资金是自己的血汗钱，割肉的感觉总是痛苦的，由于不能狠下决心，结果往往是痛失及时止损良机，成为套牢一族。可是经过多次后悔、终于痛下决心斩仓离场时，又恰恰把肉割在了地板价上，所以懊恼不已。以上所说的是一般原则，股市中没有常胜将军，也没有 100%正确的规则和经验，在实践中也常常出现意想不到的反转，造成出局者的踏空。这大概是股市不可捉摸的魅力所在吧！

第三篇

期货交易实验篇

第十章 期货交易基础知识

一、期货合约与品种

1. 期货合约

期货合约是由期货交易所统一制定的、规定未来某一特定的时间和地点交割一定数量和质量标的物的标准化合约。标的物为实物商品的期货合约称作商品期货，标的物为金融产品的期货合约称作金融期货。商品期货历史悠久，种类繁多，主要包括农副产品、金属产品、能源产品等几大类。金融期货一般分为三类：外汇期货、利率期货和股票指数期货。

需要着重强调的是，期货市场中交易的对象是标准化合约而非商品。期货合约的标准化使合约的流通转让更便利，促进了市场的流动，降低了交易成本，提高了市场的效率。

期货合约的主要条款有：(1) 合约名称。(2) 交易单位与合约价值。(3) 报价单位。(4) 最小变动价位。(5) 每日最大价格变动限制。(6) 合约交割月份。(7) 交易时间。(8) 最后交易日。(9) 交割日期。(10) 交割等级。(11) 交割地点。(12) 交割手续费。(13) 交割方式。(14) 交易代码。

如表 10-1 所示为玻璃期货合约。

表 10-1 郑州商品交易所玻璃期货合约

交易品种	平板玻璃
交易单位	20 吨/手
报价单位	元（人民币）/吨
最小变动价位	1 元/吨

续表

每日价格波动限制	上一交易日结算价±4%及《郑州商品交易所风险控制管理办法》相关规定
最低交易保证金	合约价值的6%
合约交割月份	1～12月
交易时间	每周一至周五（北京时间，法定节假日除外） 上午9：00～11：30　下午13：30～15：00
最后交易日	合约交割月份的第10个交易日
最后交割日	合约交割月份的第12个交易日
交割品级	见《郑州商品交易所期货交割细则》
交割地点	交易所指定交割地点
交割方式	实物交割
交易代码	FG
上市交易所	郑州商品交易所

2. 期货品种

(1) 世界上现有的期货品种。

商品期货：包括农产品期货、畜产品期货、金属期货、能源期货等。

金融期货：主要分为外汇期货、利率期货、股票指数期货、股票期货等。

其他期货新品种：经济发展指标期货、信用指数期货、互换期货、天气期货等。

(2) 我国现有的期货品种。

目前我国主要有四个期货交易所，它们主要交易的品种如下。

上海期货交易所：金属、工业品。

郑州商品交易所：农产品、软商品。

大连商品交易所：农产品、工业品。

中国金融期货交易所：HS300指数期货。

美国与我国期货交易品种的异同，如表10-2所示。

表10-2　美国与我国期货交易品种对比

分类	美国	中国
	美国期货与期权品种 (32类、114个商品期货与期权品种，总共300多个期货及期权品种)	中国期货与期权品种 (共27个期货品种)

续表

分类	美国	中国
农副产品类	玉米、大豆、小麦、稻谷、燕麦、大麦、黑麦、猪腩、活猪、活牛、小牛、大豆粉、大豆油、可可、咖啡、棉花、羊毛、糖、橙汁、菜籽油等	玉米、强筋小麦、普通小麦、黄大豆、豆粕、豆油、绿豆、白糖、棉花、菜籽油、早籼稻、棕榈油等
金属产品类	金、银、铜、铝、铅、锌、镍、钯、铂等	铜、铝、锌、黄金、螺纹钢、线材等
化工产品类	原油、取暖用油、无铅普通汽油、丙烷、天然橡胶等	天然橡胶、燃料油、PTA、PVC、LLDPE等
金融产品类	国债、短期利率、欧洲美元存单、各外汇品种、各类股票指数、个股期权等	沪深300指数期货

二、期货交易制度

1. 期货交易的时间

我国期货市场交易与股票市场交易时间不完全一致，详见表10-3。

表10-3 股票、期货与股指期货交易时间对比

	股票	期货	股指期货
集合竞价时间	09：15～09：25	08：55～08：59	09：10～09：14
撮合成交时间	09：25～09：30	08：59～09：00	09：14～09：15
上午交易时间	09：30～11：30	09：00～11：30	09：15～11：30
小节休息时间		10：15～10：30	
中午休息时间	11：30～13：00	11：30～13：30	11：30～13：00
下午交易时间	13：00～15：00	13：30～15：00	13：00～15：15（交割日为13：00～15：00）
小节休息时间		14：10～14：20（上海期货交易所）	

2. 期货交易制度要点

(1) 保证金制度。

在期货交易中，任何一个交易者必须按照其所买卖期货合约价值的一定比例（通常为5%～10%）缴纳少量资金，作为其履行期货合约的财力担保，然后才能参与期货合约的买卖，并视价格变动情况确定是否追加资金。这种制度就是保证金制度，所缴的资金就是保证金，也叫交易保证金。

交易保证金又分为初始保证金和追加保证金两类。初始保证金是交易者新开仓时所需缴纳的资金。它是根据交易额和保证金比率确定的，即初始保证金＝交易金额×保证金比率。我国现行的最低保证金比率为交易金额的5%，国际上一般在3%～8%。例如，郑州商品交易所的玻璃保证金比率为6%，如果某客户以1 500元/吨的价格买入3张玻璃期货合约（每张20吨），那么，他必须向交易所支付5 400元（即1 500×3×20×6%）的初始保证金。

交易者在持仓过程中，因为市场行情的不断变化会产生浮动盈亏（即结算价与成交价之差），浮动盈利将增加保证金账户余额，浮动亏损将减少保证金账户余额。保证金账户中资金就随时发生增减。

保证金账户中必须维持的最低余额称作维持保证金。维持保证金＝结算价×持仓量×保证金比率×维持保证金比率，在我国维持保证金比率通常为0.75。当保证金账面余额低于维持保证金时，交易者就必须在规定时间内补充保证金，否则在下一交易日，交易所或者代理机构有权实施强行平仓。需要按规定新补充的保证金就称追加保证金。延续上面的例子，假设客户以1 500元/吨的价格买入3张玻璃期货合约（每张20吨），后来，玻璃结算价下跌至1 000元/吨。客户的浮动亏损为1 800元［即（1 500－1 000）×3×20×6%］，客户保证金账户余额为3 600元（即54 000—1 800），由于这一余额小于维持保证金（＝1 500×3×20×6%×0.75＝4 050元），客户需将保证金补足至5400元（1 500×3×20×6%），需补充的保证金1 800元（5 400—3 600）就是追加保证金。

目前国内上市期货品种正常月份交易所收取交易保证金比例见表10-4。

表10-4　目前国内上市期货品种交易保证金比例

交易所	品种	交易代码	保证金
大连	豆一	A（10吨）	5.0%
	豆二	B（10吨）	5.0%
	豆粕	M（10吨）	5.0%
	豆油	Y（10吨）	5.0%
	玉米	C（10吨）	5.0%
	聚乙烯	L（5吨）	5.0%
	棕榈油	P（10吨）	5.0%
	聚氯乙烯　PVC	V（5吨）	5.0%
	焦炭	J（100吨）	5.0%

续表

交易所	品种	交易代码（交易单位）	保证金
上海	铜	CU（5 吨/手）	5.0%
	铝	AL（5 吨/手）	5.0%
	锌	ZN（5 吨/手）	5.0%
	橡胶	RU（10 吨/手）	5.0%
	燃油	FU（50 吨/手）	8.0%
	黄金	AU（1 000 克/手）	4.0%
	螺纹钢	RB（10 吨/手）	5.0%
	线材	WR（10 吨/手）	7.0%
	铅	PB（5 吨/手）	5.0%
郑州	白糖	SR（10 吨/手）	6.0%
	棉花	CF（5 吨/手）	5.0%
	强麦	WHWS（20 吨/手）	5.0%
	早籼稻	RIER（20 吨/手）	5.0%
	苯二甲酸	PTA（5 吨/手）	6.0%
	菜籽油	OLRO（10 吨/手）	5.0%
	甲醇	ME（50 吨/手）	6.0%
	玻璃	FG（20 吨/手）	6.0%
中金所	股指期货	IF（300 元/点）	12.0%

（2）每日无负债结算制度。

每日无负债结算制度又称逐日盯市制度，是指每日交易结束后，交易所按当日结算价结算所有合约的盈亏、交易保证金及手续费、税金等费用，对应收、应付的款项实行净额一次划转，相应增加或减少会员的结算准备金。期货交易所会员和投资者的保证金不足时，应当及时追加保证金或者自行平仓。规定时间内未追加保证金或自行平仓的，期货交易所将强行平仓。强行平仓的有关费用和发生的损失由该会员或投资者承担。

例如，某日投资者 A 卖出一手螺纹钢期货合约，并持有至收盘，假设当日收盘时螺纹钢结算价为 3 600 元/吨，螺纹钢合约一手为 10 吨，螺纹钢保证金比例为 10%，则 A 需缴纳保证金 3 600 元，其对手方，即同种合约买方，也需缴纳保证金 3 600 元。之后几天，如果两方都继续持有合约至收盘，则保证金每日变动见表 10-5。

表 10-5 保证金账户的变化

日期	结算价（元/吨）	投资者 A 的账户（元）	对手方的账户（元）
第一天	3 600	卖出 1 手螺纹钢期货合约，应缴纳保证金 3 600 元	买入 1 手螺纹钢期货合约，应缴纳保证金 3 600 元
第二天	3 500	应缴纳保证金 3 500 元，可清退：1 000 元 （盈利）＋100 元（保证金退回）	应缴纳保证金 3 500 元，须追缴：1 000 元 （亏损）－100 元（保证金退回）
第三天	3 700	应缴纳保证金 3 700 元，须追缴：2 000 元 （亏损）＋200 元（保证金补交）	应缴纳保证金 3 700 元，可清退：2 000 元 （盈利）－200 元（保证金补交）
第四天	3 400	应缴纳保证金 3 400 元，可清退：3 000 元 （盈利）＋300 元（保证金退回）	应缴纳保证金 3 400 元，须追缴：3 000 元 （亏损）－300 元（保证金退回）

（3）强行平仓制度。

强制平仓是指交易所按照有关规定对会员、客户持仓实行平仓的一种强制措施。《期货交易管理条例》第三十八条中规定："客户保证金不足时，应当及时追加保证金或者自行平仓。客户未在期货公司规定的时间内及时追加保证金或者自行平仓的，期货公司应当将该客户的合约强行平仓，强行平仓的有关费用和发生的损失由该客户承担。"

会员、客户出现下列情形之一的，交易所对其持仓实行强行平仓。

① 结算会员结算准备金余额小于零，且未能在第一节结束前补足。②客户、从事自营业务的交易会员持仓超出持仓限额标准，且未能在第一节结束前平仓。③因违规、违约受到交易所强行平仓处理；④根据交易所的紧急措施应当予以强行平仓；⑤交易所规定应当予以强行平仓的其他情形。

（4）T＋0 制度。

所谓的 T＋0 的 T，是一种证券（或期货）交易制度。凡在证券（或期货）成交当天办理好证券（或期货）和价款清算交割手续的交易制度，就称为 T＋0 交易。通俗说，就是当天买入的证券（或期货）在当天就可以卖出。

（5）交割制度。

交割是指合约到期时，按照期货交易所的规则和程序，交易双方通过该合约所载标的物所有权的转移，或者按照规定结算价格进行现金差价结算，了结到期未平仓合约的过程。商品期货以实物交割为主，金融期货则以现金交割方式为主。交割是联系期货与现货的纽带。

实物交割是指期货合约到期时交易双方通过该期货合约所载商品所有权的转移了结到期未平仓合约的过程。商品期货交易一般采用实物交割制度。虽然最终进行实物交割的期货合约的比例非常小，但正是这极少量的实物交割将期货市场与现货市场联系起来，为期货市场功能的发挥提供了重要的前提条件。

现金交割是指合约到期时，交易双方按照交易所的规则、程序及其公布的交割结算价进行现金差价结算，了结到期未平仓合约的过程。中国金融期货交易所的股指期货合约采用现金交割方式，规定股指期货合约最后交易日收市后，交易所以交割结算价为基准，划付持仓双方的盈亏，了结所有未平仓合约。其中，股指期货交割结算价为最后交易日标的指数最后两小时的算术平均价。

(6) 涨跌停板制度。

涨跌停板又称每日价格最大波动限制，即指期货合约在一个交易日中的交易价格波动不得高于或者低于规定的涨跌幅度，超过该涨跌幅度的报价将被视为无效，不能成交。涨跌停板一般是以合约上一交易日的结算价为基准确定的（一般有百分比和固定数量两种形式）。

① 涨停板：合约上一交易日的结算价加上允许的最大涨幅构成当日价格上涨的上限。

② 跌停板：合约上一交易日的结算价减去允许的最大跌幅则构成当日价格下跌的下限。

涨跌停板的确定，主要取决于该种商品现货市场价格波动的频繁程度和波幅的大小。商品的价格波动越频繁、越剧烈，该商品期货合约的每日停板额就应设置的大一些；反之，则小一些。涨跌停板制度与保证金制度相结合对于保障期货市场的运转、稳定期货市场的秩序以及发挥期货币场的功能具有十分重要的作用。

(7) 持仓限额制度。

持仓限额是指交易所规定会员或客户可以持有的，按单边计算的某一合约投机头寸的最大数额。实行持仓限额制度的目的在于防范操纵市场价格的行为和防止期货市场风险过度集中于少数投资者。

我国期货交易所对持仓限额制度的具体规定如下：

第一，不同品种不同月份不同阶段分别确定不同的限仓数额。

第二，限制会员持仓和限制客户持仓相结合。

第三，套期保值交易头寸实行审批制，其持仓不受限制。

第四，同一客户在不同经纪会员处开有多个交易编码，其累计持仓不得超过客户的限仓数额。

第五，根据经纪会员的实力调整其限仓数额，由交易所每年核定一次。

第六，调整限仓数额须经理事会批准，并报中国证监会备案后实施。

第七，会员或客户的持仓数量不得超过交易所规定的持仓限额。对超过持仓限额的会员或客户，交易所按有关规定执行强行平仓。

(8) 大户报告制度。

期货交易所建立限仓制度后。当会员或客户某品种持仓合约的投机头寸达到交易所对其规定的投机头寸持仓限量以上时，必须向交易所申报。申报的内容包括客户的开户情况、交易情况、资金来源。交易动机等，便于交易所审查大户是否有过度投机和操纵市场行为以及大户的交易风险情况。大户报告制度与限仓制度紧密相关。

我国期货交易所的大户报告制度规定：

第一，当会员或客户某品种持仓合约的投机头寸达到交易所对其规定的投机头寸持仓限量80%及以上时，会员或客户应向交易所报告其资金情况、头寸情况等，客户须通过经纪会员报告。

第二，交易所可根据市场风险状况，制定并调整持仓报告标准。

第三，达到交易所报告界限的，会员和客户应主动于下一交易日15：00前向交易所报告。

第四，客户在不同经纪会员处开有多个交易编码，由交易所指定并通知有关经纪会员，负责报送该客户应报告情况的有关材料。

(9) 风险准备金制度。

风险准备金制度是为了维护期货市场正常运转提供财务担保和弥补因不可预见风险带来的亏损而提取的专项资金的制度。

根据我国《期货交易管理条例》规定，交易所、期货公司、非结算会员都需要提取。

以交易所为例，其风险准备金制度规定如下。

第一，风险准备金的来源包括：交易所按向会员收取交易手续费收入20%的比例，从管理费用中提取；符合国家财政政策规定的其他收入。

第二，当风险准备金余额达到交易所注册资本的10倍时，经中国证监会批准后可不再提取。

第三，风险准备金必须单独核算，专户存储，除用于弥补风险损失外，不得挪作他用。

第四，风险准备金的动用必须经交易所理事会批准，报中国证监会备案后按规定的用途和程序进行。

(10) 信息披露制度。

信息披露制度是指期货交易所按有关规定定期公布期货交易有关信息的制度。期货交易遵循公平、公开、公正的原则，信息的公开与透明是“三公”原则的体现。交易所期货交易信息主要包括在交易所期货交易活动中所产生的所有上市品种的期货交易行情、各种期货交易数据统计资料、交易所发布的各种公告信息以及中国证监会指定披露的其他相关信息。交易所按即时、每日、每周、每月向会员、投资者和社会公众提供期货交易信息。期货交易信息所有权属交易所，由交易所统一管理和发布。

三、期货交易流程

(一) 期货实盘交易流程

一个完整的期货交易流程应包括：开户与下单（书面、电话、互联网或中国证监会规定的其他方式）、竞价、结算和交割四个环节。交割环节并不是交易流程中的必经环节。

1. 开户

开立账户实质上是投资者（委托人）与期货公司（代理人）之间建立一种法律关系。

(1) 风险揭示："期货交易风险说明书"，平仓、交割、违约等。

(2) 签署合同："期货经纪合同"，签字盖章、客户交易编码登记备案制度，期货公司应当为每一个客户单独开立专门账户、设置交易编码，不得混码交易。

(3) 缴纳保证金：期货公司向客户收取的保证金，属于客户所有，除下列可划转的情形外，严禁挪作他用：①依据客户的要求支付可用资金；②为客户交存保证金，支付手续费、税款；③国务院期货监督管理机构规定的其他情形。

2. 下单

下单是指客户在每笔交易前向期货经纪公司业务人员下达交易指令，说明拟买卖合约的种类、数量、价格等的行为。

(1) 交易指令：又称交易订单，是期货投资者下达给期货交易经纪人和经纪公司的按何种价格何种方式交易一定数量合约的订单。国际上常用的交易指令有市价指令、限价指令、止损指令和取消指令等。

常用的交易指令有：①市价指令，市价指令是期货交易中常用的指令之一。它是指按当时市场价格即刻成交的指令。客户在下达这种指令时不须指明具体的价位，而是要求期货经纪公司出市代表以当时市场上可执行的最好价格达成交易。这种指令的特点是成交速度快，一旦指令下达后不可更改和撤销。②限价指令，指执行时必须按限定价格或更好的价格成交的指令。下达限价指令时，客户必须指明具体的价位。它的特点是可以按客户的预期价格成交，成交速度相对较慢，有时无法成交。③止损指令，是指当市场价格达到客户预计的价格水平时即变为市价指令予以执行的一种指令。

客户利用止损指令，既可以有效地锁定利润，又可以将可能的损失降低至最低限度，还可以相对较小的风险建立新的头寸（目前国内尚没有该指令）。④阶梯价格指令，是指按指定的价格间隔，逐步购买或出售指定数量期货合约的指令。⑤限时指令，是指要求在某一时间段内执行的指令。如果在该时间段内指令未被执行，则自动取消。⑥双向指令，是指客户向经纪人下达两个指令，一个指令执行后，另一个指令则自动撤销。⑦套利指令，是指同时买入和卖出两种期货合约的指令。一个指令执行后，另一个指令也立即执行。它包括跨商品套利指令、跨期套利指令和跨市场套利指令等。⑧取消指令，指客户要求将某一指令取消的指令。客户通过执行该指令，将以前下达的指令完全取消，并且没有新的指令取代原指令。

目前，我国期货交易所使用的交易指令种类主要有限价指令、市价指令和取消指令三种。其中，大连商品交易所、上海期货交易所目前只采用限价指令和取消指令，郑州商品交易所三种指令均使用。

期货经纪公司对其代理客户的所有指令，必须通过交易所集中撮合交易，不得私下对冲，不得向客户作获利保证或者与客户分享收益。

(2) 下单方式:《期货交易管理条例》中规定，客户可以通过书面、电话、互联网或者中国证监会规定的其他方式向期货公司下达交易指令。具体下单方式有如下几种：书面下单、电话下单、网上下单、自助终端下单——期货营业部设置的专用委托电脑终端。

3. 竞价

期货合约价格的形成方式主要有：公开喊价方式和计算机撮合成交两种方式。

(1) 公开喊价方式，分为连续竞价制和一节一价制。连续竞价制是指在交易所交易池内由交易者面对面地公开喊价，表达各自买进或卖出合约的要求。在欧美期货市场较为流行。一节一价制是指把每个交易日分为若干节，每节只有一个价格的制度。这种叫价方式在日本较为普遍。

(2) 计算机撮合成交方式，具有准确、连续的特点。该方式分为撮合成交和集合竞价。撮合成交指先将买卖申报单以价格优先、时间优先的原则进行排序。bp（买入价）≥sp（卖出价），撮合成交价取 bp（买入价）、sp（卖出价）、cp（前一成交价）三者中居中一个的价格。集合竞价指最大成交量原则，即以此价格成交能够得到最大成交量。开盘价和收盘价采用集合竞价方式产生，集合竞价采用最大成交量原则，连续竞价采取价格优先、时间优先的撮合原则。

4. 结算

结算是指根据交易结果和交易所有关规定对会员交易保证金、盈亏、手续费、交割货款和其他有关款项进行的计算、划拨。结算包括交易所对会员的结算和期货经纪公司会员对其客户的结算。

(1) 结算涉及概念。①平仓是指期货交易者买入或卖出与其所持期货合约的品种、数量及交割月份相同但交易方向相反的期货合约，了结期货交易的行为。②当日结算价是指某一期货合约当日成交价格按照成交量的加权平均价。当日无成交价格的，以上一交易日的结算价作为当日结算价。每个期货合约均以当日结算价作为计算当日盈亏的依据。③持仓量是指期货交易者所持有的未平仓合约的数量。

(2) 结算公式。

当日结算准备金余额＝上一交易日结算准备金余额＋上一交易日交易保证金－当日交易保证金＋当日盈亏＋入金－出金－手续费等

当日交易保证金＝当日结算价×当日交易结束后的持仓总量×交易保证金比例

其中当日盈亏为：①平仓盈亏，对所持有的合约在当日平仓所产生的盈亏；②平历史仓盈亏，对以前交易日开仓的合约进行平仓所产生的盈亏；③平当日仓盈亏，当天开仓当天平仓所产生的盈亏；④持仓盈亏，指持有合约到当日交易结束所产生的盈亏；⑤历史持仓盈亏，以前交易日开仓的合约一直持有到当天交易结束所产生的盈亏；⑥当日开仓盈亏，当天开仓一直持有到当天交易结束产生的盈亏。

(3) 实例。

【例 1】 某投资者在大连商品交易所开仓卖出玉米期货合约 40 手，成交价为 2 220元/吨，当日结算价格为 2 230 元/吨，交易保证金比例为 5%，则该客户当天需缴纳的保证金是多少？

期货交易所实行每日无负债结算制度，当天缴纳的保证金按当天的结算价计算收取，与成交价无关。

保证金＝40 手×10 吨/手×2 230 元/吨×5%＝44 600 元。

【例 2】 六月五日，某投资者在大连商品交易所开仓买进 7 月份玉米期货合约 20 手，成交价格 2 220 元/吨，当天平仓 10 手合约，成交价格 2 230 元/吨，当日结算价格 2 215 元/吨，交易保证金比例为 5%，则该客户当天的平仓盈亏、持仓盈亏和当日交易保证金分别是多少？

① 买进 20 手，价 2 220 元/吨，平仓 10 手，价 2 230 元/吨→平仓盈亏 10 手×10 吨/手×（2 230－2 220）元/吨＝1 000 元；②剩余 10 手，结算价 2 215 元/吨→持仓盈亏 10 手×10 吨/手×（2 215－2 220）元/吨＝－500 元；③保证金＝10 手×2 215 元/吨×10 吨/手×5%＝11 075 元。

5. 交割

期货交易的交割方式分为实物交割和现金交割。

(1) 实物交割，是指交易双方在交割日将合约所记载商品的所有权按规定进行转移、了结未平仓合约的过程。

(2) 现金交割，是指交易双方在交割日对合约盈亏以现金方式进行结算的过程。

目前，我国大连商品交易所、郑州商品交易所和上海期货交易所的交易品种均为商品期货，交割方式均采用实物交割。实物交割方式分为：集中交割和滚动交割。集中交割即所有到期合约在交割月份最后交易日过后一次性集中交割的交割方式。目前，我国上海期货交易所均采取集中交割方式，郑州商品交易所的棉花，白糖和 PTA 期货品种采取集中交割方式。滚动交割即除了在交割月份的最后交易日对所有到期合约全部配对交割外，在交割月第一交易日至最后交易日之间的规定时间也可进行交割的交割方式。大连商品交易所的所有品种以及郑州商品交易所的小麦期货均采取滚动交割方式，如表 10-6 所示。实物交割的流程在这里不做详细介绍。

表 10-6 部分期货品种交割方式

序号	上市交易所	交易品种	交易单位	最小变动价位	涨跌幅度	保证金比率	交割方式
1	郑州	强筋小麦	20 吨/手	1 元/吨	±3%	5%	滚动
2		棉花 1 号	5 吨/手	5 元/吨	±4%	5%	集中
3		白糖	10 吨/手	1 元/吨	±4%	6%	集中
4		PTA	5 吨/手	2 元/吨	±4%	6%	集中
5	大连	黄大豆 1 号	10 吨/手	1 元/吨	±4%	5%	滚动交割
6		豆粕	10 吨/手	1 元/吨	±4%	5%	
7		豆油	10 吨/手	2 元/吨	±4%	5%	
8		玉米	10 吨/手	1 元/吨	±4%	5%	
9	上海	铜	5 吨/手	10 元/吨	±4%	5%	集中交割
10		铝	5 吨/手	10 元/吨	±4%	5%	
11		锌	5 吨/手	5 元/吨	±4%	5%	
12		天然橡胶	10 吨/手	5 元/吨	±4%	5%	
13		燃料油	50 吨/手	1 元/吨	±5%	8%	

6. 期转现交易

(1) 期转现交易即期货转现货，是指持有方向相反的同一月份合约的会员（客户）协商一致并向交易所提出申请，获得交易所批准后，分别将各自持有的合约按双方达成的平仓价格由交易所代为平仓，同时，按双方协议价格与期货合约标的物数量相当、品种相同、方向相同的仓单进行的交换行为。

(2) 期转现交易的优越性。①节约期货交割成本。②期转现比“平仓后购销现货”更便捷。③期转现比远期合同交易和期货交易更有利。

(3) 期转现交易的流程。①寻找对手。②商定平仓和现货交收价格。③向交易所申请。④交易所核准。⑤办理手续。⑥纳税。

(4) 期转现可以实现的情况有：①在期货市场上持有反向持仓的买卖双方，拟用标准仓单进行期转现。②在期货市场上持有反向持仓的买卖双方，拟用标准仓单以外的货物进行期转现。③买卖双方为现货市场的贸易伙伴在期市建仓希望远期交货价格稳定。④期转现操作中应注意的事项。用标准仓单期转现，要考虑仓单提前交收所节省的利息和仓储等费用；用标准仓单以外的货物期转现，要考虑节省的交割费、利息、仓储费，要考虑现货品质级差等。

(二) 金融实验室期货交易流程

1. 登陆

登录方法和步骤与证券模拟交易相同，这里不再赘述。登录后界面如图 10-1 所示。

图 10-1 登录后界面

2. 进入期货界面

在【市场总览】标签页右侧找到【商品期货】标签单击就可进入【期市总览】页面，如图 10-2 所示。进行股指期货交易需要单击进入【股票】页面进行操作。

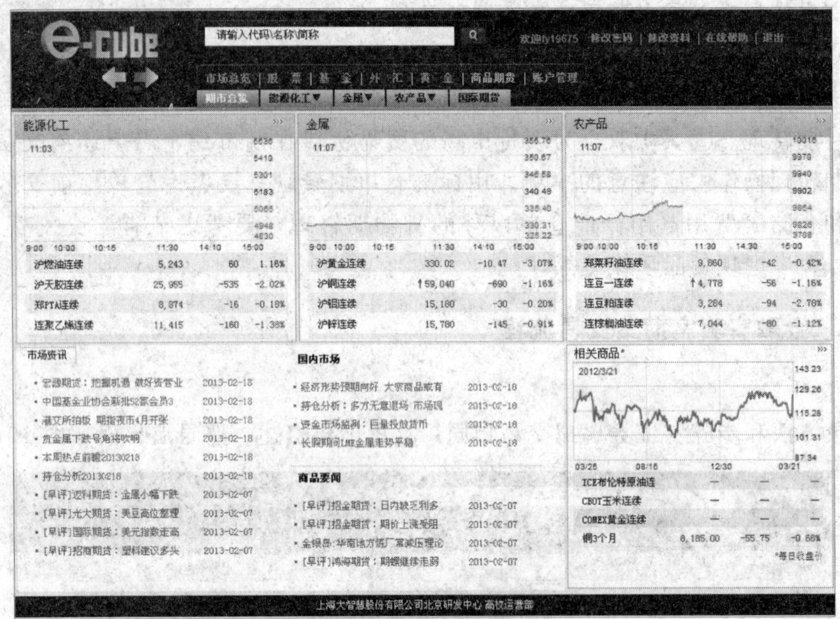

图 10-2 期市总览界面

3. 交易

期货模拟实验交易指令比较简单，分为下单（买入、卖出）、平仓、平今。世华财讯模拟交易软件的期货交易操作将在后面的章节中详细分类讲解，这里不再赘述。需要说明的是：

（1）通常一类品种可交易的合约不止一个，请选择交易比较活跃的合约进行交易（参看买入量、卖出量可以判断交易是否活跃）。

（2）每个交易品种中“＊＊连续”是该类商品期货的指数，类似于股票价格指数，用于反映该商品期货市场整体变动的状况，无法进行交易。

（3）国际期货市场品种与国内相应品种有密切联系，但因为技术局限，不能进行国际期货市场品种的交易。

（4）只有在交易时间才能进行下单操作，在非交易时间下单将会有错误提示。

四、期货交易类别

根据交易者交易目的不同，股指期货交易行为可分为三类：投机、套期保值、套利。下面分别介绍这三种期货交易。

(一) 投机

1. 定义

在期货交易中“投机”一词是“中性词”。期货投机交易指在期货市场上以获取价差收益为目的的期货交易行为。交易者根据对价格走势的判断，进行买卖从中获得价差利润。投机者可以“买空”，也可以“卖空”。如果这种判断与市场价格走势相同，则投机者平仓出局后可获取投机利润；如果判断与价格走势相反，则投机者平仓出局后承担投机损失。由于投机的目的是赚取差价收益，所以，投机者一般只是平仓了结期货交易，而不进行实物交割。

如预计 11 月小麦期货价格上升，则 10 月份决定买进 11 月小麦合约若干手，待小麦价格上升后，在合约到期时之前，卖出合约平仓，扣除手续费后获净利。若预计错了，则受损失，并支付手续费。如预计 11 月小麦期货价格下跌，则应做空头，然后待机补进以获利。

这种交易能否获得利润，完全取决于交易者对市场方向的判断是否正确。由于影响期货市场价格变动的因素很多，特别是投机心理等偶然性因素难以预测，因此，正确判断难度较大，所以这种投机的风险较大。

2. 种类

(1) 按交易部位区分，可分为多头投机者和空头投机者。

(2) 按交易量的大小区分，可分为大投机者与小投机者。

(3) 按价格预测方法来区分，可分为基本分析派和技术分析派。

(4) 按投机者每笔交易的持仓时间，根据持有股指期货合约时间的长短，投机可分为三类：第一类是长线投机者，此类交易者在买入或卖出股指期货合约后，通常将合约持有几天、几周甚至几个月，待价格对其有利时才将合约对冲；第二类是短线交易者，一般进行当日或某一交易时段的股指期货买卖，其持仓不过夜；第三类是逐小利者，又称“抢帽子者”，他们的技巧是利用价格的微小变动进行交易来获取微利，一天之内他们可以做多个回合的买卖交易。

3. 投机交易实验

(1) 多头当日投机交易：开仓买入上海期货交易所某一种期货合约 1 手，并在本次实验结束前平仓卖出该期货合约，然后查询交易盈亏情况。

(2) 空头当日投机交易：开仓卖出大连商品交易所某一种期货合约 1 手，并在本次实验结束前平仓买入该期货合约，然后查询交易盈亏情况。

具体实验在以后的章节中详细叙述。

（二）套期保值

套期保值，是指在期货市场上买进或卖出与现货商品或资产相同或相关、数量相等或相当、方向相反、月份相同或相近的期货合约，从而在期货和现货两个市场之间建立盈亏冲抵机制，以规避价格波动风险的一种交易方式。

套期保值者的目的，是试图通过套期保值交易来转移现货交易的价格风险，从而保证生产、经营或投资利润的稳定性。

套期保值者是指那些通过期货合约的买卖，将现货市场面临的价格风险进行转移的机构和个人。他们大多是生产商、加工商、库存商、贸易商和金融机构。

套期保值的基本作法是：

在期货市场上卖出或买进期货——在期货市场上平仓——在现货市场上买卖。

（三）套利交易

套利交易是期货投机交易中的一种特殊方式，它利用期货市场中不同月份、不同市场、不同商品之间的相对价格差，同时买入和卖出不同种类的期货合约，来获取利润。一种商品的不同交割月份的合约价格变动存在差异；同种商品在不同的期货交易所的价格变动也存在差异；一些商品因为替代性或互补性，价格具有明显的相关性。由于这些价格差异和相关性的存在，使期货市场产生了套利交易的方式。交易者通过套利交易，可以避免因价格剧烈波动而引起的损失，减少单方面投机的风险，但同时套利的盈利能力也比直接投机的交易小，手续费等交易费用也增大了。

股指期货的套利一般可分为三类：跨期套利、跨市套利和跨品种套利。

五、期货交易常用指令

1. 期货实盘常用交易指令

国际上常用的交易指令有：市价指令、限价指令、止损指令和取消指令等。我国期货交易所规定的交易指令有两种：限价指令和取消指令，交易指令当日有效。在指令成交前，客户可提出变更或撤销。

(1) 市价指令。

市价指令是期货交易中常用的指令之一。它是指按当时市场价格即刻成交的指令。客户在下达这种指令时不须指明具体的价位，而是要求期货经纪公司出市代表以当时市场上可执行的最好价格达成交易。这种指令的特点是成交速度快，一旦指令下达后不可更改和撤销。

（2）限价指令。

限价指令是指执行时必须按限定价格或更好的价格成交的指令。下达限价指令时，客户必须指明具体的价位。它的特点是可以按客户的预期价格成交，成交速度相对较慢，有时甚至无法成交。

（3）止损指令。

止损指令是指当市场价格达到客户预计的价格水平时即变为市价指令予以执行的一种指令。客户利用止损指令，既可以有效地锁定利润，又可以将可能的损失降低至最低限度，还可以相对较小的风险建立新的头寸（目前国内尚没有该指令）。

（4）取消指令。

取消指令是指客户要求将某一指令取消的指令。客户通过执行该指令，将以前下达的指令完全取消，并且没有新的指令取代原指令。

期货经纪公司对其代理客户的所有指令，必须通过交易所集中撮合交易，不得私下对冲，不得向客户作获利保证或者与客户分享收益。

2. 金融实验室期货交易指令

期货模拟实验交易指令比较简单，分为开仓（买入、卖出）、平仓、平今。

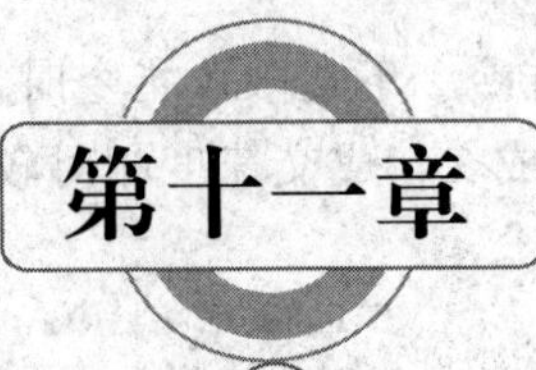

第十一章 农产品期货交易模拟实验

一、实验目的

1. 掌握农产品期货的基本知识。

2. 了解我国农产品期货市场，熟悉农产品期货合约、品种。

3. 掌握期货交易的基本原则。

4. 学习使用模拟交易软件的基本指令，熟悉软件界面。

5. 体验及感受农产品期货交易的特点。

二、基础知识

1. 农产品期货的定义

国际商品期货主要分为六大类：能源、谷物和油脂、软商品、牲畜、工业金属、贵金属，目前国内主要分为农产品、能源化工、有色金属；农产品期货是最早进行期货交易的品种。目前，全球最大的农产品交易所是芝加哥期货交易所。

2. 农产品期货的特点

农产品期货具有明显的季节性、地域性、综合性的特点。另外，随着经济的发展，近年来农产品越发显示出一些新的属性。

(1) 能源属性：油脂油料与玉米，通过争地、比价，进而影响小麦、棉花，赋予能源标签。

(2) 金融（资本）属性：CFTC公布的基金持仓变化、商品指数基金以及其他养老基金等。

这两个因素，尤其是在经济形势高涨时，要密切留意。经济相对低迷时期，或者金融危机时期，联动性达到一定程度时，将发生一些偏移。

3. 农产品期货交易的准备

(1) 了解商品特征、产地、生长期、产量、品种、等级等。

(2) 商品在国际市场的地位、交易状况、替代品情况。

(3) 价格的决定性因素：气候、政策、生产企业信息、社会因素。

主导国际粮油商品价格的主要制约因素仍是石油价格，第二位的因素才是供求基本面；在石油价格制约下，玉米和大豆的价格是粮油商品价格的主导因素；世界粮油商品价格仍具备再次上涨的条件。

4. 农产品期货的品种

(1) 粮食期货，主要有小麦期货、玉米期货、大豆期货、豆粕期货、红豆期货、大米期货、花生仁期货等。

(2) 经济作物类期货，有原糖、咖啡、可可、橙汁、棕榈油和菜籽期货。

(3) 畜产品期货，主要有肉类制品和皮毛制品两大类期货。

(4) 林产品期货，主要有木材期货。

三、实验步骤

1. 进入世华财讯期货交易页面

在【市场总览】一栏右侧单击【商品期货】标签就可进入“期市总览”界面，如图 11-1 所示。

图 11-1 “期市总览”界面

在“期市总览”一栏右侧找到【农产品】标签，鼠标移至标签上会弹出下拉菜单，可以看到，菜单中有“豆一”、“豆粕”等十四个品种，如图 11-2 所示。其中，“豆一”、“豆粕”、“豆油”、“豆二”、“玉米”、“棕榈油”是大连商品交易所品种，“白砂糖”、“棉花”、“强筋麦”、“硬麦”、“菜籽油”、“郑稻米”、“菜籽粕”、“油菜籽”是郑州商品交易所品种。

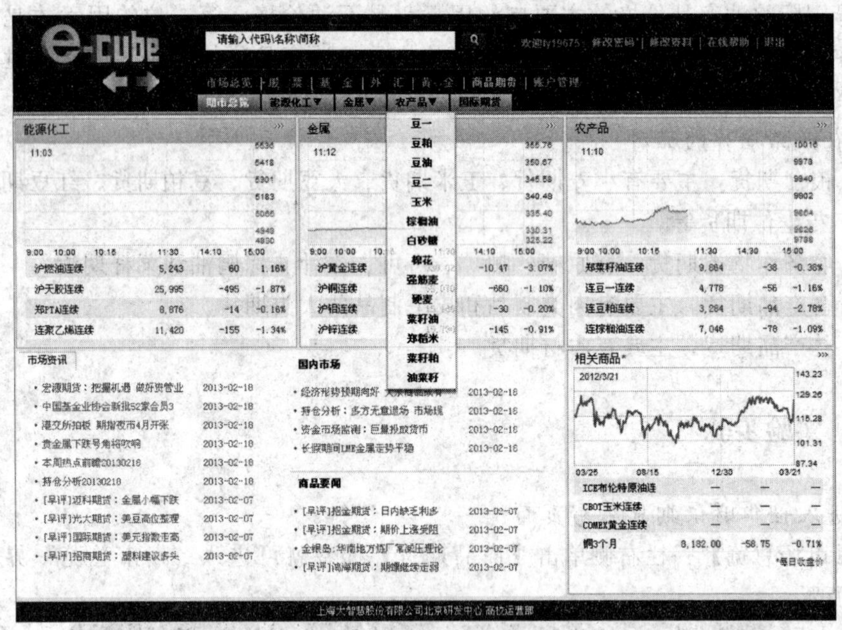

图 11-2　农产品期货界面

另外，“豆一”合约的交割标准是非转基因大豆，“豆二”则包含全球各地的大豆，包括转基因和非转基因的。具体来讲：首先，黄大豆 1 号合约定位于食用大豆；黄大豆 2 号合约定位于榨油用大豆。其次，指标体系不同。黄大豆 1 号合约采用的是以现行大豆国家标准为蓝本、以纯粮率为核心定等指标的食用大豆指标体系；黄大豆 2 号合约采用的是以油脂用大豆国家标准为蓝本、以粗脂肪含量为核心定等指标的榨油用大豆指标体系。三是可交割品范围不同。黄大豆 1 号合约只允许非转基因大豆参与交割；黄大豆 2 号期货合约允许转基因大豆和非转基因大豆参与交割。四是合约定价和交割包装方式不同。在合约定价上，黄大豆 1 号合约价格将包装物计算在内，黄大豆 2 号合约价格不包括包装物价格。包装方面，考虑到进口大豆主要以散装方式进口和流通，因此黄大豆 2 号合约采用散装和袋装并行的方式，兼顾进口与国产大豆流通的不同包装方式，而黄大豆 1 号合约则只采用袋装的包装方式，与国产大豆现货流通的袋装方式相吻合。目前来说黄大豆 1 号的交易量与持仓量要远大于 2 号。

2. 进入“豆一”品种页面

选择下拉菜单中的“豆一”命令，进入“豆一”品种页面，如图 11-3 所示。

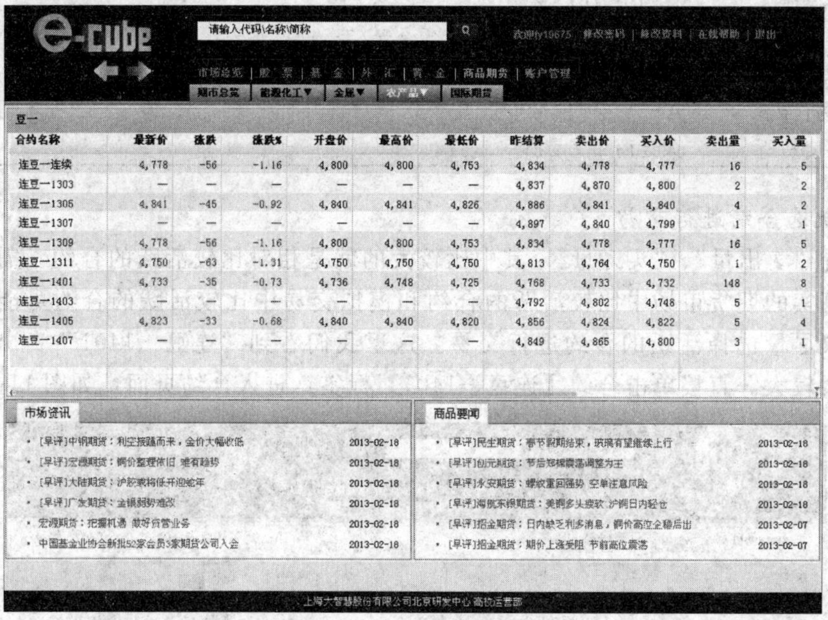

图 11-3　“豆一”品种界面

其中，“连豆-连续”是“豆一”所有合约加权平均的指数。即价格及持仓量之积相加再除以全部持仓量。“连豆-1309”是指大连商品交易所 2013 年 9 月交割的黄大豆 1 号合约，合约内容如表 11-1 所示。

表 11-1　黄大豆 1 号期货合约

交易品种	黄大豆 1 号
交易单位	10 吨/手
报价单位	元/吨
最小变动价位	1 元/吨
涨跌停板幅度	上一交易日结算价的 4%
合约交割月份	1，3，5，7，9，11
交易时间	每周一至周五（北京时间，法定节假日除外） 上午 9：00～11：30　下午 13：30～15：00
最后交易日	合约月份第十个交易日
最后交割日	最后交易日后 7 日（遇法定节假日顺延）
交割等级	大连商品交易所黄大豆 1 号交割质量标准（FA/DCE D001—2009）
交割地点	大连商品交易所指定交割仓库

续表

交易品种	黄大豆1号
交易保证金	合约价值的5%
交易手续费	不超过4元/手（当前暂为2元/手）
交割方式	实物交割
交易代码	A
上市交易所	大连商品交易所

3. 挑选合约进行交易

查看“卖出量”、“买入量”，其中比较大的就是相对比较活跃的合约。需要说明的是，真实的期货市场中比较活跃的合约和模拟交易中比较活跃的合约可能会不一致。建议尽量选择活跃的合约进行交易。这里我们看到“连豆—1401”卖出量和买入量相对较大。直接单击合约【连豆—1401】标签，进入合约页面，如图11-4所示。

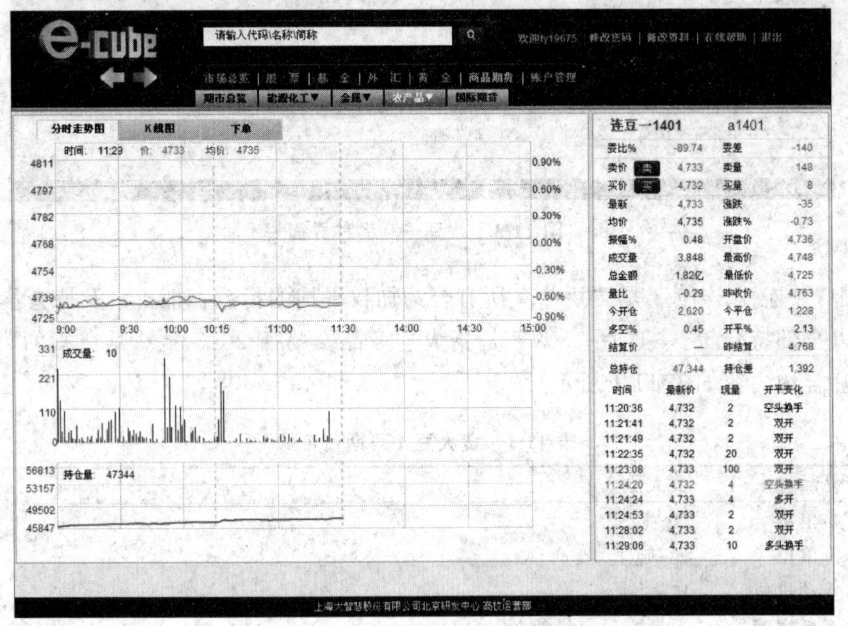

图11-4 “连豆—1401”合约界面

单击【分时走势图】、【K线图】标签可以查看分时图和K线图。单击【下单】标签，自动弹出交易菜单界面，如图11-5所示。或者单击右侧“卖价”、“买价”后面的红色【卖】、【买】按钮也能进入交易菜单。

图 11-5　交易菜单界面

(1)“交易方向”分为“开仓”、“平仓”、“平今”，初次下单，应选中【开仓】单选按钮。

(2)“合约代码”为所选择品种的选定交易的合约，是系统自动生成的。“a1401”中“a”代表大连商品交易所的黄大豆一号合约，“1401”代表合约的交割月份是 2014 年 1 月。

(3)“买卖方向”分为“买入”、“卖出”。“买入”代表买入此合约，如果合约价格上涨就带来浮动收益，合约价格下跌就会造成浮动亏损。“卖出”交易结果相反。

(4)“委托价格”栏可以手动填写委托价格，但是不一定能够在交易时间内成交，当日不能成交的委托下一个交易日自动失效。另外，单击“买入”或“卖出”前面选择按钮，“委托价格”栏会自动生成当前的成交价格，相当于市价。此时“委托手数”栏下面会自动弹出“最大可开仓数量”。不超过“最大可开仓数量”的委托都可以委托成功，但是如果模拟交易系统内没有足够相反方向的委托则不能全部成交。

(5)“委托手数”栏可以手动填写委托交易的手数，初次交易建议委托手数不要超过最大可开仓数量的 1/3。

交易菜单填写完毕单击【下单】按钮，自动弹出确认菜单，再次确认方向、价格、手数无误后单击【确认】按钮。需在 7 秒钟内完成确认，否则该笔下单视为无效，确认菜单界面如图 11-6 所示。另外，只能在交易时间进行下单操作，在非交易时间下单将会有错误提示。

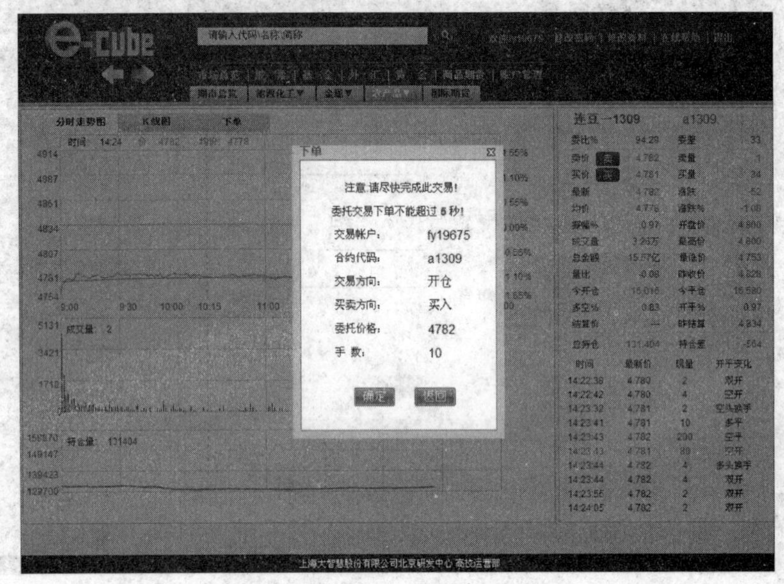

图 11-6　确认菜单界面

下单成功后可以进入“账户管理”界面查看。单击左侧的【期货市场】标签，可以查看“持仓明细”，检查刚才的委托是否成交，浮动盈亏是多少，如图 11-7 所示。

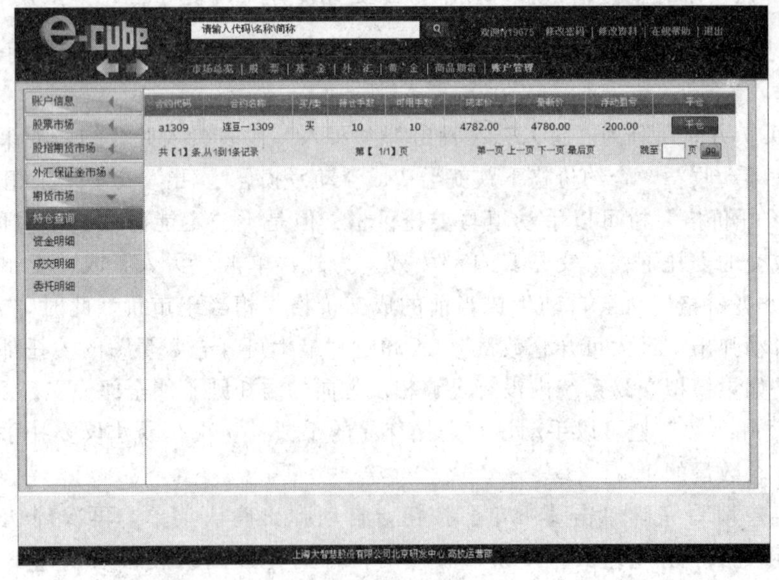

图 11-7　账户管理界面

4. 账户管理

在【账户管理】界面，单击左侧的【期货市场】标签，可以查看持仓明细，在【持仓查询】界面中，每张合约的条目中包括：“合约代码”、“合约名称”、“买/卖”、“持仓手数”、“可用手数”、“成本价”、“最新价”、“浮动盈亏”、“平仓”，如图 11-8 所示。

其中“买/卖”表示目前所持有的这种合约的方向，如果同时持有买、卖两个方向的合约，系统会自动将两个方向的合约分别列出来，不会合计。

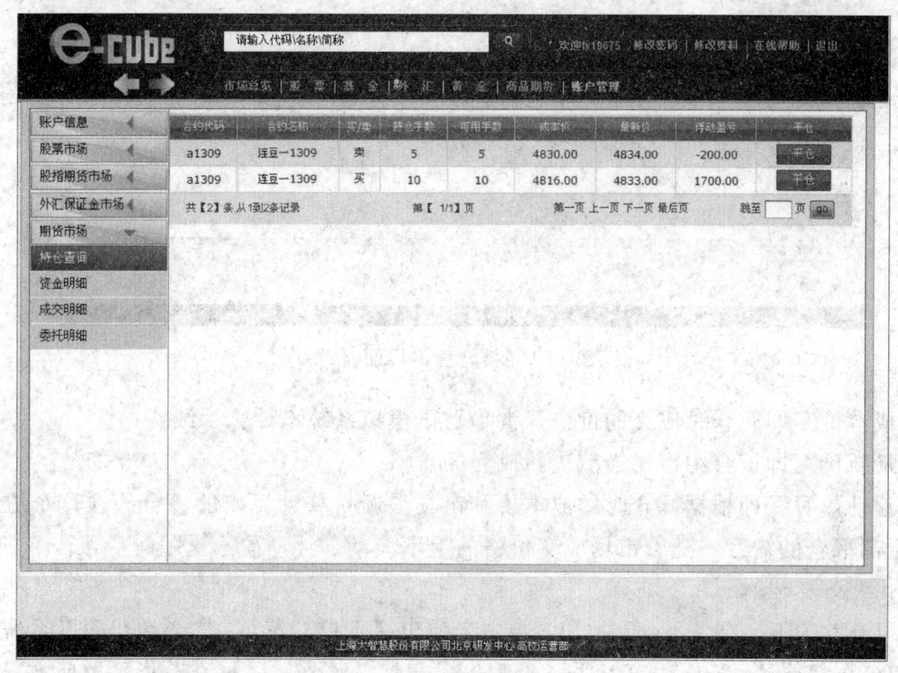

图 11-8　持仓查询界面（1）

“持仓手数”表示目前该合约下还保有的没有平仓的合约张数。

“可用手数”表示目前该合约下还保有的没有平仓也没有委托平仓的合约张数。也就是说“可用手数”＝“持仓手数”－“委托平仓但尚未平仓的手数”

如图 11-9 所示，“持仓明细”栏目中第一行“a1309”“卖”“持仓手数”为“5”，可用手数为“3”即表示，共卖出“a1309”合约 5 手，其中有 2 手已经委托平仓，但因为限定的交易价格与市场价格有差距，尚未成交，所以还有 3 手合约可以使用，也就是说还有 3 手合约可以用来平仓。

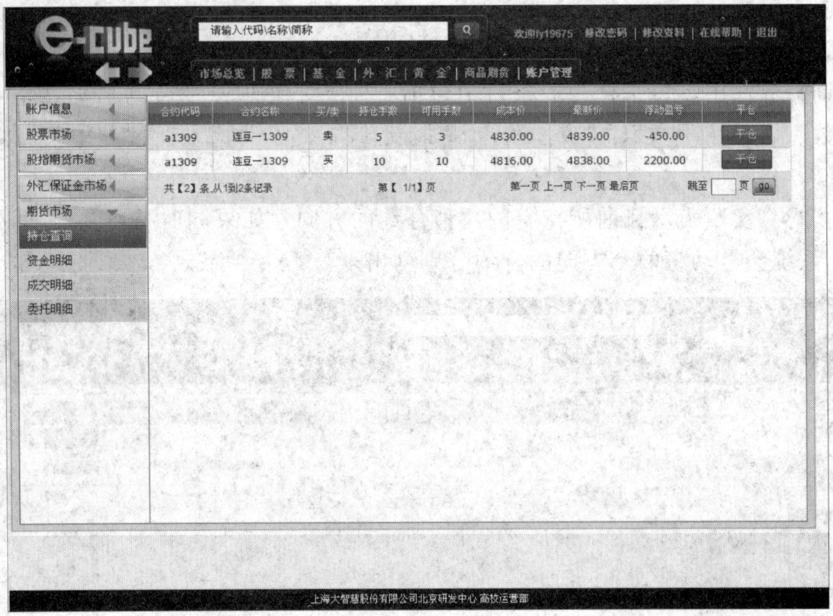

合约代码	合约名称	买/卖	持仓手数	可用手数	成本价	最新价	浮动盈亏	平仓
a1309	连豆一1309	卖	5	3	4830.00	4839.00	-450.00	平仓
a1309	连豆一1309	买	10	10	4816.00	4838.00	2200.00	平仓

图 11-9 持仓查询界面（2）

“成本价”即开仓时成交的价格，世华财讯模拟系统不计算手续费。

“最新价”即该合约市场当前最新成交的价格。

“浮动盈亏”即根据开仓时的成本价和市场最新价格计算出的该合约在这个方向上即刻全部平仓的盈亏，随着市场成交价格的上下波动，浮动盈亏也随时变化。

5. 平仓及撤单

“平仓”项下，有【平仓】按钮，单击会弹出【下单】菜单，“合约代码”系统会直接给出。在“交易方向”中可以选择“平仓”或者“平今”。“平仓”指平掉所有已经成交的该合约指定方向的单子，“平今”则仅仅平掉今日成交的该合约指定方向的单子。

选中【平仓】单选按钮，然后选择交易的方向，如要平仓的合约原来是“卖”则现在要选择“买”，单击后委托价格也会直接给出，即当前系统成交价。如果要用限价成交，可以修改“委托价格”至满意的价格。但是限定价格不一定能够即刻成交，如果当日没有成交，下一交易日委托自动失效。

单击【委托手数】栏，下面会自动弹出显示“最大可平仓数量”，即可以用以平仓的合约手数。在【委托手数】栏内填写想要平仓的手数，单击下单就可以发出委托，如图 11-10 所示。

如果选中【平今】单选按钮则只能平掉今日成交的该方向的合约，如果今日没有已经成交的合约，则【买卖方向】选项组中的选择按钮为虚线，无法单击。

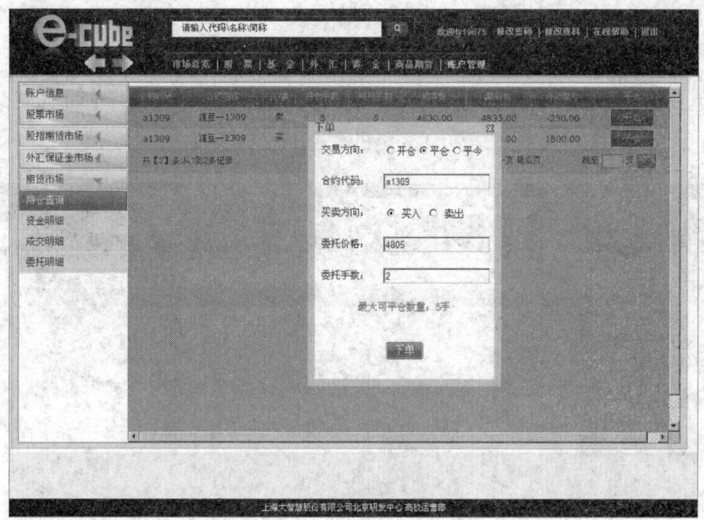

图 11-10 平仓界面

如果输入的“委托手数”大于菜单显示的“最大可平仓数量”，则系统会自动提示，如图 11-11 所示。

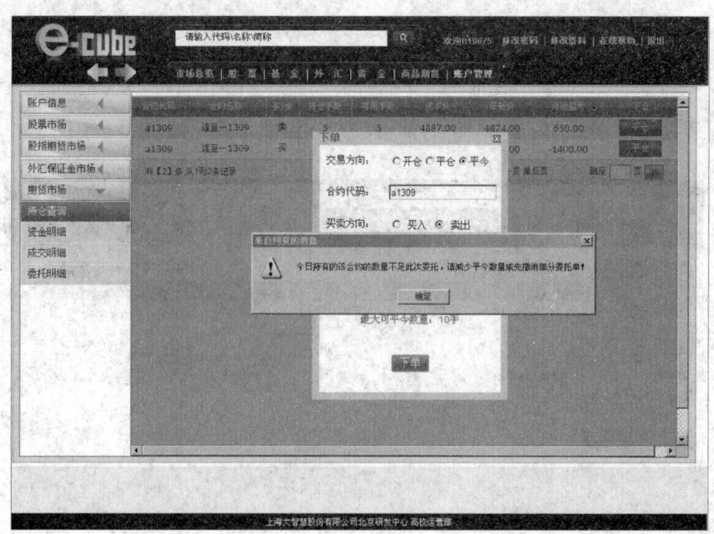

图 11-11 系统自动提示界面

这时需要调整“委托手数”，或者进入“委托明细”界面进行撤单。

委托但未成交的合约可以在“期货市场”中“委托明细”里面进行查询。单击【委托明细】按钮，进入该界面，在【当日委托】标签里可以看到当日全部委托，包括合约代码、合约名称、交易方向、手数、委托价格、委托状态等细节，如图 11-12 所示。

其中“交易方向”显示该笔委托是开仓还是平仓的类型，“委托状态”显示该委托是否已经成交。没有成交的委托还可以单击最右侧的【撤单】按钮撤去这次委托，调整价格或方向后重新进行委托。已经成交的委托则不能撤掉。

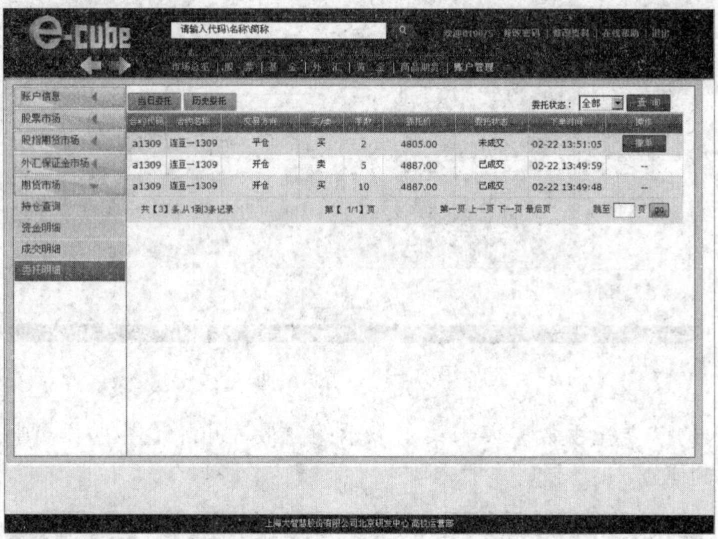

图 11-12　委托明细界面（1）

撤单后，“委托状态”栏下该合约显示为“已撤单”，如图 11-13 所示。

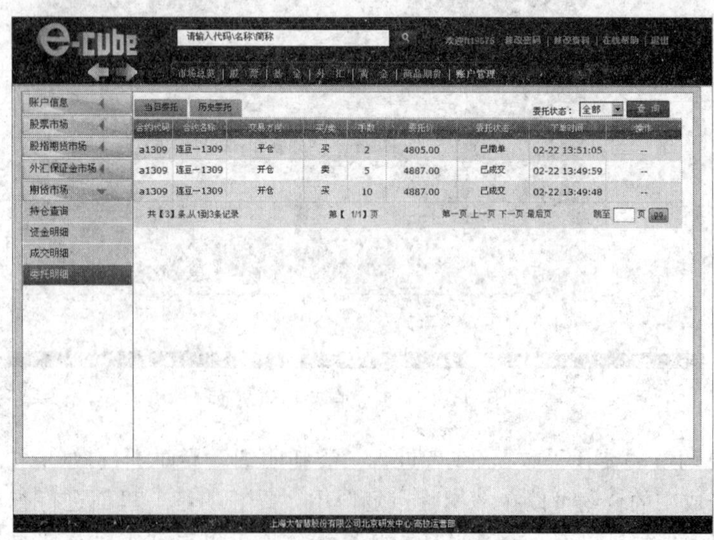

图 11-13　委托明细界面（2）

6. 平今并查看账户情况

如果想要平仓当日所有该类合约，可以在【期货市场】/【持仓查询】栏目下单击任何方向该类合约的【平仓】按钮。

四、实验报告

1. 根据实验课教师讲解的内容制订交易计划，包括以下内容。

(1) 确定交易品种、交易合约。(2) 确定开仓价位（范围）。(3) 确定交易手数。(4) 确定交易方向。(5) 确定平仓价位。

2. 要求实验课至少进行两种期货品种的各自两次开仓和平仓的操作，感受期货市场瞬息万变的价格走势和借此带来的不断变化的浮动盈亏。

3. 根据所做的期货投机交易做详细记录。

4. 总结第一次期货交易的感受和心得。

第十二章 金融期货交易模拟实验

一、实验目的

1. 学习金融期货基本知识。
2. 了解我国金融期货市场，熟悉金融期货合约、品种。
3. 学习掌握金融期货交易的基本原则。
4. 学习使用模拟交易软件的基本指令，熟悉软件界面。
5. 体验及感受农产品期货交易的特点。

二、基础知识

1. 金融期货的概念

金融期货是指以金融工具或金融产品作为标的物的期货交易方式。金融期货交易是指交易者在特定的交易所通过公开竞价方式成交，承诺在未来特定日期或期间内，以事先约定的价格买入或卖出特定数量的某种金融商品的交易方式。金融期货交易具有期货交易的一般特征，但与商品期货相比，其合约标的物不是实物商品，而是金融商品，如外汇、债券、股票指数等。

2. 金融期货的类别

(1) 外汇期货。

布雷顿森林体系的解体开始了浮动汇率制时代，汇率风险催生外汇期货。外汇期货，又称为货币期货，是一种在最终交易日按照当时的汇率将一种货币兑换成另外一种货币的期货合约。

目前国内还没有外汇期货的品种，世华财讯模拟交易软件中也没有这个品种，在此不做详细讲解。

(2) 利率期货。

利率期货是指以债券类证券为标的物的期货合约，它可以回避银行利率波动所引起的证券价格变动的风险。利率期货的种类繁多，分类方法也有多种。通常，按照合约标的的期限，利率期货可分为短期利率期货和长期利率期货两大类。

利率期货合约最早于1975年10月由芝加哥期货交易所推出，在此之后利率期货交易得到迅速发展。目前，在期货交易比较发达的国家和地区，利率期货都早已超过农产品期货而成为成交量最大的一个类别。在美国，利率期货的成交量甚至已占到整个期货交易总量的一半以上。

(3) 股指期货。

股票指数，是衡量和反映所选择的一组股票的价格变动的指标。股指期货交易合约的标的物是股票价格指数。股指期货交易目前已经成为金融期货，也是所有期货交易品种中的第二大品种。

(4) 股票期货。

股票期货是指以单只股票作为标的物的期货，也叫个股期货，属于股票衍生品的一种。在股票衍生品中，股票指数期货与期权诞生于20世纪80年代初；而股票期货则是20世纪80年代后期才开始出现，至今成交量不大，市场影响力较小。但进入21世纪后，股票期货作为一个相对较新的产品越来越受到人们的关注。

股票期货和股指期货有密切的联系，两者都和股票现货市场有着密切的关系。股票期货的价格和单只股票现货的价格有互动关系；而股指期货的价格是和单只成分股股价的总体表现有互动关系。

在功能上，股票期货和股指期货都是期货的一种，因此具有期货的一般功能，如套期保值、价格发现，可以用来对冲现货股票的风险、投机、套利、资产配置等，但具体操作场合有所不同。

股票期货和股指期货在部分合约条款上有明显区别：从两种期货所对冲的风险性质来说，股指期货是对冲股票的系统风险，股票期货则是对冲单只股票的总体风险，包括系统风险和与个股相关的非系统风险。

从两种期货的应用场合来说，股指期货对于被动式指数化投资来说对冲效果较好，而股票期货对于通过选择股票希望跑赢大市的主动式投资来说对冲效果更好。

图12-1直观地展示了股票类衍生品的演进路径。图12-2显示了股票衍生品的大致分类情况。

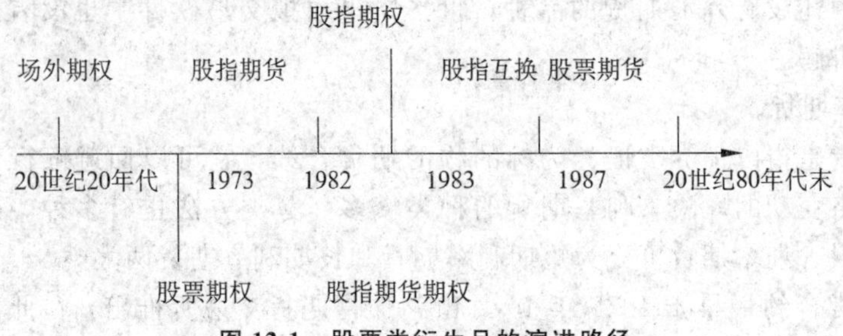

图 12-1 股票类衍生品的演进路径

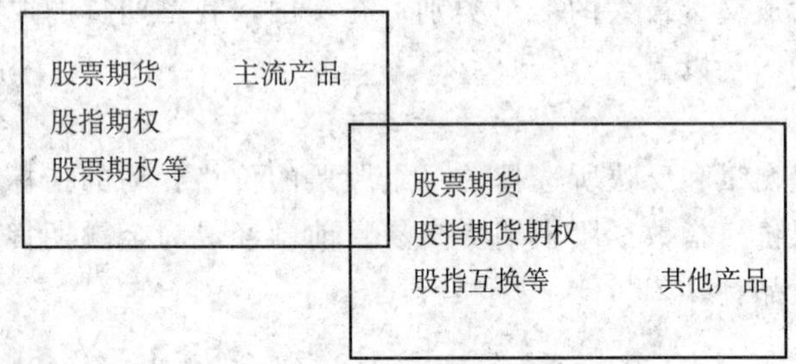

图 12-2 股票类衍生品的大致分类

3. 金融期货的特点

（1）金融期货的交割具有极大的便利性。

在期货交易中，尽管实际交割的比例很小，但一旦需要交割，普通商品期货的交割会比较复杂。除了对交割时间、交割地点、交割方式作严格的规定以外，还要对交割等级进行严格的划分。商品的清点、运输等也比较繁琐。与之相比，金融期货的交割显然要简便得多。因为在金融期货交易中，交割一般采取现金结算，即在期货合约到期时根据价格变动情况，由交易双方交收价格变动的差额。另外，即使有些金融期货（如外汇期货和各种债券期货）也要发生实物交收，但由于这些产品具有的同质性以及基本上不存在运输成本，其交割也比普通商品期货便利得多。

（2）金融期货的交割价格盲区小。

在商品期货中，由于存在较大的交割成本，这些交割成本会给多空双方均带来一定的损耗。买卖双方交收之间的差额便是价格盲区。在金融期货中，由于基本上不存在运输成本和入库出库费，这种价格盲区就大大缩小了。对于采用现金交割的品种而言，价格盲区甚至根本消失了。

（3）金融期货中期现套利交易容易进行。

在商品期货中，期现套利交易很少采用，因为商品现货交易额外费用高、流动性差而且难以实现。而在金融期货交易中，由于金融现货市场本身具有额外费用低、流动性好以及容易进行这些特点，吸引了大批投机者专门从事期现套利交易。金融期货中的期限套利促进了期货交易的流动性，也使得期货价格与现货价格之间的差额始终保持在一个合理的范围内。

(4) 金融期货中逼仓行情难以发生。

金融期货中逼仓行情难以发生，首先是金融现货市场是一个庞大的市场，没有人能够轻易操纵；其次方便的期现套利是期货与现货价格相对稳定；最后，对于实行现金交割的金融期货，期货合约最后的交割价即当时的现货价，相当于建立了一个强制收敛的保证制度，彻底杜绝了逼仓行情发生的可能。

4. 基本情况

国内目前唯一的金融期货品种是沪深 300 股指期货。沪深 300 股指期货合约以中证指数公司编制发布的沪深 300 指数作为标的指数。沪深 300 指数是由上海和深圳证券市场中选取 300 只 A 股作为样本编制而成的成分股指数，其样本覆盖了沪深市场六成左右的市值，具有良好的市场代表性。沪深 300 指数是沪深证券交易所第一次联合发布的反映 A 股市场整体走势的指数。它的推出，丰富了市场现有的指数体系，增加了一项用于观察市场走势的指标，有利于投资者全面把握市场运行状况，也进一步为指数投资产品的创新和发展提供了基础条件。首个股指期货合约以沪深 300 指数为标的物，主要基于以下考虑：

(1) 市场检验表明，自 2005 年 4 月 8 日该指数发布以来，沪深 300 指数一直具有较强的市场代表性和较高的可投资性。

(2) 沪深 300 指数市场覆盖率高，主要成分股权重比较分散，能有效防止市场可能出现的指数操纵行为。据统计，截至 2009 年 12 月 31 日，沪深 300 指数的总市值覆盖率和流通市值覆盖率约为 72%；前 10 大成分股累计权重约为 25%，前 20 大成分股累计权重约为 37%。高市场覆盖率与成分股权重分散的特点决定了该指数有比较好的抗操纵性。

(3) 沪深 300 指数成分股行业分布相对均衡，抗行业周期性波动较强，以此为标的的指数期货有较好的套期保值效果，可以满足投资者的风险管理需求。

沪深 300 股指期货合约如表 12-1 所示，乘数为每点 300 元，也就是说，期货价格每变动 1 点，合约价值变动 300 元，1 手沪深 300 股指期货合约的价值等于该合约的报价乘以 300 元。最小变动价位为 0.2 点。合约到期月份为当月、下月及随后两个季月，季月是指 3 月、6 月、9 月和 12 月。交易时间为上午 9：15～11：30，下午 13：00～15：15，最后交易日当月合约交易时间为上午 9：15～11：30，下午 13：00～15：00。每日价格最大波动限制为上一个交易日结算价的±10%，季月合约上市首日涨跌停板幅度为挂牌基准价的±20%。上市首日成交的，于下一交易日恢复到合约规定的涨跌停板幅度；上市首日无成交的，下一交易日继续执行前一交易日的涨跌停板幅度。交易保证金不低于合约价值的12%。最后交易日是合约到期月份的第三个周五，遇国家法定假日顺延，交割日期同最后交易日。交割采用现金交割的方式。

表 12-1 股指期货合约

合约标的物	沪深300指数
合约乘数	每点300元
报价单位	指数点
最小变动价位	0.2点
合约交割月份	当月、下月以及随后两个季月
交易时间	每周一至周五（北京时间法定节假日除外） 上午9：00～11：30 下午13：00～15：15
最后交易日交易时间	上午9：00～11：30 下午13：00～15：00
涨跌停板幅度	上一交易日结算价的10%
交易保证金	近月：合约价值的15%；远月：合约价值的18%
最后交易日	合约到期月份的第三个周五（遇法定节假日顺延）
交割日期	同最后交易日
交割方式	现金交割
交易代码	IF
上市交易所	中国金融期货交易所

三、实验步骤

1. 进入世华财讯股票交易页面

在世华财讯模拟软件中，股指期货交易不在期货交易页面而是在股票交易页面，在【市场总览】一栏找到【股票】标签单击就可进入【股市总览】，如图12-3所示。

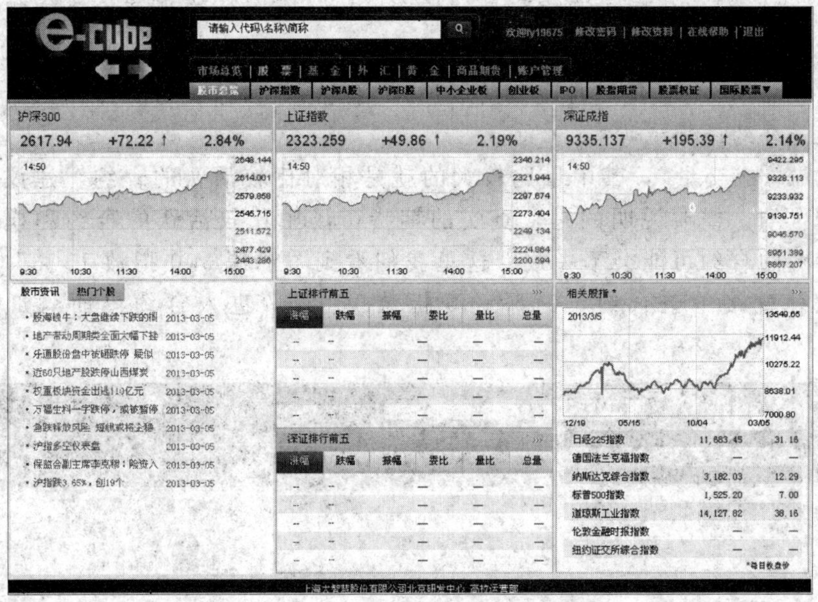

图 12-3　“股市总览”界面

在【股市总览】一行倒数第三个标签就是【股指期货】。单击进入股指期货交易界面，如图 12-4 所示。

股指期货

合约名称	最新价	涨跌	涨跌%	开盘价	最高价	最低价	昨结算	总持仓	总金额	总成交量
沪深300指数连续	2,621.2	71.4	2.80	2,553.0	2,628.0	2,549.6	2,549.8	82,801	6,804.20亿	87.85万
沪深300指数1303	2,621.2	71.4	2.80	2,553.0	2,628.0	2,549.6	2,549.8	82,801	6,804.20亿	87.85万
沪深300指数1304	2,635.2	71.0	2.77	2,561.4	2,641.6	2,561.4	2,564.2	12,448	226.88亿	2.91万
沪深300指数1306	2,648.8	67.8	2.63	2,582.6	2,655.0	2,581.6	2,581.0	18,527	149.59亿	1.91万
沪深300指数1309	2,672.0	69.2	2.66	2,601.4	2,678.8	2,601.4	2,602.8	4,419	19.11亿	2,415

股市资讯

- 股海钱牛：大盘继续下跌的概率超90%　2013-03-05
- 地产带动周期类全面大幅下挫　2013-03-05
- 乐通股份盘中被砸跌停 疑似泽熙投资短炒撤售　2013-03-05
- 近60只地产股跌停山西煤炭股纷纷下挫　2013-03-05
- 权重板块资金出逃110亿元　2013-03-05
- 万福生科一字跌停，或被暂停上市　2013-03-05

热门个股

- 快讯：嘉士伯收购重庆啤酒 引爆啤酒个股　2013-03-05
- 快讯：北陆药业早盘一度涨超9%　2013-03-05
- 快讯：啤酒股飙涨 重庆啤酒涨停　2013-03-05
- 快讯：昨暂停上市 万福生科连两日跌停　2013-03-05
- 快讯：引爆东四氟乙烯需求 三爱富涨停　2013-03-05
- 快讯：方大特钢持股年息率20% 股价强势涨停　2013-03-05

上海大智慧股份有限公司北京研发中心 高校运营部

图 12-4　股指期货界面

其中，“沪深 300 指数连续”是“沪深 300”所有合约当前价格加权平均的指数，即价格及持仓量的积相加再除以全部持仓量。“沪深 300 指数 1309”是指中国金融交易所 2013 年 9 月交割的以沪深 300 指数为标的物的合约。

2. 挑选合约进行交易

查看“总成交量”，其中量比较大的就是相对比较活跃的合约，建议尽量交易活跃的合约。需要说明的是，真实的期货市场中比较活跃的合约和模拟交易中比较活跃的合约可能会不一致。这里我们看到“沪深 300 指数 1303”成交量相对较大。直接单击合约“沪深 300 指数 1303”，进入合约界面，如图 12-5 所示。

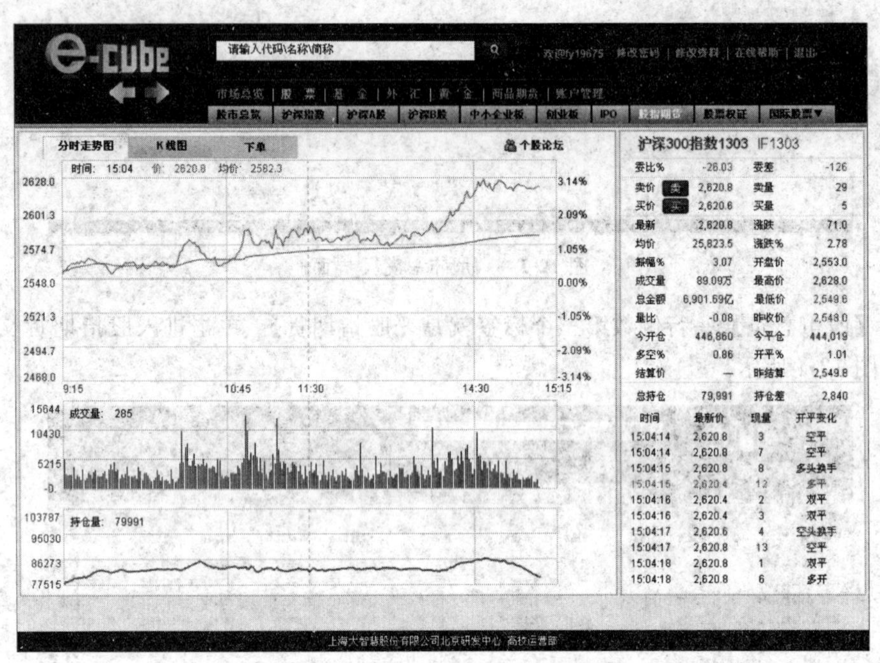

图 12-5 “沪深 300 指数 1303”合约界面

单击【分时走势图】、【K 线图】标签可以查看分时图和 K 线图。单击【下单】标签，自动弹出交易菜单，如图 12-6 所示。或者单击右侧的“卖价”、“买价”后面的红色【卖】、【买】按钮也能进入交易菜单。

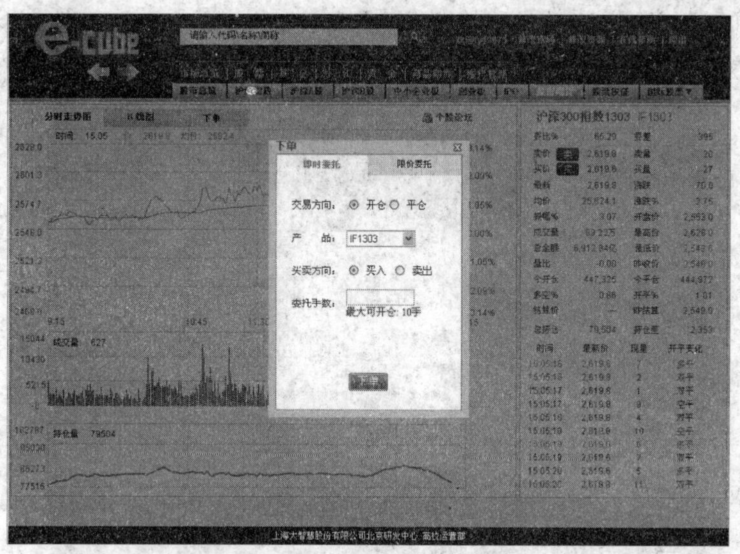

图 12-6 即时委托菜单

交易菜单分为“即时委托”和“限价委托”两种方式。

“即时委托”方式与农产品期货交易相似，委托价格为市场瞬时成交价，下单后即刻成交。交易菜单填写完毕单击【下单】按钮，自动弹出确认菜单，系统告知“即时委托下单成功”，如图 12-7 所示。

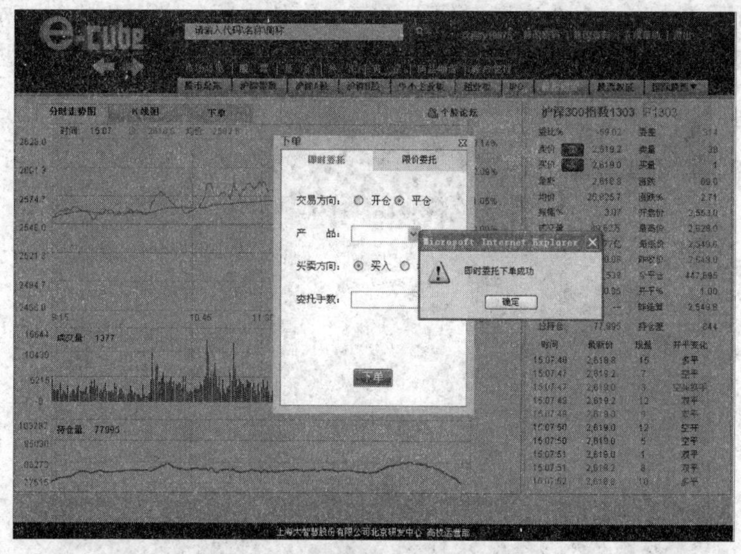

图 12-7 即时委托下单成功提示

单击【确定】按钮，系统自动弹出交易菜单，可以继续下单，如图 12-8 所示。

单击【限价委托】标签可以用限价方式委托下单。“委托价格”必须手动输入。

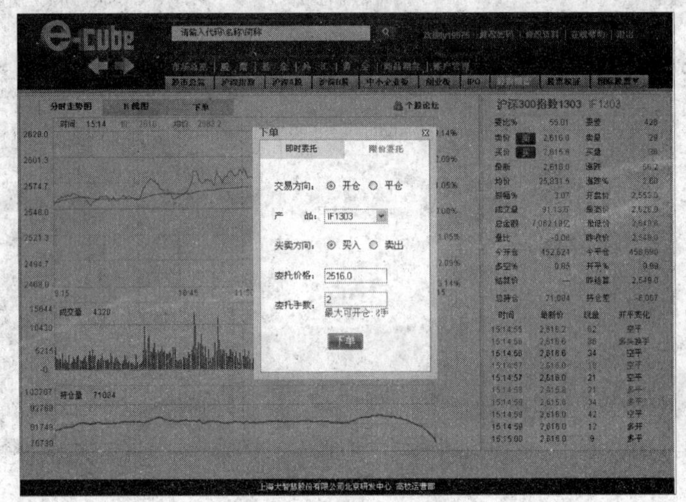

图 12-8 限价委托菜单

交易菜单填写完毕单击【下单】按钮，自动弹出确认菜单，再次确认方向、价格、手数无误后单击【确定】按钮。需在 7 秒钟内完成确认，否则该笔下单视为无效，如图 12-9 所示。限价委托下单成功后会弹出提示界面，如图 12-10 所示。另外，只能在交易时间进行下单操作，在非交易时间下单将会有错误提示。因价格过高或过低没有成交，下一交易日该委托自动失效。

图 12-9 确认菜单

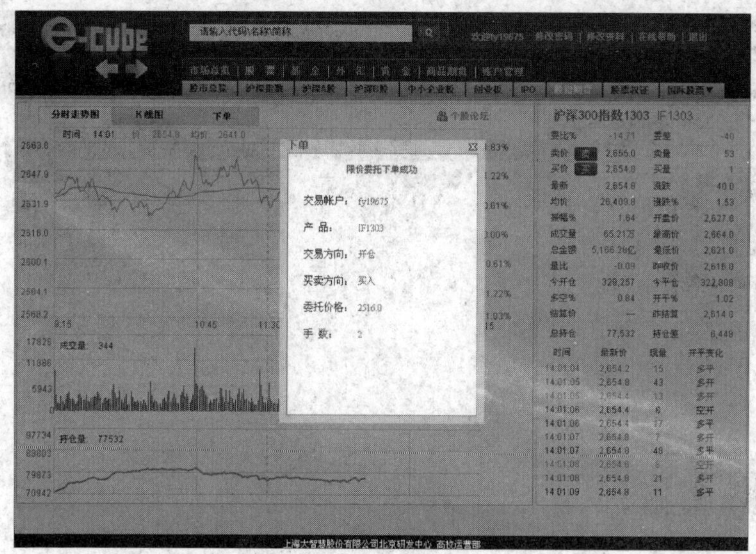

图 12-10　限价委托下单成功提示

如图 12-10 所示下单成功后，可以进入【账户管理】界面查看。单击左侧的【股指期货市场】标签，可以查看持仓明细，检查刚才的委托是否成交，浮动盈亏是多少。界面中其他内容与“农产品期货”交易相同，如图 12-11 和图 12-12 所示，这里不再赘述。

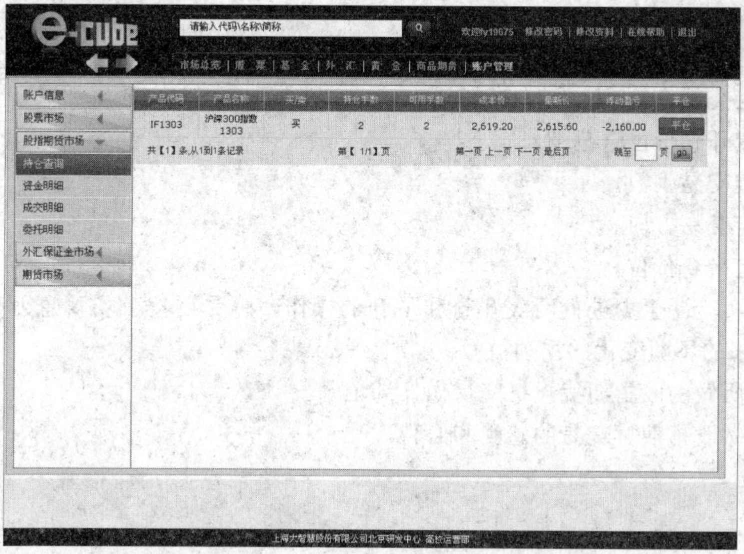

产品代码	产品名称	买/卖	持仓手数	可用手数	成本价	最新价	浮动盈亏	平仓
IF1303	沪深300指数1303	买	2	2	2,619.20	2,615.60	-2,160.00	平仓

图 12-11　股指期货持仓查询界面

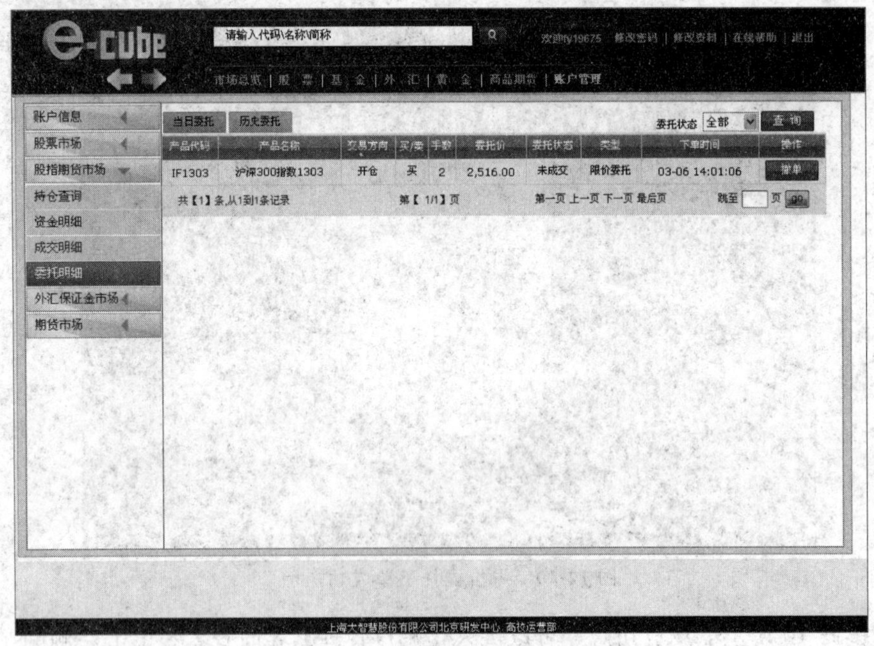

图 12-12 股指期货委托明细界面

四、实验报告

1. 根据实验课教师讲解的内容制订交易计划，包括：

（1）确定交易合约。

（2）确定开仓价位（范围）。

（3）确定交易手数。

（4）确定交易方向。

（5）确定平仓价位。

2. 要求实验课至少进行两次开仓和平仓的操作，感受期货市场瞬息万变的价格走势和借此带来的不断变化的浮动盈亏。

3. 根据所做的股指期货投机交易做详细记录。

4. 总结做股指期货交易的感受和心得。

期货投资基本面分析实验（金属期货）

一、实验目的

1. 学习期货基本面分析方法，理解分析逻辑。

2. 了解我国金属产品期货市场，熟悉金属产品期货合约、品种。

3. 尝试使用基本面分析的方法指导期货交易。

4. 了解基本面分析方法的特点。

二、基础知识

1. 期货基本面分析的概念

期货基本面分析法是利用市场供求状况及其影响因素的变化来预测商品价格变动的趋势。基本面分析属于一种长期性质，它通过对政治、经济形势的分析，并以这些因素与期货市场相互关系的角度进行分析，有助于投资者了解市场的发展状况和各种期货的投资价值，从而引导投资者更好地把握商品价格的趋势。基本面分析要求投资者具备丰富的专业知识和分析宏观经济形势的能力，能够从市场供求变化、政治形势以及经济形势与期货市场彼此关系的角度进行相关的分析。

一直以来，由于人们常常把基本面分析归属为长期性质，也把它当作机构交易者和长线交易者的领域。在期货投资领域一度有人认为可以完全放弃基本面分析的方法，仅使用技术面分析，事实证明，无论股票市场还是期货市场，忽略基本面仅仅靠技术面在期货实际交易中是走不稳也走不远的。

2. 基本面分析的两个方面

(1) 商品供求状况的分析。

众所周知，期货交易是以现货交易为基础的，期货价格与现货价格之间必然有着十分紧密的联系，因此对现货市场商品价格产生重要影响的商品供求状况及影响其供求的众多因素，也必然会对期货价格产生重要影响。所以通过了解国家的有关政治、经济、金融政策、法律、法规的实施及商品的生产量、消费量、进口量和出口量等因素对商品供求状况直接或间接的影响程度，通过分析商品供求状况及其影响因素的变化，就可以帮助我们预测和把握商品期货价格变化的基本趋势。

(2) 非供求因素的分析。

在期货市场中，期货价格不仅受商品供求状况的影响，还受其他许多非供求因素的影响。

① 经济周期：在期货市场上，价格变动还受经济周期的影响，在经济周期的各个阶段，都会出现随之波动的价格上涨和下降现象。

② 政府政策：各国政府制定的政策和措施会对期货市场价格带来不同程度的影响。

③ 政治因素：期货市场对政治气候的变化非常敏感，各种政治性事件的发生常常对价格造成不同程度的影响。

④ 社会因素：社会因素指公众的观念、社会心理趋势、传播媒介的信息影响。

⑤ 季节性因素：许多期货商品，尤其是农产品有明显的季节性，价格亦随季节变化而波动。

⑥ 心理因素：所谓心理因素，就是交易者对市场的信心程度，俗称“人气”。如对某商品看好时，即使无任何利好因素，该商品价格也会上涨；而当看淡时，即使无任何利淡消息，价格也会下跌。又如一些大投机商们还经常利用人们的心理因素，散布某些消息，并人为地进行投机性的大量抛售或补进，谋取投机利润。

⑦ 金融货币变动因素：在世界经济发展过程中，各国的通货膨胀，货币汇价以及利率的上下波动，已成为经济生活中的普遍现象，这对期货市场带来了日益明显的影响。

3. 运用基本面分析的注意事项

(1) 要用长期趋势交易的视角去看待基本面分析的结果，不能把结果用在眼前的短期波动上。

(2) 分析基本面时，应该时刻关注潜在的需求变化以及影响它们的因素。每波大行情更多是由需求引起的。

(3) 尽量收集各种不同观点，切忌持有头寸时，搜集各种资料来支持自己的观点，而下意识地忽略各种客观因素。

4. 期货投资基本面分析的具体方法

（1）供给分析。

商品供求状况的变化与价格的变动是互相影响、互相制约的。一方面，商品价格的变化受供给和需求变动的影响；另一方面，商品价格的变化又反过来对供给和需求产生影响。这种供求与价格互相影响、互为因果的关系，使商品供求分析更加复杂化，即不仅要考虑供求变动对价格的影响，还要考虑价格变化对供求的反作用。①期初库存量：期初库存量是指上年度或上季度积存下来可供社会继续消费的商品实物量。生产供应者存货、经营商存货可根据价格变化随时上市供给，被视为市场商品可供量的实际组成部分。市场供给出现严重短缺，价格猛涨时，政府库存用于平抑物价，对市场供给产生重要影响。②本期产量：本期产量是指本年度或本季度的商品生产量。它是市场商品供给量的主体。从短期看，它主要受生产能力的制约，资源和自然条件、生产成本及政府政策的影响。③本期进口量：国内市场供求状况的变化会直接影响进口量。同时，国际国内市场价格差、汇率、国家进出口政策以及国际政治因素也会对其产生影响。

（2）需求分析。

商品市场的需求量是指在一定时间、地点和价格条件下买方愿意购买并有能力购买的某种商品的数量。①国内消费量：国内消费量主要受国内消费者的收入水平、购买能力、人数、消费结构、商品新用途、替代品价格及获得的方便程度等一系列因素的影响，并且这些因素变化对期货商品需求及价格的影响往往大于对现货市场的影响。②本期出口量：出口量是本国生产和加工的商品销往国外市场的数量，它是影响国内需求总量的重要因素之一。它的影响因素比较复杂，如国际、国内市场供求状况，内销和外销价格比，本国出口政策和进口国进口政策变化，关税和汇率变化等。③期末结存量：期末结存量在一定程度上起着平衡短期供求的作用。分析本期期末存量的变化，就可以分析本期商品的供求状况及预测下期商品供求状况和价格趋势。

（3）经济周期。

商品市场波动与经济波动周期紧密相关。期货市场与国际市场紧密相连，其价格波动不仅受国内经济周期的影响，还受世界经济状况的影响。认真观察和分析经济周期的阶段及特点，对于正确判断期货市场价格走势具有非常重要的意义。

经济周期一般由繁荣、衰退、萧条和复苏四个阶段构成。繁荣阶段是经济周期的最高峰阶段，由于投资需求和消费需求的不断扩张超过了产出的增长，刺激价格迅速上涨到较高水平。衰退阶段出现在经济周期高峰过后，由于需求的开始萎缩，供给开始超过需求，价格迅速下跌。萧条阶段是经济周期的谷底，供给和需求均处于较低水平，价格停止下跌，处于最低水平。复苏阶段开始，产出和价格均处于最低水平。随着经济的复苏，生产的恢复和需求的增长，价格也开始逐步回升。在整个经济周期的过程中，价格波动稍微滞后于经济波动。

经济周期阶段可由一些主要经济指标值的高低来判断，如GDP、失业率、物价指数、汇率等。

(4) 金融因素。

利率的高低、汇率的变动对商品期货价格变动有着直接的影响。①利率：利率是政府的宏观调控手段。利率的变化对金融衍生品交易的影响较直接，而对商品期货的影响较为间接，其表现长期缓慢。②汇率：汇率是本国货币与外国货币交换的比率。期货市场是开放的市场，期货价格与国际市场商品价格紧密相连。汇率的高低变化必然影响相应的期货价格变化。

(5) 政治及政策因素分析。

政治因素主要指国际国内政治局势、事件及由此引发的国际关系的变化及相关商品协议的签订、政府对经济的干预和采取的各种政策和措施等。这些因素会引起期货市场价格相应的波动。

(6) 季节性因素分析。

许多期货商品，尤其是农产品有明显的季节性，价格随季节变化而波动。

三、金属期货基础知识

1. 金属产品期货的概念

金属期货一般也叫作有色金属期货，作为重要的工业原料，其供求状况、价格水平对一个国家的工业产业，以至于对于整个国民经济的良好运转和持续发展有着重要影响。在国际期货市场上上市交易的有色金属主要有10种，即铜、铝、铅、锌、锡、镍、钯、铂、金、银。其中黄金、白银、铜、白金四类商品是金属期货的四大主要产品。

目前，伦敦金属交易所期货合约的交易价格被世界各地公认为是有色金属交易的定价标准。我国上海期货交易所的铜期货交易量，已居全球第二位。

2. 金属产品期货的类别

(1) 黑色金属：铁、锰。钢铁工业是国民经济中重要的原材料工业部门，是加工工业、农业、交通运输业、国防工业的基础。

(2) 有色金属：铁、锰以外的所有金属的总称，大多是战略物资，分为轻金属、重金属、贵金属、半金属、稀有金属，以铜、铝、铅、锌为主（占90%）。有色金属交易以铜为主。

(3) 贵金属：金、银、铂、钯等期货因其价值高又称为贵金属期货。

3. 世界主要金属期货交易所

(1) 欧美主要交易所。①伦敦金属交易所：全球金属行情的“晴雨表”。其主要品种有铜、铝、镍、铅、锌、锡、铝合金。②纽约商业交易所：世界主要的黄金交易市场，对全球黄金价格的影响举足轻重，甚至超过了苏黎世黄金现货市场的价格。

(2) 中国有色金属交易所。

1992 年成立的深圳有色金属交易所是中国第一家有色金属交易所。上海金属交易所创建后弥补了伦敦、纽约期货市场闭市的 5 小时的空白时间。交易品种有铜、铝、铅、锌、螺纹钢、线材、黄金、白银。

4. 以“铜”为例进行商品期货基本面分析

(1) 概述。

铜是人类最早发现的古老金属之一，具有可贵的物理化学特性，被广泛地应用于电气、轻工、机械制造、建筑、国防等领域。产地分布：南美洲智利、美国、非洲刚果、哈萨克斯坦、加拿大，如图 13-1 所示。

中国铜消费量位居世界第一，国内铜矿资源紧缺。铜矿产量与铜冶炼产量之间的差距不断扩大，促使废铜利用量相应增加。

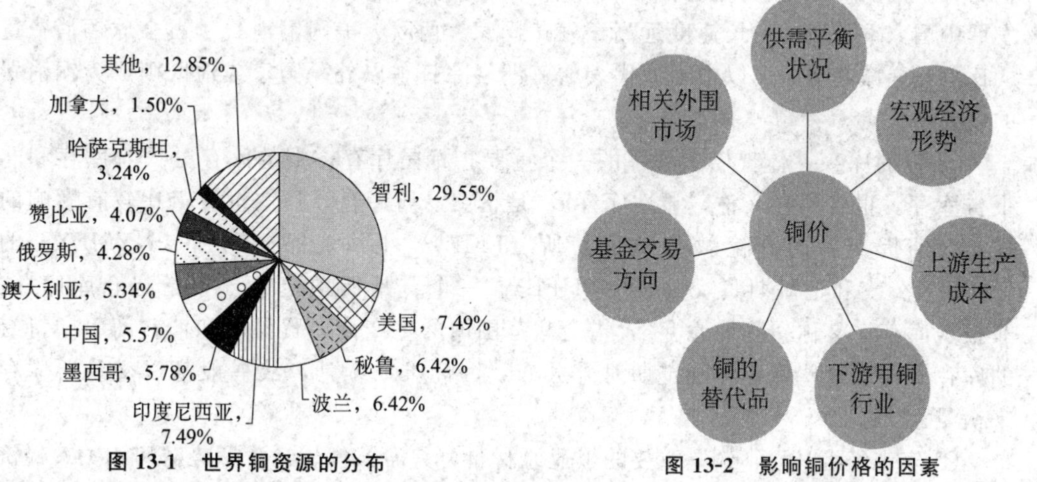

图 13-1 世界铜资源的分布

图 13-2 影响铜价格的因素

(2) 影响铜的因素，如图 13-2 所示。

①铜的生产：铜的产量在 20 世纪 50 年代至 70 年代得到急速发展，全球精炼铜产量前五名的国家分别是中国、智利、日本、美国和俄罗斯，如表 13-1 所示。技术的不断进步、勘探和开发投入的增加令铜的探明储量增长超过铜资源的消耗量。因此，铜虽为稀缺性金属，但随着探明储量的不断增加，近年将不会形成资源短缺性约束。

表 13-1 世界主要产铜国 2001～2007 年精炼铜产量 （单位：千吨）

年度	2001	2002	2003	2004	2005	2006	2007
美国	1 802.0	1 505.0	1 321.0	1 296.9	1 210.6	1 234.4	1 264
智利	2 882.0	2 839.3	2 901.9	2 895.1	2 776.5	2 811.3	3 064
日本	1 425.7	1 401.1	1 430.4	1 380.1	1 386.9	1 532.1	1 597
中国	1 423.0	1 558.6	1 772.2	2 079.1	2 583.4	2 998.9	3 491
德国	693.8	695.8	584.9	660.0	642.0	658.3	650
俄罗斯	871.0	890.4	818.4	885.0	1 008.0	959.2	945
加拿大	564.6	487.9	454.9	525.9	524.1	500.2	452
合计	9 662.1	9 431.0	9 283.7	9 722.1	10 131.5	11 184.4	12 016
合计占比％	62.11％	61.22％	60.97％	61.51％	61.08％	64.24％	66.48％
中国％	9.15％	9.77％	11.64％	13.15％	15.57％	17.23％	19.31％
世界合计	15 555	15 406	15 227	15 805	16 587.9	17 408.0	18 075

说明：①精铜产量包括电解及火法精炼铜，包括来自粗铜、阳极铜和其他一次原料的铜产量，也包括来自废金属和其他相似原料的再生铜，但不包括从二次原料中以简单重熔法回收的铜。

②资料来源：WBMS（世界金属统计局），2007 年数据来自 CRU（英国商品研究局）。

②铜的消费：铜消费相对集中在发达国家或地区。西欧是世界上铜消费量最大的地区，中国从 2002 年起超过美国成为第二大市场并且是最大的铜消费国。2000 年后，发展中国家铜消费的增长速度远高于发达国家。西欧、美国铜消费量占全球铜消费量的比例呈递减趋势，而以中国为代表的亚洲（除日本以外）国家或地区则成为铜消费的主要增长点。

③ 铜的库存：体现供求关系的一个重要指标是库存。铜的库存分报告库存和非报告库存。报告库存又称“显性库存”，是指交易所库存，目前世界上比较有影响的进行铜期货交易的有伦敦金属交易所（LME），纽约商品交易所（NYMEX）的 COMEX 分支和上海期货交易所（SHFE）。三个交易所均定期公布指定仓库库存。非报告库存，又称“隐性库存”，指全球范围内的生产商、贸易商和消费商手中持有的库存。由于这些库存不会定期对外公布，因此难以统计，故一般都以交易所库存来衡量。

④ 宏观经济环境：铜是重要的工业原材料，其需求量与经济形势密切相关。经济增长时，铜需求增加从而带动铜价上升，经济萧条时，铜需求萎缩从而促使铜价下跌。因此所有影响宏观经济环境的指标都十分重要，如 GDP 增长率、工业生产增长率、通货膨胀指数、消费者信心指数等。

⑤ 上游铜业公司生产成本：铜的生产成本包括冶炼成本和精炼成本。随着副产品价值的提高，20 世纪 90 年代后生产成本呈下降趋势。硫酸和金、银等贵金属为铜的副产品。因此硫酸以及贵金属价格对生产成本也有影响。若其价格升高，则成本降低，

会促使冶炼厂加大开工率，提高铜的产量，导致铜价下滑。相应地，如果铜价升高，也会提高冶炼商的积极性，加大开工率，最终使产量和需求达到平衡。

⑥ 下游用铜行业消费：消费是影响铜价的直接因素，而用铜行业的发展则是影响消费的重要因素。20 世纪 90 年代后，发达国家在建筑行业中管道用铜增幅巨大，建筑业成为铜消费最大的行业，从而促进了 90 年代中期国际铜价的上升，2003 年以来，中国房地产、电力的发展极大地促进了铜消费的增长，从而成为支撑铜价的因素之一。另外，由于铜在汽车散热片以及电线中的应用，汽车的产销量也对铜的需求产生很大影响。家电行业中，冰箱、空调、变压器及控件都是用铜大户。国家颁布的家电下乡，以旧换新等政策，以及对汽车的补贴都会提升铜的需求。

⑦ 铜的替代品：当其他金属和材料对铜的替代作用明显时，也会影响铜的需求。在一些国家，铜作为一种房顶用材料，与金属铅和锌仍相互竞争。建筑业中，水管的材料有时会被塑料取代。在电力和汽车领域，铝成为铜的第一也是最大的替代品。通信业和电信业中，铜线缆的地位慢慢被其他高科技产品如光缆、卫星和微波取代。大量家用电器现在采用塑料生产，虽然耐久性差，但重量小且成本低廉。而铜合金取代纯铜过程的进行，也使铜的消费量趋于减少。

⑧ 基金的交易方向：从最近十年的纽约金属交易所 COMEX 的铜价与非商业性头寸（普遍被认为是基金的投机头寸）变化来看，铜价的涨跌与基金的头寸之间有较强的相关性。而且由于基金对宏观基本面的理解更为深刻并具有前瞻性，所以了解基金的动向也是把握行情的关键。美国商品期货交易委员会持仓报告通常会列出商业性头寸和非商业性头寸的持仓量及其变化。若资金大量涌入铜市，则对价格起到支撑作用，流出则打压铜价。

⑨ 外围市场的动向：原油和铜都是国际性的重要工业原材料，它们需求的旺盛与否最能反映经济的好坏，所以从长期看，油价和铜价的高低与经济发展的快慢有较好的相关性。正因为原油和铜都与宏观经济密切相关，因此就出现了铜价与油价一定程度上的正相关性。但两者只是表现为趋势上的一致，在短期价格波动上并不必然一致。由于国际上大宗商品均以美元定价，美元汇率与铜价长期呈负相关，即美元升值，铜价下跌；美元贬值，铜价上涨。

⑩ 全球主要金属交易所报价：

• 伦敦金属交易所（LME）：是一家有着 132 年历史的世界最大的基础金属期货交易市场。世界上大部分的重要矿业公司和金属生产商、商业和投资银行以及许多与金属贸易相关的公司和制造厂商都是伦敦金属交易所的会员。其交易份额最大，其他地方的铜大多直接或间接以此交易所的铜报价为基础。

• 纽约商品交易所（COMEX）：在许多方面，它与伦敦金属交易所相似，在北美，铜的进出口价格也以 COMEX 的现货价为基础。由于套利交易，COMEX 与 LME 之间的价差趋于减少。尽管如此，COMEX 明显受美国国内市场条件的影响。

(3) 国内市场情况。

① 铜资源主要分布：2006 年，我国在新一轮国土资源大调查中对铜矿勘查取得重大突破，截至目前，我国累计查明资源储量（铜金属）8 531 万吨，已占同年世界储量基础的 12.1%，居智利和美国之后，列世界第 3 位。我国著名的大型铜矿有西藏玉龙铜矿、驱龙铜矿，江西德兴铜矿及近年来新发现的云南普朗、羊拉铜矿，如表 13-2 所示。2000 年之后，我国自产铜精矿（按含铜量计算）一直徘徊在 56 万～65 万吨的水平，但近年来铜精矿产量有较快增长，2007 年达到 95.1 万吨。

② 铜的生产：我国是世界最大的精炼铜生产国，2007 年精炼铜产量达 349.1 万吨，占世界总产量的 19.31%。自产铜精矿不能满足需求，需大量进口。

③ 铜的消费：自 1990 年以来，我国铜的消费进入一个迅速发展时期，如图 13-3 所示，国民经济的高速发展和大规模的基础建设是促进铜消费快速增长的主要原因。而发达国家制造业向中国等发展中国家转移的战略也是我国铜消费增长的重要因素。到 2007 年，中国精铜消费 462.1 万吨，占全球铜消费总量的比例高达 25.46%。国内铜消费结构大致是电力 53%、电子 6%、交通运输 9%、建筑 2%、空调 10%、冰箱 2%，其他 18%。

表 13-2 国内主要铜生产企业产量（单位：万吨）

序号	生产企业	2001	2002	2003	2004	2005	2006	2007	注册商标
1	铜陵有色金属（集团）公司（含金隆、张家港）	24.26	30.32	33.73	37.1	44.78	54.48	62.35	铜冠、金豚、铜鼎
2	江西铜业股份有限公司	21.74	23.16	34.31	41.5	42.16	44.34	55.36	贵冶
3	云南铜业股份有限公司	17.13	18.51	18.71	22.5	32.25	36.01	45.18	铁峰
4	大冶有色金属公司	10.42	12.23	11.88	14.8	17.74	20.38	25.03	大江
5	金川有色金属公司	4.19	6.80	10.28	13.1	16.1	20.54	24.39	金驼
6	东营方圆有色金属有限公司					7.50	14.04	18.03	鲁方
7	宁波金田铜业（集团）公司				4.15	10.00	12.21	13.46	金田
8	烟台鹏晖铜业有限公司					6.19	7.23	10.72	三尖
9	山东金升有色集团有限公司						9.66	9.48	沂蒙
10	白银有色金属公司	6.40	6.02	6.20	6.3	7.75	7.58	7.13	红鹭

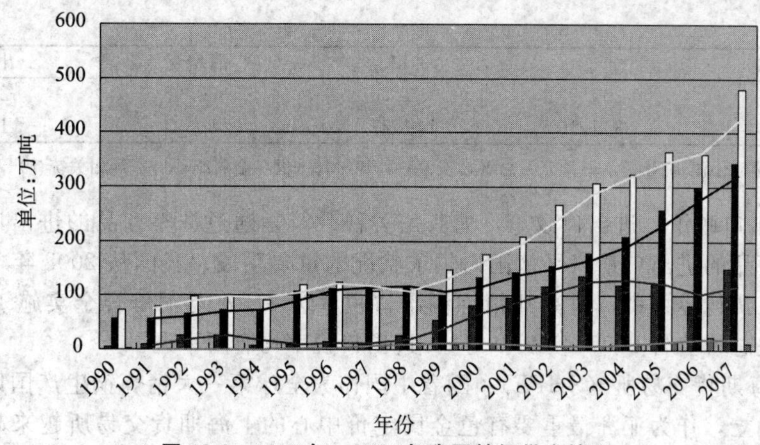

图 13-3 1990 年～2007 年我国精铜供求情况

④铜的进出口：我国是世界最大铜消费国和生产国，同时铜资源相对短缺。随着近年来国际制造业不断向我国转移，铜资源供求矛盾日益突出，每年需进口大量铜精矿，如表 13-3 所示。当前我国铜及铜制品的进口构成中，从市场流动性的角度来分，原料比重较大，主要包括精铜、粗铜、废杂铜和铜精矿；铜加工贸易占据主体地位；主要从中国台湾、智利、韩国和日本进口；外商投资企业是进口主体，进口企业主要集中在珠三角等地区。当前我国铜出口量较少，且以半成品、加工品为主；铜加工贸易占据主体地位；主要出口地是中国香港、东盟、韩国和日本；外商投资企业是出口大户，主要分布在长三角和中部地区。

表 13-3 1991 年～2007 年中国精铜供求情况表（单位：万吨）

年份	产量	进口量	消费量	出口量
1991	56.00	10.12	79.00	0.43
1992	65.92	26.10	99.00	0.98
1993	73.03	25.35	99.00	0.19
1994	73.61	7.23	91.00	1.07
1995	107.97	10.21	120.00	2.57
1996	111.91	14.97	125.00	3.98
1997	117.94	8.83	107.51	7.79
1998	115.18	26.84	110.13	12.14
1999	101.13	54.77	147.00	10.3
2000	133.05	81.21	175.00	11.87
2001	142.51	95.40	208.3	5.40
2002	155.85	118.10	266.3	7.66
2003	177.22	135.73	306.51	6.44
2004	207.91	120.00	324.43	12.38
2005	258.34	122.20	366.53	14.01

续表

年份	产量	进口量	消费量	出口量
2006	299.9	82.70	360.95	24.30
2007	344.10	149.37	480.94	12.59

（数据来源：国家统计局、国家海关总署、安泰科，WBMS（世界金属统计局）等相关统计）

⑤ 进出口政策：进出口政策，尤其是关税政策是通过调整商品的进出口成本从而控制某一商品的进出口量来平衡国内供求状况的重要手段。我国从 2008 年 1 月 1 日起对精铜进口执行零关税，对高纯精炼铜出口税率为 5%。对铜母合金实施 10%的出口税率（海关总署公告 2007 年第 79 号），进出口税率均有所下调。

⑥ 上海期货交易所（SHFE）：随着中国作为全球第一大精炼铜生产国以及消费国的地位的确立，作为亚洲最重要有色金属定价中心的上海期货交易所越来越受到国际关注。上期所公布的期货价格是国内现货市场的价格指导，如图 13-4 所示。按照上海期货交易所交割制度的规定，注册铜分为标准品和替代品两种不同的交割等级。前者为标准阴极铜，后者包括高纯阴极铜和 LME 注册阴极铜（见表 13-4）。其中达到高纯阴极铜标准并经交易所认定的注册铜实行升水交割，升水幅度为 110 元，俗称“升水铜”；其他国产品牌和进口 LME 注册铜则按标准级交割，不享受升水，习惯称作“平水铜”。目前，在所有注册品牌中，仅有下列五个品牌享有升水：江西铜业的“贵冶”牌、铜陵有色的“铜冠”牌、云南铜业的“铁峰”牌、金隆铜业的“金豚”牌，以及张家港联合铜业的“铜鼎”牌，其中前四个品牌已在 LME 注册。升水铜尽管牌号不多，但都属于国内大型铜厂所有，且占国内总产量的一半以上。

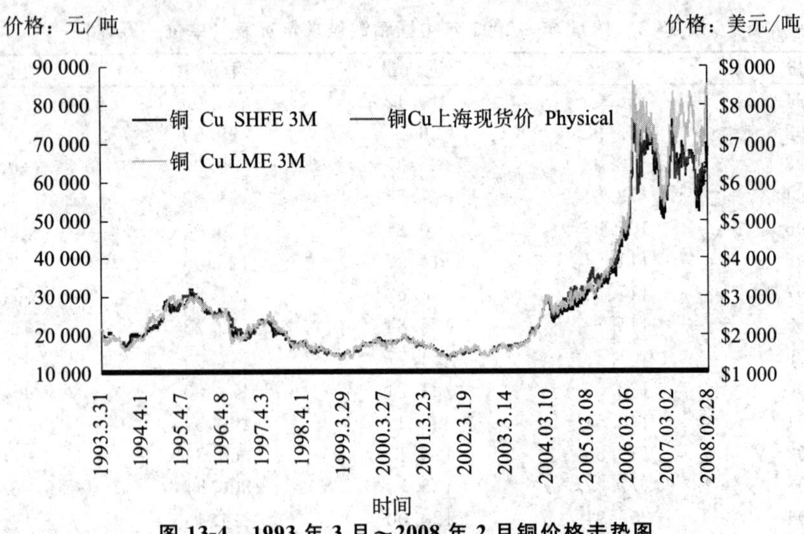

图 13-4　1993 年 3 月～2008 年 2 月铜价格走势图

表 13-4 上海期货交易所阴极铜标准合约

交易品种	阴极铜
交易单位	5 吨/手
报价单位	元（人民币）/吨
最小变动价位	10 元/吨
每日价格波动限制	上一交易日结算价 3%
合约交割月份	1～12 月
交易时间	每周一至周五（北京时间 法定节假日除外） 上午 9：00～11：30 下午 13：30～15：00
最后交易日	合约交割月份的第 15 个交易日（遇法定节假日顺延）
交割日期	最后交易日后连续五个工作日
交割品级	标准品：标准阴极铜，符合国标 GB/T467—1997 标准阴极铜规定，其中主成分铜加银含量不小于 99.95%。 替代品：高淳阴极铜，符合国标 GB/T467—1997 高顺阴极铜规定；或符合 BS EN 1978：1998 高纯级阴极铜规定
交割地点	交易所指定交割地点
交易保证金	合约价值的 5%
交易手续费	不高于成交金额的万分之二（含风险准备金）
交割方式	实物交割
交易代码	CU
上市交易所	上海期货交易所

（4）专业机构相关评论。

虽然前面学习了铜的基本情况，但要想判断一段时期内的价格趋势，还需要借鉴和参考相关专业评论，因为长期专业的观察，一般权威机构的评论和预测的准确性更高。

通过对“铜”这一交易品种的基本情况的了解，在学习和借鉴了专业机构的相关分析以后，对于“铜”期货未来一段时间的走势我们会有一些初步的判断。根据基本面的判断我们可以拟定一个周期性的操作策略。

四、实验步骤

1. 进入世华财讯期货交易页面

在“市场总览”一栏右侧找到【商品期货】标签，单击就可进入【期市总览】界面。在“期市总览”一栏右侧找到【金属】标签，鼠标移至标签上会弹出下拉菜单，可以看到，菜单中有“铜”、“铝”、“锌”、“螺纹钢”、“线材”、“黄金期货”六个品种，如图 13-5 所示。这六个品种都是上海期货交易所的品种。实盘交易中，上海期货交易所还有“沪铅”、“沪银”两种金属品种。

图 13-5　金属期货界面

2. 进入“铜”品种界面

单击下拉菜单中的【铜】选项，进入【铜】品种界面，如图 13-6 所示。

铜

合约名称	最新价	涨跌	涨跌%	开盘价	最高价	最低价	昨结算	卖出价	买入价	卖出量	买入量
沪铜连续	57,090	490	0.87	56,910	57,160	56,750	56,600	57,100	57,090	27	8
沪铜1303	56,910	370	0.65	57,100	57,100	56,510	56,540	56,920	56,900	50	100
沪铜1304	57,000	470	0.83	56,760	57,060	56,730	56,530	57,000	56,990	28	19
沪铜1305	↓57,070	460	0.81	56,990	57,150	56,790	56,610	57,080	57,070	30	16
沪铜1306	57,090	490	0.87	56,910	57,160	56,750	56,600	57,100	57,090	27	8
沪铜1307	57,110	510	0.90	56,900	57,200	56,720	56,600	57,120	57,110	63	21
沪铜1308	57,150	480	0.85	56,990	57,240	56,750	56,670	57,160	57,150	22	8
沪铜1309	57,150	480	0.85	56,910	57,250	56,760	56,670	57,180	57,160	1	18
沪铜1310	↑57,220	600	1.06	57,010	57,240	56,830	56,620	57,230	57,190	1	3
沪铜1311	57,290	590	1.04	57,180	57,290	56,310	56,700	57,230	57,200	1	7
沪铜1312	57,180	430	0.76	56,890	57,280	56,840	56,750	57,240	57,180	3	3
沪铜1401	57,050	310	0.55	57,050	57,130	56,910	56,740	57,330	57,190	2	1

图 13-6　沪铜品种界面

其中，“沪铜连续”是“铜”所有合约加权平均的指数。

界面中其他内容、交易方法与“农产品期货”交易相同，不再赘述。

五、实验报告

1. 根据实验课教师讲解的内容制订交易计划，包括：

（1）确定交易品种、交易合约。

（2）进行基本面分析，判断一个周期内的走势。

（3）确定周期内的操作策略，包括确定交易量、交易方向、持仓周期，设置止损点。

2. 在下单后按计划持有合约，密切观察并记录价格的走势，并持续进行分析判断。

3. 平仓并做好操作记录。

4. 分析交易的效果，总结基本面分析的特点。

第十四章 期货投资技术面分析实验(布林线)

一、实验目的

1. 学习布林线分析的方法，了解布林线分析方法的特点。

2. 学习使用布林线进行分析并指导操作，理解布林线分析方法的缺陷。

3. 学习能源化工期货的基本知识，熟悉软件界面。

4. 学习在公共免费看盘软件（文华财经）中选择调用所需指标，扩大可用指标范围。

二、基础知识

1. 基本概念

布林线（BOLL）指标，英文全称为“Bolinger Bands”，是美国股市分析家约翰·布林根据统计学中的标准差原理设计出来的一种非常简单实用的技术分析指标。BOLL 指标认为，一般来说，股价的运动总是围绕某一价值中枢（如均线、成本线等）在一定的范围内变动，在这个假设的基础上，BOLL 指标引进了“价格通道”的概念，认为经过指标的设定，价格通道的宽窄会随着价格波动幅度的大小而变化，而且通道本身具有变异性，它会随着价格的变化而自发调整。和其他指标不同，BOLL 指标本身不依据数量方法构造，与价格的形态和趋势有着密不可分的联系。因此 BOLL 指标具有更灵活、更直观、更简便的特点。

2. 指标原理

布林线由三条轨道线组成，下轨线为支撑线，上轨线为阻力线，中轨线为中界线。一般情况下，价格在由上下轨道线组成的带状区之间波动。带状区域的宽窄随着价格波动幅度的大小而变化，价格涨跌幅度加大时，带状区域会变宽，涨跌幅度缩小时，带状区域会变窄。布林线的宽度可以随着价格的变化而自动调整。由于这种灵活的变异使得布林线具备了顺应趋势变化的特征，它既具备了轨道线的性质，又克服了轨道线宽度不能变化的弱点。

3. 计算方法

布林线指标的计算方法比较复杂，其中引进了统计学中的标准差概念，涉及中轨线（*MB*）、上轨线（*UP*）和下轨线（*DN*）的计算。

日 *BOLL* 指计算方法如下。

中轨线＝n 日的移动平均线

上轨线＝中轨线＋两倍的标准差

下轨线＝中轨线－两倍的标准差

4. 计算过程。

（1）计算 *MA*。

MA＝n 日内的收盘价之和÷n

（2）计算标准差 *MD*。

MD＝平方根（$n-1$）日的（$C-MA$）的两次方之和除以 n

（3）计算 *MB*、*UP*、*DN* 线。

MB＝（$n-1$）日的 MA

$UP=MB+k\times MD$

$DN=MB-k\times MD$

（*K* 为参数，可根据标的物的特性来做相应的调整，一般默认为 2）

5. 使用原则

布林线信号明确，使用方便：

（1）当价格穿越上限压力线时，看作卖出信号。

（2）当股价穿越下限支撑线时，看作买入信号。

（3）当股价由下向上穿越中界限时，看作加仓信号。

（4）当股价由上向下穿越中界线时，看作减仓信号。

和其他指标相比，布林线指标提供的信号较为明确、可靠。最明确的买入、卖出信号就是当价格突破布林线的时候。这种情况出现的机会比较少，操作的时候更应该耐心等待这样最佳的进入点。布林线没有其他许多指标常见的钝化现象，在强烈的单边趋势时，许多指标失去了效用，而布林线却可以在此时发出明确的信号。

另外需要补充的是，市场内和市场之间的变化是相对的，价格在布林线上轨线以上或在下轨线以下只反映该标的物价格的相对高低，实际操作时还需要参考其他技术指标，包括价量配合，心理类指标，类比类指标，市场间的关联数据等，力求做出最严谨客观的判断。

三、实验步骤

1. 进入期货交易页面

在“市场总览”一栏右侧找到【商品期货】标签，单击就可进入【期市总览】页面。在“期市总览”一栏右侧找到【能源化工】标签，鼠标移至标签上会弹出下拉菜单，可以看到，菜单中有“燃料油”、“天胶”、LLDPE、PTA、PVC、“玻璃”六个品种，如图 14-1 所示。“燃料油”、“天胶”（天然橡胶的简称）是上海期货交易所的品种。“天胶”合约名称为“橡胶”。LLDPE 是线型低密度聚乙烯（Linear Low-Density Poly-ethy-lene）的英文缩写，主要应用于生产薄膜、模塑、管材和电线电缆，是大连商品交易所的品种，合约名称为“塑料”。PTA 是精对苯二甲酸（Pure Terephthalic Acid）的英文缩写，是重要的有机原料之一，应用于化学纤维、轻工、电子、建筑等国民经济的各个方面，是郑州商品交易所的品种。PVC 是聚氯乙烯（Polyvinyl Chloride Poly-mer）的英文缩写，由于其防火耐热作用，被应用于各行各业各式各样的产品：电线外皮、光纤外皮、鞋、手袋、袋、饰物、招牌与广告牌、建筑装潢用品、家具、挂饰、滚轮、喉管、玩具、门帘、卷门、辅助医疗用品、手套、某些食物的保鲜纸、某些时装等，是大连商品交易所的品种。

图 14-1　能源化工期货界面

2. 进入“天胶”品种页面

单击下拉菜单中的【天胶】选项，进入【天胶】品种界面，如图 14-2 所示。

天胶

合约名称	最新价	涨跌	涨跌%	开盘价	最高价	最低价	昨结算	卖出价	买入价	卖出量	买入量
沪天胶连续	22,920	-665	-2.82	23,315	23,380	22,900	23,585	22,925	22,920	15	21
沪天胶1303	22,520	-575	-2.49	22,700	22,730	22,500	23,095	22,645	22,330	1	1
沪天胶1304	23,130	-200	-0.86	—	—	—	23,330	22,655	22,600	10	1
沪天胶1305	↓22,830	-670	-2.85	23,155	23,210	22,810	23,500	22,835	22,830	5	8
沪天胶1306	22,875	-710	-3.01	23,175	23,200	22,850	23,585	22,850	22,810	1	2
沪天胶1307	23,090	-375	-1.60	23,150	23,150	23,020	23,465	22,835	22,645	1	1
沪天胶1308	↓22,800	-525	-2.25	23,000	23,100	22,800	23,325	22,850	22,800	1	50
沪天胶1309	22,920	-665	-2.82	23,315	23,380	22,900	23,585	22,925	22,920	15	21
沪天胶1310	22,680	-530	-2.28	22,810	22,965	22,555	23,210	22,600	22,550	3	1
沪天胶1311	22,375	-610	-2.66	22,635	22,745	22,375	22,985	22,400	22,355	1	1
沪天胶1401	22,980	-700	-2.96	23,300	23,450	22,960	23,680	22,995	22,965	7	1

图 14-2 “天胶”品种界面

其中，“沪天胶连续”是“天胶”所有合约加权平均的指数。界面中其他内容、交易方法与“农产品期货”交易相同，不再详述。

因为世华财讯期货模拟交易软件中没有提供布林线指标，在此介绍常用的看盘软件“文华财经”中布林线指标的调用。

下载文华财经软件，安装后进入界面，如图 14-3 所示。

图 14-3 文华财经主界面

单击软件下方的【上海 SHFE】标签，进入上海期货交易所界面，如图 14-4 所示。

合约名称	文华码	开盘	涨跌	最新	现量	买价	买量	卖价	卖量	增仓	成交量	持仓量	日增仓	最高	最低	涨幅%	结算	昨结算	昨收
螺纹指数	6880	3588	-1	3597	2	—	—	—	—	0	4323990	1912090	63830	3616	3568	0.03%	3596	3598	3593
螺纹1306	6886	3510	-56	[illegible]	2	3452	1	3499	10	0	22	224	2	3510	3432	-1.59%	3470	3511	3440
螺纹1307	6887	3515	-10	[illegible]	2	3520	6	3545	1	0	218	206	24	3569	3491	-0.28%	3532	3530	3525
螺纹1308	6888	3565	-26	3565	—	3547	1	3591	1	0	2	424	-2	3565	3565	-0.72%	3565	3591	3589
螺纹1309	6889	[illegible]	[illegible]	[illegible]	2	3589	1	3591	1	0	9568	5226	-264	[illegible]	[illegible]	[illegible]	[illegible]	[illegible]	3573
螺纹1310	6890	3585	-1	[illegible]	[illegible]	3593	544	3594	718	0	4240470	1821140	58368	3613	3564	-0.03%	3593	3595	3590
螺纹1311	6891	[illegible]	[illegible]	3633	[illegible]	3609	3	3634	3	0	26	392	-16	[illegible]	[illegible]	[illegible]	[illegible]	[illegible]	3603
螺纹1312	6892	[illegible]	[illegible]	3661	[illegible]	3583	4	—	—	0	132	876	-26	[illegible]	[illegible]	[illegible]	[illegible]	[illegible]	3632
螺纹1401	6881	[illegible]	[illegible]	[illegible]	[illegible]	3656	4	3657	153	0	72058	82164	5362	[illegible]	[illegible]	[illegible]	[illegible]	[illegible]	3654
螺纹1402	6882	[illegible]	[illegible]	3700		3669	1	3705	2	0	2	266	0	[illegible]	[illegible]	[illegible]	[illegible]	[illegible]	3666
螺纹1403	6883	[illegible]	[illegible]	3719	[illegible]	3698	1	3724	2	0	46	308	-8	[illegible]	[illegible]	[illegible]	[illegible]	[illegible]	3708
螺纹1404	6884	3712	-7	3710	2	3706	1	3733	1	0	20	242	-4	3723	3705	0.19%	3712	3717	3723
螺纹1405	6885	3703	-8	3712	2	3705	2	3721	1	0	626	622	394	3729	3680	-0.22%	3706	3720	3723
沪铜指数	2100	[illegible]	[illegible]	[illegible]	6	—	—	—	—	0	749340	674680	7758	[illegible]	[illegible]	[illegible]	[illegible]	[illegible]	53480
沪铜1306	2106	[illegible]	[illegible]	54050	2	54050	20	54220	1	0	20344	44956	-2290	[illegible]	[illegible]	[illegible]	[illegible]	[illegible]	53900
沪铜1307	2107	[illegible]	[illegible]	53880	24	53880	15	53990	7	0	7256	61856	-1108	[illegible]	[illegible]	[illegible]	[illegible]	[illegible]	53710
沪铜1308	2108	[illegible]	[illegible]	[illegible]	2	53710	4	53760	2	0	19724	114066	-116	[illegible]	[illegible]	[illegible]	[illegible]	[illegible]	53560
沪铜1309	2109	[illegible]	[illegible]	[illegible]	[illegible]	53530	14	53570	21	0	563356	283234	9150	[illegible]	[illegible]	[illegible]	[illegible]	[illegible]	53420
沪铜1310	2110	[illegible]	[illegible]	[illegible]	[illegible]	53530	21	53560	13	0	120932	126484	1256	[illegible]	[illegible]	[illegible]	[illegible]	[illegible]	53350
沪铜1311	2111	[illegible]	[illegible]	[illegible]	2	53500	2	53540	15	0	11664	25136	1268	[illegible]	[illegible]	[illegible]	[illegible]	[illegible]	53190
沪铜1312	2112	[illegible]	[illegible]	53550	[illegible]	53400	2	53560	1	0	5448	11372	-340	[illegible]	[illegible]	[illegible]	[illegible]	[illegible]	53290
沪铜1401	2101	[illegible]	[illegible]	53520	2	53470	1	53700	1	0	506	3962	-54	[illegible]	[illegible]	[illegible]	[illegible]	[illegible]	53200
沪铜1402	2102	[illegible]	[illegible]	53650	[illegible]	52180	2	54180	2	0	50	1346	-10	[illegible]	[illegible]	[illegible]	[illegible]	[illegible]	53280
沪铜1403	2103	[illegible]	[illegible]	53570	2	53410	1	53880	1	0	40	1228	-6	[illegible]	[illegible]	[illegible]	[illegible]	[illegible]	53160
沪铜1404	2104	[illegible]	[illegible]	53580	2	53580	1	54850	1	0	14	1034	4	[illegible]	[illegible]	[illegible]	[illegible]	[illegible]	53290
沪铜1405	2105	[illegible]	[illegible]	53680	2	52820	1	54770	1	0	6	6	4	[illegible]	[illegible]	[illegible]	[illegible]	[illegible]	52580
沪锌指数	2230	[illegible]	[illegible]	14550	8	—	—	—	—	0	104624	398214	2978	[illegible]	[illegible]	[illegible]	[illegible]	[illegible]	14465
沪锌1306	2236	[illegible]	[illegible]	[illegible]	[illegible]	14490	24	14500	1	0	4520	16850	-1902	[illegible]	[illegible]	[illegible]	[illegible]	[illegible]	14405
沪锌1307	2237	[illegible]	[illegible]	14520	10	14500	7	14520	25	0	7988	67566	-2258	[illegible]	[illegible]	[illegible]	[illegible]	[illegible]	14420
沪锌1308	2238	[illegible]	[illegible]	14530	6	14530	66	14535	5	0	19710	133362	-2910	[illegible]	[illegible]	[illegible]	[illegible]	[illegible]	14455
沪锌1309	2239	[illegible]	[illegible]	14575	8	14575	9	14580	16	0	64490	147674	7516	[illegible]	[illegible]	[illegible]	[illegible]	[illegible]	14490
沪锌1310	2240	[illegible]	[illegible]	14615	14	14615	8	14630	1	0	7600	24800	2556	[illegible]	[illegible]	[illegible]	[illegible]	[illegible]	14535
沪锌1311	2241	[illegible]	[illegible]	14670	1	14580	2	14700	1	0	194	6232	-2	[illegible]	[illegible]	[illegible]	[illegible]	[illegible]	14565

图 14-4　上海期货交易所界面

在上海期货交易所，“天胶”的合约名称为“橡胶”，选择准备在世华财讯模拟软件中进行交易的合约，双击该合约，进入合约分时图界面，如图 14-5 所示。

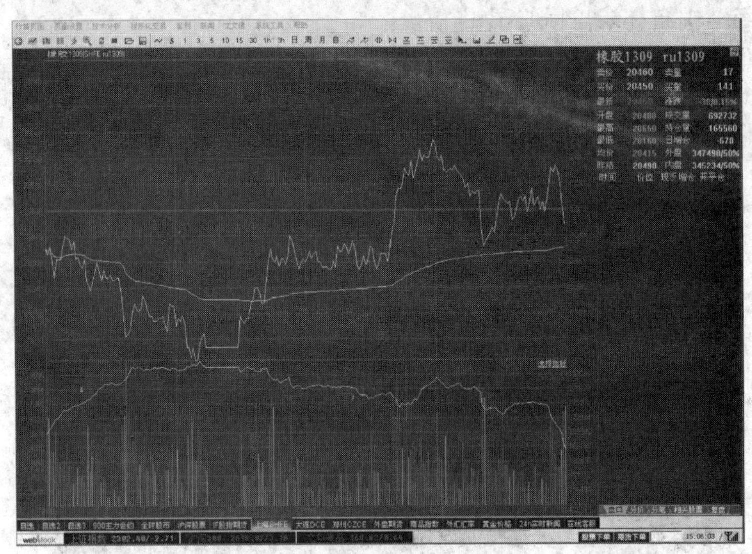

图 14-5　“橡胶 1309”分时图

单击软件视图上方功能键中的“1”，进入该合约 1 分钟 K 线界面，右击出现功能菜单，选择【趋势分析指标】|【布林通道】命令，如图 14-6 所示。

图 14-6 “橡胶 1309”1 分钟 K 线图

界面出现 *K* 线与布林线指标，如图 14-7 所示。

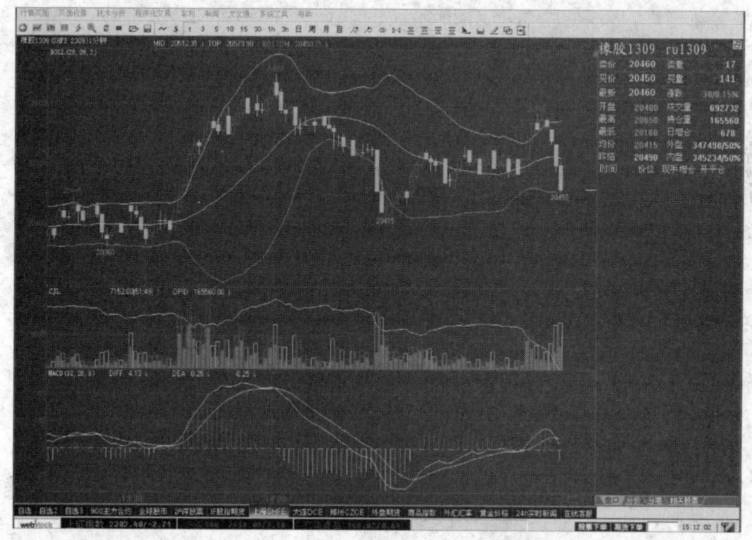

图 14-7 “橡胶 1309”布林线图

根据布林线分析判断，进行“天胶”相应合约的交易。“天胶”品种中其他内容、交易方法与“农产品期货”交易相同，不再赘述。

四、实验报告

1. 根据实验课教师讲解的内容制订交易计划，包括：

(1) 确定交易品种、交易合约。

(2) 进行技术面分析，运用布林线指标判断较短周期内的该合约价格走势。

(3) 确定周期内的操作策略，包括确定交易量、交易方向、持仓周期，设置止损点。

2. 在下单后按计划持有合约，密切观察布林线指标的形态变化，持续进行分析判断。

3. 按计划平仓并做好操作记录。

4. 分析交易的效果，总结布林线指标运用的特点。

第十五章 期货套期保值模拟交易实验

一、实验目的

1. 学习套期保值的概念，掌握套期保值的运作方法。

2. 学习掌握基差的概念，了解基差对于套期保值效果的影响。

3. 根据教师要求，制定套期保值策略并进行模拟实验。

4. 记录实验步骤，总结实验效果。

二、基础知识

1. 定义

套期保值是指在期货市场上买进或卖出与现货商品或资产相同或相关、数量相等或相当、方向相反、月份相同或相近的期货合约，从而在期货和现货两个市场之间建立盈亏冲抵机制，以规避价格波动风险的一种交易方式。

2. 原理

第一，期货交易过程中期货价格与现货价格变动的趋势基本一致，这叫作现货与期货的同向性。当特定商品的现货价格趋于上涨时，其期货价格也趋于上涨，反之亦然。这是因为期货市场与现货市场虽然是两个各自分开的不同市场，但对于特定的商品来说，其期货价格与现货价格主要的影响因素是相同的。这样，引起现货市场价格涨跌的因素，就同样也会造成期货市场价格相同方向的涨跌。从事现货交易的人可以通过在期货市场上做与现货市场相反的交易来达到规避现货市场价格波动的风险。

第二，现货价格与期货价格不但变动的趋势相同，而且，到合约期满时，两者将大致相等或合二为一，这叫作现货与期货的趋同性。这是因为，期货价格通常高于现货价格，在期货价格中包含有贮藏该项商品直至交割日为止的一切费用，当合约接近于交割日时，这些费用会逐渐减少乃至完全消失，这样，两者价格的决定因素实际上已经几乎相同了。

但是期货市场是有别于现货市场的独立市场，期货市场的价格走势还会受到一些其他因素的影响，这样有时期货价格的波动时间与波动幅度就会与现货价格发生偏离。另外，期货市场上每个交易品种都有规定的固定的交易单位，在两个市场上进行操作时，交易的数量常常不会完全相等，这些都造成了套期保值的人在现货与期货冲抵时，可能获得额外的利润或亏损。所以，套期保值并不能完全彻底地规避价格波动的风险。

3. 参与者

参与套期保值的人是指那些通过期货合约的买卖，将现货市场面临的价格风险进行转移的机构和个人。他们大多是生产商、加工商、库存商、贸易商和金融机构。

套期保值者是期货市场的交易主体，他们的存在使期货市场和现货市场紧密联系在一起。套期保值者做为期、现货市场的纽带，可以使期货价格与现货价格保持联动性，以更好反映未来价格的变化走势。大量套期保值者参与期货市场交易，可以促进公平竞争，使价格更有代表性。

4. 种类

按照在期货市场上所持的头寸，套期保值又分为卖方套期保值（卖出套期保值）和买方套期保值（买入套期保值）。

卖出套期保值（卖期保值）是套期保值者首先卖出期货合约即卖空，持有空头头寸，以保护他在现货市场中的多头头寸，旨在避免价格下跌的风险，通常为农场主、矿业主等生产者和经营者所采用。

买入套期保值（买期保值）是套期保值者首先买进期货合约即买空，持有多头头寸，以保障他在现货市场的空头头寸，旨在避免价格上涨的风险，通常为加工商、制造业者和经营者所采用。

5. 基差

套期保值不能完全彻底地规避现货市场中价格波动的风险，主要是因为存在“基差”这个因素。基差是指某一商品在某一特定时间、地点的现货价格与期货价格的差，即：基差＝现货价格－期货价格。基差是正数还是负数，主要取决于现货价格是高于还是低于期货价格。现货价格高于期货价格，则基差为正数，其市场状态称为反向市场，或者逆转市场、现货溢价；现货价格低于期货价格，则基差为负数，其市场状态成为正向市场，也称正常市场。

基差的本质是介于现货市场和期货市场之间的运输成本和持有成本。运输成本反映的是两个市场之间的空间上的差异；持有成本反映的是两个市场之间的时间上的差异，它还包括储藏费、利息、保险费和损耗费等，其中利率变动对持有成本的影响较大。

尽管现货价格和期货价格变动趋势相同，但由于供求因素对期现货市场影响程度不同以及持仓费等因素，导致两者变动幅度不尽相同，因而“基差”也在不断变化中。通常用“强”或“弱”来评价基差的变化。

(1) 基差走强的情况有：①基差为正值时（反向市场），数值越来越大。②基差为负值时（正向市场），数值越来越大（绝对数值越来越小）。③基差从负值变为正值，即从正向市场转变为反向市场。

(2) 基差走弱的情况有：①基差为正值时（反向市场），数值越来越小。②基差为负值时（正向市场），数值越来越小（绝对数值越来越大）。③基差从正值变为负值，即从反向市场转变为正向市场。

6. 套期保值的效果

最完美的套期保值是在整个保值过程中基差保持不变。但是，实际生活中，基差在不断地变化，基差的变化会直接影响套期保值的效果，造成套期保值者的利润或亏损。

【例 1】 某经销商在 1 月中旬签订合同，出售白糖 2 000 吨，每吨 3 600 元，两个月以后交货。为了防止白糖价格上涨的风险，该经销商同时在期货市场购买 5 月份到期的白糖期货合约 200 手，每手 10 吨，每吨价格 4 350 元。到 3 月中旬，白糖现货市场价格上涨至每吨 4 150 元，期货市场价格为每吨 4 780 元。因为基差走强，套期保值并没有完全抵补价格上涨带来的亏损，该经销商还是有净亏损。

详细计算如表 15-1 所示。

表 15-1 白糖套期保值效果

交易	现货市场	期货市场	基差
1 月中旬	按照 3 600 元/吨签订白糖购销合同，约定两个月后交货 2 000 吨	以 4 350 元/吨的价格买进 200 手（每手 10 吨）5 月份到期的白糖期货合约	−750 元/吨
3 月中旬	现货市场白糖价格涨至 4 150 元/吨，买入 2 000 吨用于交货	以 4 780 元/吨的价格将 200 手 5 月份到期的白糖期货合约平仓	−630 元/吨
结果	现货市场每吨成本上升 550 元，共亏损 1 110 000 元	期货市场每吨盈利 430 元，共盈利 860 000 元	基差走强 120 元/吨
	期货市场盈利未能完全冲抵现货市场损失，净损失 240 000 元（每吨净损失 120 元）		

但是相对于不做套期保值的亏损，基差变化造成的亏损已经非常小了。

【例 2】 某农场在 11 月初预计出售玉米 5 000 吨，10 月初玉米每吨 1 610 元，为了防止玉米价格下跌，该农场 10 月初就在期货市场出售 1 月份到期的玉米期货合约 500 手，每手 10 吨，每吨价格 1 580 元。到 11 月初，玉米现货市场价格下跌至每吨 1 410元，期货市场价格为每吨 1 360 元。在期货市场平仓后，该农场获得的利润完全抵补了现货市场价格下跌带来的亏损，并且还有盈利。

详细计算如表 15-2 所示。

表 15-2 玉米套期保值效果

交易	现货市场	期货市场	基差
10 月初	玉米价格 1 610 元/吨	以 1 580 元/吨的价格卖出 500 手（每手 10 吨）1 月份到期的玉米期货合约	30 元/吨
11 月初	玉米价格跌至 1 410 元/吨，农场一改价格卖出 5 000 吨	以 1 360 元/吨的价格将 500 手 1 月份到期的玉米期货合约平仓	50 元/吨
结果	售价下跌 200 元/吨，共亏损 1 000 000元	期货市场每吨盈利 220 元，共盈利 1 100 000 元	基差走强 20 元/吨
	期货市场盈利完全冲抵现货市场损失，净盈利 100 000 元（每吨净盈利 20 元）		

基差变化影响套期保值的效果总结如表 15-3 所示。

表 15-3 基差与套期保值效果

	基差变化	套期保值效果
买入套期保值	基差不变	期货市场和现货市场盈亏刚好相抵，实现完全套期保值
	基差走强	期货市场和现货市场盈亏不能完全相抵，存在净损失，不能实现完全的套期保值
	基差走弱	期货市场和现货市场盈亏完全相抵并且有净盈利，实现完全套期保值
卖出套期保值	基差不变	期货市场和现货市场盈亏刚好相抵，实现完全套期保值
	基差走强	期货市场和现货市场盈亏完全相抵并且有净盈利，实现完全套期保值
	基差走弱	期货市场和现货市场盈亏不能完全相抵，存在净损失，不能实现完全的套期保值

7. 影响因素

影响套期保值效果的现实因素有很多。

（1）时间差异影响：现货市场上购买或出售商品的时间很难和期货合约的时间完全一致；套期保值期货合约的对冲常常需要在合约的到期日之前进行，此时期货现货价格并未一致；市场状况对较远交割月份的期货价格的影响小于对现货市场价格的影响等，这些都会使得套期保值的效果受到影响。

（2）地点差异影响：不同地区的现货价格本身就存在差异；不同地区的期货价格之间也存在差异；这些都会造成现货价格与期货价格背离，最终影响套期保值的效果。

（3）品质差异影响：现货市场中每种商品有许多种等级，每种等级价格变动比率不一样。可是期货合约限定了一个特定等级标准，这样，套期保值商品的价格在现货市场中变动就不同于期货合约规定的该商品的等级，导致套期保值不能完全实现。

（4）商品差异影响：需套期保值的商品可能与期货合约规定的商品种类不完全相同。比如布匹生产商，可能用棉花期货代替纱线进行套期保值交易，但纱线的生产成本、供求关系并不与棉花的一样，因此其价格波动可能与棉花价格不一致。

（5）数量差异影响：期货合约都规定了标准的数量，而现货交易中需要的量往往不是合约规定量的整数倍数，这就造成了期货交易和现货交易数量上的差异。

由于上述因素的存在，实践中完美套期保值是极其罕见的。

三、实验步骤

套期保值分为买入套期保值和卖出套期保值。下面分别对这两种方法进行模拟交易实验。与其他模拟交易实验不同，套期保值模拟实验需要给出足够的初始条件。

1. 买入套期保值

（1）初始条件。

一豆油生产厂 1 个月后需要购进大豆 100 吨，目前大豆现货价格为每吨 4650 元，期货市场价格可以登录软件查看。

（2）实验要求。

要求学生站在豆油生产厂的立场上做出套期保值操作计划，并按计划在模拟实验中进行交易。一个月后在指定时间之前平仓，按照教师给出的新的大豆现货价格计算盈亏，分析套期保值效果，并填写实验报告。

操作过程及套保效果示例如表 15-4 所示。

表 15-4 买入套期保值实验示例

交易品种	现货市场	期货市场	基差
开仓日	计划买入大豆，价格 4 650 元/吨	买入 10 手大豆主力合约，价格4 750 元/吨	－100 元/吨
平仓日（一月后）	买入 100 吨大豆，价格 4 850 元/吨	卖出 10 手大豆合约平仓，价格 5 050 元/吨	－200 元/吨
套保效果	亏损 200 元/吨	盈利 300 元/吨	基差走弱 100 元/吨
	净盈利（300－200）×10×10＝10 000（元）		

注：1 手＝10 吨

在该实验中，现货价格和期货价格均上升，但现货价格的上升幅度小于期货价格的上升幅度，基差走弱，从而使得在现货市场上因价格上升买入现货蒙受的损失小于在期货市场上因价格上升卖出期货合约的获利，盈亏相抵后仍盈利 10 000 元。

同样，如果现货市场和期货市场的价格不是上升而是下降，则在现货市场获利，而在期货市场损失。但是只要基差走弱，现货市场的盈利就能弥补期货市场的损失，总体实现盈利。

2. 卖出套期保值

（1）初始条件。

一玻璃生产厂 1 个月后需要销售玻璃 100 吨，目前现货价格为每吨 1 200 元，期货市场价格可以登录软件查看。

（2）实验要求。

要求学生站在玻璃生产厂的立场上做出套期保值操作计划，并按计划在模拟实验中进行交易。一个月后在指定时间之前平仓，按照教师给出的新的玻璃现货价格计算盈亏，分析套期保值效果，并填写实验报告。

操作过程及套保效果示例如表 15-5 所示。

表 15-5　卖出套期保值实验示例

交易品种	现货市场	期货市场	基差
开仓日	计划卖出玻璃，价格 1 200 元/吨	卖出 5 手玻璃主力合约，价格 1 430 元/吨	－230 元/吨
平仓日（一月后）	卖出 100 吨玻璃，价格 1 100 元/吨	买入 5 手玻璃合约平仓，价格 1 230 元/吨	－130 元/吨
套保效果	亏损 100 元/吨	盈利 200 元/吨	基差走强 100 元/吨
	净盈利（200－100）×5×20＝10 000（元）		

注：1 手＝20 吨

在该实验中，现货价格和期货价格均下降，但现货价格的下降幅度小于期货价格的下降幅度，基差走强，从而使得在现货市场上因价格下降卖出现货蒙受的损失小于在期货市场上因价格下降买入期货合约的获利，盈亏相抵后仍盈利 10000 元。

同样，如果现货市场和期货市场的价格不是下降而是上升，则在现货市场获利，而在期货市场损失。但是只要基差走强，现货市场的盈利就能弥补期货市场的损失，总体实现盈利。

3. 需要说明

（1）本项实验的期初和期末商品现货价格都是由教师给出的。但是期货市场的价格因为学生交易时机不同而各不相同。所以实验的结果也不尽相同，在同样的现货价格条件下，有的学生可能会有盈利，有的学生可能会出现亏损。但实验的目的主要是让学生理解套期保值的具体思路和操作方法。只要思路和方法正确，盈亏并不重要。

（2）实验数据、商品种类、假设条件可以根据需要进行调整。

（3）期货市场中买、卖、平仓等操作与上几章方法相同，不再赘述。

四、实验报告

1. 根据实验课教师提供的条件制定套期保值的策略，包括：

（1）确定交易品种、交易合约。

（2）确定周期内的操作策略，包括确定交易量、交易方向、持仓周期，设置止损点。

2. 根据交易计划下单，密切观察价格走势，持续进行分析判断。

3. 按计划平仓并做好操作记录。

4. 分析套期保值的效果，总结基差对套期保值效果的影响。

第十六章 期货套利模拟实验

一、实验目的

1. 学习套利交易的概念，掌握套利的原理。
2. 学习套利的操作方式。
3. 根据教师要求，制定套利策略并进行模拟实验。
4. 记录实验步骤，总结实验效果。

二、基础知识

1. 定义

套利交易又叫套期图利，是期货投机交易中的一种特殊方式，它利用期货市场中不同月份、不同市场、不同商品之间的相对价格差，同时买入和卖出不同种类的期货合约，来获取利润。一种商品的现货价格与期货价格经常存在差异，同种商品不同交割月份的合约价格变动也存在差异；同种商品在不同的期货交易所的价格变动也存在差异。由于这些价格差异的存在，使期货市场的套利交易成为可能。交易者进行套利交易，可以避免因价格剧烈波动而引起的损失，减少投机的风险，但套利的盈利能力也比直接交易小，并且手续费会成倍增加。

2. 种类

(1) 跨期套利（又称跨月套利）：投机者利用同一商品期货合约的不同交割月份之间的差价的相对变动，买进某一交割月份期货合约的同时，卖出另一交割月份的同类期货合约以谋取利润的活动。这种套利又可细分为三种：牛市套利，熊市套利及蝶式套利。

①牛市套利：投机者买入近期交割月份的股指期货合约，同时卖出远期交割月份的股指期货合约，希望近期合约价格上涨幅度大于远期合约价格的上涨幅度。

②熊市套利：投机者卖出近期交割月份合约，买入远期交割月份合约，并期望远期合约价格下跌幅度小于近期合约的价格下跌幅度。

③蝶式套利：利用不同交割月份的价差进行套期获利，由两个方向相反、共享居中交割月份合约的跨期套利组成。其本质是牛市套利和熊市套利的组合，连接两个跨期套利的居中月份期货合约在数量上等于两旁月份合约之和。其风险和利润都较小。例如，"买 8 月铜 10 手/卖 9 月铜 20 手/买 10 月铜 10 手"是由套利"买 8 月铜 10 手/卖 9 月铜 10 手"和套利"卖 9 月铜 10 手/买 10 月铜 10 手"组成。

(2) 跨市场套利（跨市套利）：指投机者利用同一商品在不同交易所的期货价格的不同，在两个交易所同时买进和卖出期货合约，然后在有利时机分别在两个交易所对冲平仓，以谋取利润的活动。目前在国内，跨市场套利无法操作。

(3) 跨商品套利：是指利用两种不同的、但是相互关联的商品之间的期货价格的差异进行套利，即买进（卖出）某一交割月份某一商品的期货合约，而同时卖出（买入）另一种相同交割月份、另一关联商品的期货合约。

3. 原理

(1) 跨期套利中，价差是近期期货与远期期货价格之间的差额，在正常市场情况下，价差为负值。这是由于在正常情形下（正向市场），较远期的价格包含了储存成本、保险成本、持有成本、利息成本等，因此价格会较高。而在反向市场情况下，一般是在供给严重不足的情况下，可能会出现近期期货价格比远期期货价格高，亦即价差为正值的不正常情况。例如，因为自然灾害的发生，使得某农产品的供应不足，现货价格一时间大幅上涨，价差高至一定程度，就可以考虑买进远期合约，同时卖出近期合约，期待价差缩小以后双向平仓获利。

跨市场套利中，由于各个市场所处的地理位置的不同，使运费、供需、信息等出现差异，最终导致市场对于商品未来价格走势的评价不同，使得同一商品在不同交易所的期货价格的不同。

跨商品套利中，同一市场有的相关商品长期来看价格是具有联动性的。比如，互为替代品的商品，互为原料和产成品的商品或者同为某一产业原材料的关联商品。这些商品的价格或者具有正相关关系，或者具有负相关关系。如果长期观察相关商品价格走势了解这种关系的历史和特性，就可以在它们价格发生偶然性偏离的时候进行套利。

例如，一般来说，大豆价格上升（或下降），豆粕的价格必然上升（或下降），如果预测豆粕价格的上升幅度小于大豆价格的上升幅度（或下降幅度大于大豆价格下降幅度），则可以在交易所买进大豆的同时，卖出豆粕，待机平仓获利。反之，如果豆粕价格的上升幅度大于大豆价格的上升幅度（或下降幅度小于大豆价格的下降幅度），则应卖出大豆的同时，买进豆粕，待机平仓获利。

（2）跨商品套利必须具备以下条件：①两种商品之间应具有关联性与相互替代性；②交易受同一因素制约；③买进或卖出的期货合约通常应在相同的交割月份。

综上所述，套利交易的实质是对两合约的价差进行投机。

（3）套利者选择合约的时候应注意如下的特点：①两合约的价格大体受相同的因素影响；②两合约间应存在合理的价差范围；③两合约间的价差波动有规律可循，价差的运动方式是可以预测的。

4. 套利交易的操作和效果

（1）跨期套利。

跨期套利分为牛市套利，熊市套利及蝶式套利。牛市中一般体现为需求相对旺盛，供给相对不足，这将会导致近期合约的上升幅度大于远期合约，而调整时近期合约的下跌幅度也会小于远期，所以通常买入近期卖出远期；熊市中一般体现为供给相对过剩，需求相对疲软，导致近期合约受现货压力在下跌时快于远期，反弹时落后远期，所以通常卖出近期买入远期。

进行买近卖远跨期套利，只要价差扩大，无论价格升降，均可盈利，价差缩小，导致亏损；进行买近卖远跨期套利的前提是近期合约价格相对于远期价格升幅更大或远期相对于近期价格跌幅更小。

【例 1】 4 月 26 日，某交易者观察到上海期货交易所 7 月份期货合约价格为 18 710元/吨，9 月份合约价格为 18 790 元/吨，两合约价格差额为 80 元，交易者根据历年 4 月底 7 月份和 9 月份价差分析认为：7 月份合约价格相对较低或 9 月份相对较高，价差大于正常年份水平，于是决定买进 20 手 7 月份铜合约（1 手＝5 吨），同时卖出 20 手 9 月份铜合约。一个月后，7 月份合约和 9 月份合约价差缩小，交易者将两个方向的合约同时平仓，操作过程及套利效果计算如表 16-1 所示。

表 16-1 牛市套利分析

时间	5 月份合约	7 月份合约	价差
4.26 日	买入 20 手 7 月份铜合约18 710 元/吨	卖出 20 手 9 月份铜合约18 790 元/吨	价差 80 元/吨
5.26 日	卖出 20 手 7 月份铜合约18 770 元/吨	买入 20 手 9 月份铜合约18 800 元/吨	价差 30 元/吨
套利结果	盈利 60 元/吨	亏损 10 元/吨	差变小
	盈利（60－10）×20×5＝5 000 元		

观察这个例子可以看出，如果交易者只操作 7 月份铜合约，可以获利更多，而反向操作

9 月份合约，造成损失，使得整体盈利减少。但是如果仅仅只操作 7 月份合约，一旦价格走势的判断失误，会造成很大的损失。而双向操作会减少判断失误带来的单方面损失。

【例 2】 1997 年媒体普遍认为，厄尔尼诺现象影响全球气候，全国大豆减产近一成，使得大连商交所大豆合约价格高涨，某公司在大豆产地实地了解，认为大豆将有好收成，判断未来大豆价格将下降，近期快于远期，于是做了卖近期买远期套利。操作过程及套利效果计算如表 16-2 所示。

表 16-2 熊市套利分析

时间	7 月份合约	9 月份合约	价差
5 月 4 日	卖出 1 手价：3 200	买入 1 手价：3 250	价差 50 元/吨
6 月 4 日	买入 1 手价：2 800	卖出 1 手价：2 900	价差 100 元/吨
套利结果	盈利 400 元/吨	亏损 350 元/吨	价差变大
	盈利：（400－350）×10＝1 000 元		

【例 3】 3 月份、5 月份、7 月份的大豆期货合约价格分别为 2 850 元/吨、2 930 元/吨和 2 975 元/吨，某交易者认为 3 月份和 5 月份之间的价差过大，而 5 月份和 7 月份之间的价差过小，预计 3 月份和 5 月份的价差会缩小而 5 月份与 7 月份的价差会扩大，该交易者的操作策略为：该交易者以该价格同时买入 5 手 3 月份合约、卖出 15 手 5 月份合约，同时买入 10 手 7 月份大豆期货合约。到了 2 月 18 日，三个合约的价格均出现不同幅度的下跌，3 月份、5 月份和 7 月份的合约价格分别跌至 2 650 元/吨、2710 元/吨和 2 770 元/吨，于是该交易者同时将三个合约平仓。在该蝶式套利操作中，套利者的盈亏状况分析如表 16-3 所示。

表 16-3 蝶式套利分析

时间	3 月份合约	5 月份合约	7 月份合约
2 月 1 日	买入 5 手：2 850 元/吨	卖出 15 手：2 930 元/吨	买入 10 手：2 975 元/吨
2 月 18 日	卖出 5 手：2 650 元/吨	买入 15 手：2 710 元/吨	卖出 10 手：2 770 元/吨
套利结果	亏损 200 元/吨 总亏损 200×5＝1 000 元/吨	盈利 220 元/吨 总亏损 220×15＝3 300 元/吨	亏损 205 元/吨 总亏损 205×10＝2 050 元/吨
	净盈利：－1 000＋3 300－2 050＝250 元/吨		

蝶式套利具有一般套利的作用，即有助于使扭曲的期货市场价格恢复到正常水平，有助于有效发挥价格发现功能和增强市场流动性。由于蝶式套利是基于对市场更深层次的认识，它的特殊贡献还体现在，有助于使扭曲的期货市场价差重新恢复到正常水平，这将在更高层面上促进期货市场的价格发现。

（2）跨市场套利：操作比较简单，即相同合约在不同的市场上出现价格分歧的时候，在价格较低的市场买入合约，在价格较高的市场上卖出相同的合约，然后当两个市场价格趋于一致，价差缩小的时候将合约分别平仓，获得盈利。

【例 4】 11 月初苏黎世市场黄金 1 月期货价格 396 美元/盎司，伦敦市场黄金 1 月期货价格 402 美元/盎司，某投资基金进行套利操作如表 16-4 所示。

表 16-4 跨市场套利分析

时间	伦敦	苏黎世	价差
11 月 1 日	卖出黄金合约 402 美元/盎司	买黄金合约 396 美元/盎司	6 美元/盎司
11 月 7 日	平仓：394 美元/盎司	平仓：394 美元/盎司	0
结果	+8 美元/盎司	−2 美元/盎司	价差缩小
	盈利：8−2=6 美元/盎司		

(3) 跨商品套利：指利用两种不同但相互关联商品间的期货合约价格差异进行套利。具体做法：即买入某一交割月份某种商品的期货合约，同时卖出另一相同交割月份、相互关联的商品期货合约，然后在适当时机对冲平仓来获利。

【例 5】 燕麦和玉米价差变化有一定季节性，一般，燕麦价格高于玉米价格，每年 5、6、7 月是冬小麦收割季节，小麦价格降低会引起价差缩小，每年 9、10、11 月是玉米收获季节，玉米价格下降会引起价差扩大，某套利者认为今年燕麦和玉米会遵循这一规律，于是进行套利，其操作过程和盈亏计算分别见表 16-5 和表 16-6。

表 16-5 价差扩大时的操作策略

时间	燕麦期货	玉米期货	价差
7 月×日	买进 12 月期货价格：4.6	卖出 12 月期货价格：3.5	1.1
9 月×日	平仓价格：4.9	平仓价格：2.95	1.95
结果	+0.3	+0.55	价差扩大
	盈利：0.85（单位：美元/蒲式耳）		

表 16-6 价差缩小时的操作策略

时间	燕麦期货	玉米期货	价差
3 月×日	卖出 6 月期货价格：4.4	买入 6 月期货价格：3.4	1
5 月×日	平仓价格：4.1	平仓价格：3.2	0.9
结果	+0.3	−0.2	价差缩小
	盈利：0.1（单位：美元/蒲式耳）		

5. 套利交易的作用

套利交易丰富和发展了期货投机交易的内容，使期货投机不局限于期货合约绝对价格水平的变化，而是转向期货合约相对价格水平的变化，对期货市场的稳定发展有积极的意义，具体讲，套利的作用如下：

(1) 提供了极低的风险对冲的机会。

(2) 有利于被扭曲的价格关系恢复正常水平。

(3) 抑制过度投机。

(4) 活跃了市场，增强了市场的流动性。

6. 套利交易的特点

(1) 利用两个不同合约价差套利。

(2) 风险相对单纯投机小。

(3) 成本较低。

(4) 更适合小额交易者。

三、实验步骤

套利分为跨期套利、跨市场套利、跨商品套利。跨市场套利目前还没有办法进行模拟交易，下面分别对跨期套利、跨商品套利进行模拟交易实验。与套期保值模拟实验相似，套利交易需要给出足够的初始条件。

1. 跨期套利实验

(1) 初始条件：假设临近小麦收获期。

(2) 实验要求：

①要求学生判断近期小麦期货的价格走势。

②观察任意两个不同月份小麦期货价格走势的相关变化，找出跨期套利机会。

③拟定跨期套利的交易计划。

④按照计划操作，平仓后分析套利效果，并填写实验报告。

操作示例：

临近小麦收获期，预计近期小麦价格会下降，并且期货市场上小麦期货近月合约比远月合约价格下降幅度更大。所以拟定操作计划为：卖出近月合约，买入远月合约，一段时间之后平仓了结。

操作过程及套利效果示例如表 16-7 所示。

表 16-7 跨期套利实验示例

交易品种	7 月合约	9 月合约	价差
6 月 1 日	卖出小麦合约 3 手，价格 2 550 元/吨	买入小麦合约 3 手，价格 2 570 元/吨	20 元/吨
7 月 1 日	买入小麦合约平仓，价格 2 350 元/吨	卖出小麦合约平仓，价格 2 470 元/吨	120 元/吨
套保效果	盈利 200 元/吨	亏损 100 元/吨	价差变大
	净盈利（200－100）×3×10＝3 000 元		

注：1 手＝10 吨

在该实验中，小麦期货近月合约和远月合约价格都下降，但近月合约价格下降的幅度大于远月合约价格下降的幅度，价差变大了，从而使得在做空近月合约上因价格下跌带来的收益大于在做多远月合约上因价格上升带来的损失，盈亏相抵后仍盈利3 000元。

如果近月合约和远月合约价格下降的幅度相等，则两个合约平仓后刚好盈亏相抵；如果近月合约价格下降的幅度小于远月合约则会出现亏损。

2. 跨商品套利实验

(1) 初始条件：大豆、豆油和豆粕是一组相关品种，临近收获期，大豆价格预计下降，豆油和豆粕的价格有相应的浮动。

(2) 实验要求：

①要求学生判断近期大豆、豆油或豆粕期货的价格走势。

②观察大豆、豆油或豆粕长期价格走势的相关变化，找出跨商品套利机会。

③选定套利品种，拟定跨商品套利的交易计划。

④按照计划操作，平仓后分析套利效果，并填写实验报告。

操作示例：

临近大豆收获期，预计近期大豆价格会下降，并且期货市场上豆油、豆粕价格都会有相应幅度的下降。经过观察，决定选择大豆和豆油作为套利商品。拟定操作计划为：卖出大豆合约，买入豆油合约，一段时间之后平仓了结。

操作过程及套利效果示例如表 16-8 所示。

表 16-8 跨商品套利实验示例

交易品种	大豆期货	豆油期货	价差
8月1日	卖出大豆 9 月合约 1 手，价格 4 750 元/吨	买入豆油 9 月合约 1 手，价格 8 070 元/吨	3 220 元/吨
9月1日	买入大豆 9 月合约平仓，价格 4 650 元/吨	卖出豆油 9 月合约平仓，价格 8 005 元/吨	3 355 元/吨
套保效果	盈利 100 元/吨	亏损 65 元/吨	价差变大
	净盈利 100－65＝35 元		

注：大豆期货 1 手＝10 吨，豆油期货 1 手＝10 吨

在该实验中，大豆期货和豆油期货价格都下降，但大豆期货合约价格下降的幅度大于豆油价格下降的幅度，价差变大了，从而使得在做空大豆合约上因价格下跌带来的收益大于在做多豆油上因价格上升带来的损失，盈亏相抵后仍盈利 35 元。

如果大豆期货和豆油期货价格下降的幅度相等，则两个合约平仓后刚好盈亏相抵；如果大豆期货价格下降的幅度小于豆油则会出现亏损。

3. 说明

(1) 本项实验的期初和期末商品现货价格都是由教师给出的。但是期货市场的价格因为学生交易时机不同各不相同，实验的结果也不会相同，实验的目的主要是让学生理解套利的具体思路和操作方法。

(2) 套利交易对于经验的要求较高，没有期货市场长期的经验，没有对于价格长期的观察，没有熟练地操作，很难在套利交易中赚钱。学生套利交易出现亏损，应该积极主动地总结，发现影响套利交易效果的原因。

(3) 实验数据、商品种类、假设条件可以根据需要进行调整。

(4) 期货市场中买、卖、平仓等操作与上几章方法相同，不再赘述。

四、实验报告

1. 根据实验课教师提供的条件制定套利的策略，包括：

(1) 确定交易品种、交易合约。

(2) 确定周期内的操作策略，包括确定交易量、交易方向、持仓周期，设置止损点。

2. 根据交易计划下单，密切观察价格走势，持续进行分析判断。

3. 按计划平仓并做好操作记录。

4. 分析套利的效果，总结价差对套利效果的影响。

第四篇

外汇交易实验篇

第十七章 外汇交易基础知识

一、外汇基本知识

1. 汇率

汇率是指两种不同货币之间的兑换价格，如果把外汇也看作是一种商品，那么汇率即是在外汇市场上用一种货币购买另一种货币的价格。例如，1 美元＝110 日元，表示 1 美元可换 110 日元。汇率的表示方法有直接标价法和间接标价法。

2. 直接标价法和间接标价法

直接标价法是指以一定单位的外国货币为基准，将其折合为一定数额的本国货币的标价方法，目前大多数国家采用这种标价法，日元、瑞士法郎、加拿大元、港币、新加坡元均采用直接标价法，如 1 美元＝115.25 日元，1 美元＝1.47 加拿大元等。

间接标价法是以一定单位的本国货币为基准，将其折合为一定数额的外国货币的标价方法。欧元，英镑，澳大利亚元采用间接标价法，如 1 英镑＝1.602 5 美元，1 欧元＝1.568 0 加拿大元，1 欧元＝1.056 2 美元，1 澳大利亚元＝0.592 2 美元等。

3. 基本汇率

基本汇率也叫直盘或基础汇率，一般指一国货币与美元的比价。

4. 交叉汇率

交叉汇率也叫交叉盘，是指两种非美元货币之间的比价，交叉汇率可从基本汇率套算而来。

5. 买入价（Bid rate）

买入价是银行向客户买入外汇（标价中列于“/”左边的货币，即基础货币）时所用的汇率。

6. 卖出价（Offer rate）

卖出价是指银行卖出外汇（标价中列于“/”右边的货币，即基础货币）时所使用的汇率。

7. 外汇中间价

外汇中间价是买入汇率和卖出汇率的平均数。

【实例说明】

如美元/日元的汇率为 115.25/115.35，表示客户向银行卖出美元买入日元（银行买入日元）的汇率为 115.25，而客户向银行卖出日元买入美元的汇率为 115.35。因此，如果您想将 100 美元兑换成日元，那么，您将按照 115.25 的汇率，兑换得 11 525（即 100×115.25）日元；如果要将 10 000 日元兑换成美元，那么，将按照 115.35 的汇率，兑换得 86.69（即 10 000/115.35）美元。又如，澳元/美元汇率为 0.583 0/0.584 0，表示客户卖出澳元买入美元的汇率为 0.583 0，而卖出美元买入澳元的汇率为 0.584 0。确定汇率后，在计算兑换得的货币数额时，还要确定是用乘法还是用除法。相关计算办法，可以用两句话来概括：“（货币）从左到右，乘以左（汇价）；（货币）从右到左，除以右（汇价）。”所以，按照上述报价，要把 100 澳元兑换成美元时，就获得 100×0.583 0 美元，要把 100 美元兑换成澳元时，就获得 100/0.584 0 澳元。

8. 外汇市场

广义的外汇市场泛指进行外汇的场所，甚至包括个人外汇买卖交易场所，外币期货交易所等；狭义的外汇市场指以外汇专业银行、外汇经纪商、中央银行等为交易主题，通过电话、电传、交易机等现代化通信手段实现交易的无形的交易市场。目前世界主要的外汇市场包括欧洲的伦敦、法兰克福、巴黎、苏黎世外汇市场，北美的纽约，亚洲的东京、香港、新加坡外汇市场，澳洲的悉尼、惠灵顿市场。这些市场时间上相互延续，共同构成了全球不间断的外汇市场，其中以伦敦外汇市场的交易量为最大，因此欧洲市场也是流动性较强的一个市场。而纽约外汇市场波动幅度经常较大，主要是由于美国众多的投资基金的运作以及纽约市场上经常会发生一些对于外汇影响较大的事件，例如，美联储利率决定，公布美国重要经济数据等。了解各个市场的特性，对于理解汇率的真实性和进行汇率预测有一定帮助。通常我们所说的当日收盘是指纽约收盘。

9. 外汇市场的参与者

外汇市场的参与者主要包括外汇银行、中央银行、外汇投机者、外汇经纪公司、大型投资基金、实际外汇供求者等。通过了解外汇市场参与者的资金动向对于预测走势也有很大的帮助，例如，日本财务年度的资金汇回日本会造成日元的升值压力。英国公司对于德国公司的大型收购案会构成欧元/英镑交叉盘的上升。日元央行通过抛售日元干预汇市会造成澳元/日元交叉盘的上升等。只要善于分析交易主题的动向和特点，都会从一些蛛丝马迹中寻求汇率的方向。

二、外汇实盘交易与合约现货外汇交易

1. 外汇实盘

外汇实盘买卖业务，即个人实盘外汇买卖业务，是指个人客户通过银行提供的电话银行、网上银行、掌上银行、手机银行、自助终端、柜台等委托渠道，提交委托交易指令，将其持有的可自由兑换外汇，兑换为其他的可自由兑换货币。银行根据国际市场汇率制定的交易汇率进行即期外汇买卖并通过客户在银行开设的交易账号完成资金交割的业务。

2. 合约现货外汇交易

合约现货外汇交易又称外汇保证金交易、按金交易、虚盘交易，指投资者和专业从事外汇买卖的金融公司（银行、交易商或经纪商），签定委托买卖外汇的合同，缴付一定比率（一般不超过10%）的交易保证金，便可按一定融资倍数买卖10万美元、几十万美元甚至上百万美元的外汇。因此，这种合约形式的买卖只是对某种外汇的某个价格作出书面或口头的承诺，然后等待价格出现上升或下跌时，再作买卖的结算，从变化的价差中获取利润，当然也承担了亏损的风险。由于这种投资所需的资金可多可少，交易可通过互联网进行，所以，近年来已经成为国际流行的投资方式，吸引了大量投资者，尤其是个人投资者的参与。

3. 外汇实盘交易与合约现货外汇交易的对比

外汇投资以标准合约的形式出现，主要的优点在于经纪商提供高比例的融资，可以做到以小搏大，节省投资金额。以合约形式买卖外汇，投资额一般不高于合约金额的5%，而得到的利润或付出的亏损却是按整个合约的金额计算的。外汇合约的金额是根据外币的种类来确定的，具体来说，每一个合约的金额分别是12 500 000日元、62 500英镑、125 000欧元、125 000瑞士法郎，每张合约的价值约为10万美元。每种货币的每个合约的金额是不能根据投资者的要求改变的。投资者可以根据自已定金或保证金的多少，买卖几个或几十个合约。一般情况下，投资者利用1千美元的保证金就可以买卖一个合约，当外币上升或下降，投资者的盈利与亏损是按合约的金额即10万美元来计算的。有人认为以合约形式买卖外汇比实买实卖的风险要大，但仔细地把两者加以比较就不难看出差别所在，请详见表17-1。

表 17-1 实盘交易与保证金交易对比表

在 1 美元兑换 135.00 日元时买日元		
	实买实卖	保证金形式
购入 1 250 000 日元需要	US$ 92 592.59	US$ 1 000.00
若日元汇率上升 100 点盈利	US$ 680.00	US$ 680.00
盈利率	680/92 592.59=0.734%	680/1 000=68%
若日元汇率下跌 100 点亏损	US$ 680.00	US$ 680.00
亏损率	680/92 592.59=0.734%	680/1 000=68%

从表 17-1 中可以发现，实买实卖的与保证金形式的买卖在盈利和亏损的金额上是完全相同的，所不同的是投资者投入的资金在数量上的差距，实买实卖的要投入 9 万多美元，才能买卖 12 500 000 日元，而采用保证金的形式只需 1 千美元，两者投入的金额相差 90 多倍。因此，采取合约形式对投资者来说投入小、产出多，比较适合大众的投资，可以用较小的资金赢得较多的利润。

但是，采取保证金形式买卖外汇特别要注意的问题是，由于保证金的金额很小，运用的资金却十分庞大，而外汇汇价每日的波幅又很大，如果投资者在判断外汇走势方面失误，就很容易造成保证金的全军覆没。以上表为例，同样是 100 点的亏损幅度，投资者的 1 千美元就亏掉了 680 美元，如果日元继续贬值，投资者又没有及时采取措施，就会造成不仅保证金全部赔掉，还可能要追加投资。因此，高收益和高风险是对等的，但如果投资者方法得当，风险是可以管理和控制的。

在合约现货外汇交易中，投资者还可能获得可观的利息收入。合约现货外汇的计息方法，不是以投资者实际的投资金额，而是以合约的金额计算的。例如，投资者投入 1 万美元作保证金，共买了 5 个合约的英镑，那么，利息的计算不是按投资人投入的 1 万美元计算，而是按 5 个合约英镑的总值计算，即英镑的合约价值乘合约数量(62 500 英镑 * 5)，这样一来，利息的收入就很可观了。当然，如果汇价不升反跌，那么，投资者虽然拿了利息，但怎么也抵不了亏掉的价格变化的损失。

财息兼收也不意味着买卖任何一种外币都有利息可收，只有买高息外币才有利息的收入，卖高息外币不仅没有利息收入，投资者还必须支付利息。由于各国的利息会经常调整，因此，不同时期不同货币的利息的支付或收取是不一样的，投资者要以从事外币交易的交易商公布的利息收取标准为依据。

利息的计算公式有两种，一种是用于直接标价的外币，像日元、瑞士法郎等；另一种用于间接标价的外币，如欧元、英镑、澳元等。

日元、瑞士法郎的利息计算公式为：

合约金额×（1/入市价）×利率×（天数/360）×合约数

欧元、英镑的利息计算公式为：

合约金额×入市价×利率×（天数/360）×合约数

合约现货外汇买卖的方法，既可以在低价先买，待价格升高后再卖出，又可以在高价位先卖，等价格跌落后再买入。外汇的价格总是在波浪中攀升或下跌的。这种既可先买又可先卖的方法，不仅在上升的行情中获利，还可以在下跌的形势下赚钱。投资者若能灵活运用这一方法，无论升市还是跌市都可以左右逢源。那么，投资者如何来计算合约现货外汇买卖的盈亏呢？这主要有以下 3 个因素要考虑。

首先，要考虑外汇汇率的变化。投资者从汇率的波动赚钱可以说是合约现货外汇投资获取利润的主要途径。盈利或亏损的多少是按点数来计算的，所谓点数实际上就是汇率的最后一位数的变化，比如说 1 美元兑换 130.25 日元，130.25 日元可以说成 13 025点，当日元跌到 131.25 时，即下跌 100 点，日元在这个价位上，每一点代表了 6.8 美元。日元、英镑、瑞士法郎等每种货币的每一点所代表的价值也不一样。在合约现货外汇买卖中，赚的点数越多盈利也就越多，赔的点数越少亏损也就越少。例如，投资者在 1.600 0 价位时买入 1 个合约的英镑，当英镑上升到 1.700 0 时，投资者把这个合约卖掉，即赚 1 000 点的英镑，盈利高达 6 250 美元。而另一个投资者在 1.700 0 时买英镑，英镑下滑至 1.690 0 时，他马上抛掉手中的合约，那么，他只赔了 100 点，即赔掉 625 美元。当然，赚和赔的点数与盈利和亏损的多少是成正比的。

其次，要考虑利息的支出与收益。本书曾叙述过先买高息外币会得到一定的利息，但先卖高息外币就要支付一定的利息。如果是短线的投资，例如，当天买卖结束，或者在一两天内结束，就不必考虑利息的支出与收益，因为一两天的利息支出与收益很少，对盈利或者亏损影响很小。对中、长线投资者来说，利息问题却是一个不可忽视的主要环节。例如，投资者在 1.700 0 价位时先卖英镑，一个月以后，英镑的价格还在这一位置，如果按卖英镑要支付 8%的利息计算，每月的利息支付高达 750 美元。这也是一个不小的支出。从目前一般居民投资的情况来看，有很多投资者对利息的收入看得比较多，而同时忽视了外币的走势，从而都喜欢买高息外币，结果造成了因小失大。例如，当英镑下跌时，投资者买了英镑，即使一个合约每月收息 450 美元，但一个月英镑下跌了 500 点，在点数上赔掉 3 125 美元，利息的收入弥补不了英镑下跌带来的损失。所以，投资者要把外汇汇率的走势放在第一位，而把利息的收入或支出放在第二位。

最后，要考虑手续费的支出。投资者买卖合约外汇要通过金融公司进行，因此，投资者要把这一部分支出计算到成本中去。金融公司收取的手续费是按投资者买卖合约的数量，而不是按盈利或亏损的多少，因此，这是一个固定的量。但随着网上外汇交易方式的普及，所有的在线经纪商都免收手续费，继续收取客户手续费的公司或经纪商已经没有市场。

以上的三个方面，构成了计算合约现货外汇盈利及亏损的计算方法。

日元、瑞士法郎的损益计算公式为：

合约金额×（1/卖出价－1/买入价）×合约数－手续费＋/－利息

而欧元、英镑的损益计算公式为：

合约金额×（卖出价－买入价）×合约数－手续费＋/－利息

三、外汇交易的基本面分析

1. 基础面分析

基本面分析是基于对宏观基本因素的状况、发生的变化及其对汇率走势造成的影响加以研究，得出货币间供求关系的结论，以判断汇率走势的分析方法。其研究对象包括经济、政治、军事、人文、地理、突发事件等各个方面。一般用以判断长期汇率变化的趋势。在某些书籍中，将基本面分析只定义为对经济因素的分析是片面的。

由基本面分析得来的汇率长期发展的趋势较为可靠，并具有提前性。但其缺点是无法提供汇率涨跌的起、止点和发生变化的时间。并且在一些时候，汇率的变化并不严格遵从于基本面的变化。因此，对于基本面的分析一定要结合技术面以及市场心理等因素进行研究。

影响汇率的主要因素如下。

（1）政治局势：国际、国内政治局势变化对汇率有很大影响，局势稳定，则汇率稳定；局势动荡则汇率下跌。所需要关注的方面包括国际关系、党派斗争、重要政府官员情况、动乱、暴乱等。

（2）经济形势：一国经济各方面综合效应的好坏，是影响本国货币汇率最直接和最主要的因素。其中主要考虑经济增长水平、国际收支状况、通货膨胀水平、利率水平等几个方面。

（3）军事动态：战争、局部冲突、暴乱等将造成某一地区的不安全，对相关地区以及弱势货币的汇率将造成负面影响，而对于远离事件发生地国家的货币和传统避险货币的汇率则有利。

（4）政府、央行政策：政府的财政政策、外汇政策和央行的货币政策对汇率起着非常重要的作用，有时是决定作用。如政府宣布将本国货币贬值或升值；央行的利率升降、市场干预等。

（5）市场心理：外汇市场参与者的心理预期，严重影响着汇率的走向。对于某一货币的升值或贬值，市场往往会形成自己的看法，在达成一定共识的情况下，将在一定时间内左右汇率的变化，这时可能会发生汇率的升降与基本面完全脱离或央行干预无效的情况。

（6）投机交易：随着金融全球化进程的加快，充斥在外汇市场中的国际游资越来越庞大，这些资金有时为某些投机机构所掌控，由于其交易额非常巨大，并多采用对冲方式，有时会对汇率走势产生深远影响。如量子基金阻击英镑、泰铢，使其汇率在短时间内大幅贬值等。

(7) 突发事件：一些重大的突发事件，会对市场心理形成影响，从而使汇率发生变化，其造成结果的程度，也将对汇率的长期变化产生影响。如“9·11”事件使美元在短期内大幅贬值等。

2. 基本面分析的基本理论

(1) 购买力平价理论（PPP）。

购买力平价理论规定，汇率由同一组商品的相对价格决定。通货膨胀率的变动应会被等量但相反方向的汇率变动所抵销。举一个汉堡包的经典案例，如果汉堡包在美国值 2.00 美元一个，而在英国值 1.00 英镑一个，那么根据购买力平价理论，汇率一定是 2 美元每 1 英镑。如果盛行市场汇率是 1.7 美元每英镑，那么英镑就被称为低估通货，而美元则被称为高估通货。此理论假设这两种货币将最终向 2∶1 的关系变化。

购买力平价理论的主要不足在于其假设商品能被自由交易，并且不计关税、配额和赋税等交易成本。另一个不足是它只适用于商品，却忽视了服务，而服务恰恰可以有非常显著的价值差距的空间。另外，除了通货膨胀率和利息率差异之外，还有其他若干个因素影响着汇率，例如，经济数字发布/报告、资产市场以及政局发展。在 20 世纪 90 年代之前，购买力平价理论缺少事实依据来证明其有效性。90 年代之后，此理论似乎只适用于长周期（3～5 年）。在如此跨度的周期中，价格最终向平价靠拢。

(2) 利率平价理论（IRP）。

利率平价规定，一种货币对另一种货币的升值（贬值）必将被利率差异的变动所抵销。如果美国利率高于日本利率，那么美元将对日元贬值，贬值幅度据防止无风险套汇而定。未来汇率会在当日规定的远期汇率中被反映。在我们的例子中，美元的远期汇率被看作贴水，因为以远期汇率购得的日元少于以即期汇率购得的日元。日元则被视为升水。

20 世纪 90 年代之后，无证据表明利率平价说仍然有效。与此理论截然相反，具有高利率的货币通常不但没有贬值，反而因对通货膨胀的远期抑制和身为高效益货币而增值。

(3) 国际收支模式。

此模式认为外汇汇率必须处于其平衡水平——即能产生稳定经常账户余额的汇率。出现贸易赤字的国家，其外汇储备将会减少，并最终使其本国货币币值降低（贬值）。便宜的货币使该国的商品在国际市场上更具价格优势，同时也使进口产品变得更加昂贵。在一段调整期后，进口量被迫下降，出口量上升，从而使贸易余额和货币向平衡状态稳定。

与购买力平价理论一样，国际收支模式主要侧重于贸易商品和服务，而忽视了全球资本流动日趋重要的作用。换言之，金钱不仅追逐商品和服务，还从更广义而言，追逐股票和债券等金融资产。此类资本流进入国际收支的资本账户项目，从而可平衡经常账户中的赤字。资本流动的增加产生了资产市场模式。

(4) 资产市场模式。

资产市场模式是目前为止的最佳模式。金融资产（股票和债券）贸易的迅速膨胀使分析家和交易商以新的视角来审视货币。诸如增长率、通胀率和生产率等经济变量已不再是货币变动仅有的驱动因素。源于跨国金融资产交易的外汇交易份额，已使由商品和服务贸易产生的货币交易相形见绌。

资产市场方法将货币视为在高效金融市场中交易的资产价格。因此，货币越来越显示出其与资产市场，特别是股票间的密切关联。

1999 年夏，许多权威人士认定美元将对欧元贬值，理由是经济持续增长的美国经常账户赤字和华尔街的经济过热。此观点的理论基础是：非美国投资者将会从美国股票和债券市场抽取资金，投入到经济状况更为健康的市场中去，从而大幅压低美元币值。而这样的恐惧自 20 世纪 80 年代早期以来就一直没有消散。当时，美国经常账户迅速增长至历史最高纪录，占国内总产值（GDP）的 3.5%。

正如 20 世纪 80 年代那样，外国投资者对美国资产的胃口依旧贪婪。但与 80 年代不同的是，财政赤字在 90 年代消失了。虽然外国持有美国债券的增长速度可能已经放缓，但源源不断注入美国股市的大量资金却足以抵销这种缓势。在美国泡沫破裂的情况下，非美国投资者最有可能做出的选择是更安全的美国国库券，而不是欧元区或英国股票，因为欧元区或英国股票很有可能在上述事件中受到重创。在 1998 年 11 月的危机，以及 1996 年 12 月由美联储主席格林斯潘的某些言论而引发的股慌中，此类情况已经发生。在前一事例中，外国国库券净购买量几乎增长了两倍，达到 440 亿美元；而在后一事例中，此项指标狂增十倍有余，达到 250 亿美元。

过去 20 年中，在估计美元行为方面，国际收支法已为资产市场法所取代。尽管欧元区经济基本面要素的改善必将帮助这一年轻的货币收复失地，但是单靠基本面要素很难支撑这一复苏。而今仍旧存在欧洲央行的信用问题；截止目前，欧洲央行的信用度与欧元受到的频繁的口头支持成反比关系。欧元区三巨头（德国、法国和意大利）的政府稳定性，以及欧洲货币联盟扩展等敏感问题若隐若现的风险也被看作是单一货币的潜在障碍。

目前，美元得以保持稳定应归因于下列因素：零通胀增长，美国资产市场的安全避风港性质，以及上文提及的欧元风险。

四、外汇交易的技术面分析

通过技术分析研究以往价格和交易量数据，进而预测未来的价格走向。此类型分析侧重于图表与公式的构成，以捕获主要和次要的趋势，并通过估测市场周期长短，识别买入/卖出机会。根据您选择的时间跨度，您可以使用日内（每 5 分钟、每 15 分钟、每小时）技术分析，也可以使用每周或每月技术分析。

1. 技术面分析的基本理论

(1) 道琼斯理论。

这一技术分析中最古老的理论认为，价格能够全面反映所有现存信息，可供参与者（交易商、分析家、组合资产管理者、市场策略家及投资者）掌握的知识已在标价行为中被折算。由不可预知事件引起的货币波动，都将被包含在整体趋势中。技术分析旨在研究价格行为，从而做出关于未来走向的结论。

主要围绕股票市场平均线发展而来的道琼斯理论认为，价格可演绎为包括三种幅度类型的波状——主导、辅助和次要。相关时间周期从小于 3 周至大于 1 年不等。此理论还可说明反驰模式。反驰模式是趋势减缓移动速度所经历的正常阶段，这样的反驰模式等级是 33%、50%和 66%。

(2) 斐波纳契反驰现象。

这是一种广为使用，基于自然和人为现象所产生的数字比率的反驰现象组。此现象被用于判断价格与其潜在趋势间的反弹或回溯幅度大小。最重要的反驰现象等级是 38.2%、50%和 61.8%。

(3) 埃利奥特氏波。

埃利奥特派学者以固定波状模式将价格走向分类。这些模式能够表示未来的指标与逆转。与趋势同向移动的波被称为推动波，而与趋势反向移动的波被称为修正波。埃利奥特氏波理论分别将推动波和修正波分为 5 种和 3 种主要走向。这 8 种走向组成一个完整的波周期。时间跨度可从 15 分钟至数十年不等。

埃利奥特氏波理论具有挑战性的部分在于，1 个波周期可用 8 个子波周期组成，而这些波又可被进一步分成推动和修正波。因此，埃利奥特氏波的关键是能够识别特定波所处的环境。埃利奥特派也使用斐波纳契反驰现象来预测未来波周期的峰顶与谷底。

2. 技术面分析的主要内容

(1) 发现趋势。

关于技术分析，您首先听说的可能会是下面这句箴言："趋势是您的朋友。"找到主导趋势将帮助您统观市场全局导向，并且能赋予您更加敏锐的洞察力——特别是当更短期的市场波动搅乱市场全局时。每周和每月的图表分析最适合用于识别较长期的趋势。一旦发现整体趋势，您就能在希望交易的时间跨度中选择走势。这样，您能够在涨势中买跌，并且在跌势中卖涨。

（2）支撑和阻力。

支撑和阻力水准是图表中经受持续向上或向下压力的点。支撑水准通常是所有图表模式（每小时、每周或者每年）中的最低点，而阻力水准是图表中的最高点（峰点）。当这些点显示出再现的趋势时，它们即被识别为支撑和阻力。买入/卖出的最佳时机就是在不易被打破的支撑/阻力水准附近。

一旦这些水准被打破，它们就会趋向于成为反向障碍。因此，在涨势市场中，被打破的阻力水准可能成为对向上趋势的支撑；然而在跌势市场中，一旦支撑水准被打破，它就会转变成阻力。

（3）线条和通道。

趋势线在识别市场趋势方向方面是简单而实用的工具。向上直线由至少两个连续低点相连接而成。很自然，第二点必须高于第一点。直线的延伸帮助判断市场将沿以运动的路径。向上趋势是一种用于识别支持线/水准的具体方法。反而言之，向下线条是通过连接两点或更多点绘成。交易线条的易变性在一定程度上与连接点的数量有关。然而值得一提的是，各个点不必靠得过近。

通道被定义为与相应向下趋势线平行的向上趋势线。两条线可表示价格向上、向下或者水平的走廊。支持趋势线连接点的通道的常见属性应位于其反向线条的两连接点之间。

（4）平均线。

如果您相信技术分析中“趋势是您的朋友”的信条，那么移动平均线将使您获益匪浅。移动平均线显示了在特定周期内某一特定时间的平均价格。它们被称作“移动”，因为它们依照同一时间度量，且反映了最新平均线。

移动平均线的不足之一在于它们滞后于市场，因此并不一定能作为趋势转变的标志。为解决这一问题，使用5天或10天的较短周期移动平均线将比40天或200天的移动平均线更能反映出近期的价格动向。

或者，移动平均线也可以通过组合两种不同时间跨度的平均线加以使用。无论使用5天或20天的移动平均线，还是使用40天或200天的移动平均线，买入信号通常在较短期平均线向上穿过较长期平均线时被察觉。与此相反，卖出信号会在较短期平均线向下穿过较长周期平均线时被提示。

有三种在数学上不同的移动平均线：简单算术移动平均线、线性加权移动平均线以及平方系数加权平均线。其中，最后一种是首选方法，因为它赋予最近的数据更多权重，并且在金融工具的整个周期中考虑数据。

五、外汇交易技巧

如果想要成为一个优秀的外汇交易者，就必须掌握许多超于常人的技巧，否则在这个外汇市场中就很难赚取利润，同时外汇交易类似于行军打仗一般，要求投资者必须严格地恪守交易纪律和保持良好心态，投机取巧的投资者的确能赚取可观利润，然而却非长久之计，长期的利润还是需要靠技术和心态。以下是十大外汇交易必备技巧，希望投资者能够学习并参考。

(1) 在做单前制订出自己的做单计划，包括每天交易多少，每月交易多少，每次赚取多少，亏损多少止损等，并且当无任何明朗的行情或者交易信号时，立即终止交易，不要被冲动的内心所控制。

(2) 在参与外汇交易的时候要保持良好的生活作息规律，并且注意劳逸结合，过于劳累地去交易对于投资者来说并非好事，这虽然是投资，但是身体仍然是革命的本钱，拥有充沛的精力才能够专心地分析。

(3) 不要频繁地参与交易，当一次获利了结后，不要着急做下一单，这样容易打破自己原有的计划，此时可以反思一下，是依靠哪一门技术指标盈利的。

(4) 不要受到众多的意见左右，经过分析众多分析师的评论发现，很多都是和事实相反的，这会左右我们原有的做单计划，尽量不要参加一些讨论，也不和别人闲聊，坚持走自己的路。基本面消息还是要了解的，这样容易掌握大趋势。

(5) 执行“打不过就跑”的战术，不要当连续几单出现亏损时，硬着头皮入市，此时将会抛弃技术分析和操作计划，可以暂时中止交易，冷静地观察下行情和基本面消息，再从容地入市。

(6) 保证自己可用保证金的充足，忌讳重仓外汇交易，当可用保证金充足，风险就能控制在合理的范围内，就不容易出现慌乱，这样才能很好地判断未来走势，慌乱的心态经常会导致操作失误等。

(7) 投资有风险，入市需谨慎，在参与真实外汇交易前，先模拟，熟悉平台，熟悉操作，掌握几门拿得出手的技术指标。

(8) 多观察，少做单，可以短线操作，但是不能过于频繁，过频的交易会给交易商带来利润，然而对于自己，却是冒着很大的风险，因此一定要控制自己的交易手数。

(9) 摆脱在股市的操作习惯，外汇交易跟股票交易不同，注意做多和做空，在高位时不要习惯性地做多。

(10) 选择优秀的外汇平台，具有稳定性和较低的掉线率，含有美元指数这样重要的交易品种。

第十八章　外汇交易模拟实验

一、实验目的

1. 熟悉外汇交易币种、交易汇率类型及有关汇市报价。

2. 掌握现货外汇交易（实盘交易）的基本流程、分析方法及相关术语。

3. 能够解读外汇行情、利用分析软件对外汇走势作出合理判断，并顺利实现外汇买卖的即时与委托交易的模拟操作。

二、实验要求

1. 登录外汇模拟交易系统，熟悉系统的各主要功能模块。

2. 分析外汇行情，做出买入卖出外汇的即时交易或委托交易决策并正确进行下单（或撤单等）操作。

3. 对每笔交易记录理由，根据交易记录及交易成绩定期进行分析小结，并最终形成保证金交易模拟部分的实验报告。

三、实验步骤

1. 进入外汇交易页面，如图 18-1 所示。

2. 选择查看某种或货币（美元）报价，如图 18-2 所示。

3. 对美元和另一种货币（欧元）的 K 线图进行投资分析，如图 18-3 所示。

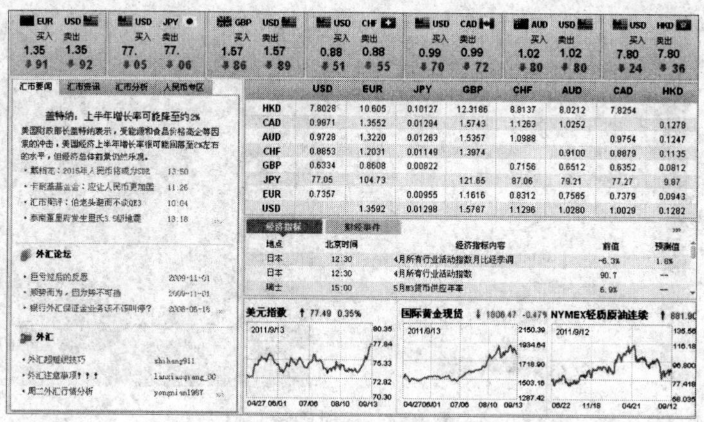

图 18-1 外汇市场总览

美元											
时间	币种名称	买入价	卖出价	涨跌	涨跌%	开盘价	最高价	最低价	昨收价	最新价	振幅%
17:28:02	欧元美元	1.3584	1.3587	-0.0071	-0.52	1.3660	1.3695	1.3558	1.3657	1.3586	1.00
17:28:02	美元日圆	77.04	77.05	-0.25	-0.32	77.31	77.35	76.91	77.30	77.05	0.57
17:28:02	英镑美元	1.5778	1.5781	-0.0076	-0.48	1.5859	1.5871	1.5762	1.5855	1.5779	0.69
17:28:02	美元瑞郎	0.8854	0.8857	0.0036	0.41	0.8817	0.8881	0.8793	0.8820	0.8856	1.00
17:28:03	澳元美元	1.0277	1.0283	-0.0059	-0.57	1.0334	1.0377	1.0263	1.0339	1.0280	1.10
17:28:02	美元加元	0.9971	0.9973	0.0040	0.40	0.9925	0.9977	0.9911	0.9932	0.9972	0.66
17:28:02	纽元美元	0.8189	0.8192	-0.0031	-0.38	0.8215	0.8264	0.8180	0.8222	0.8191	1.02
17:28:01	美元新元	1.2424	1.2429	0.0072	0.58	1.2353	1.2429	1.2321	1.2354	↓1.2426	0.87
17:27:54	美元港币	7.8025	7.8034	-0.0001	0.00	7.8029	7.8037	7.7980	7.8031	7.8030	0.07

图 18-2 美元外汇报价

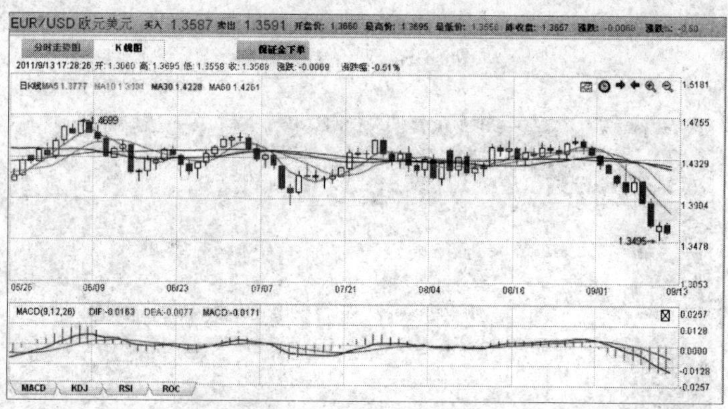

图 18-3 欧元对美元汇率日 K 线图

4. 用保证金交易方式进行下单，如图 18-4 和图 18-5 所示。

5. 等待汇率报价出现有利变化后即可平仓，如图 18-6 所示。

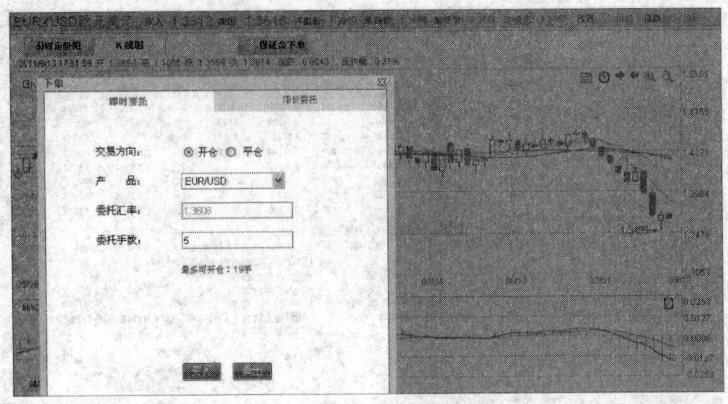

图 18-4　即时委托菜单

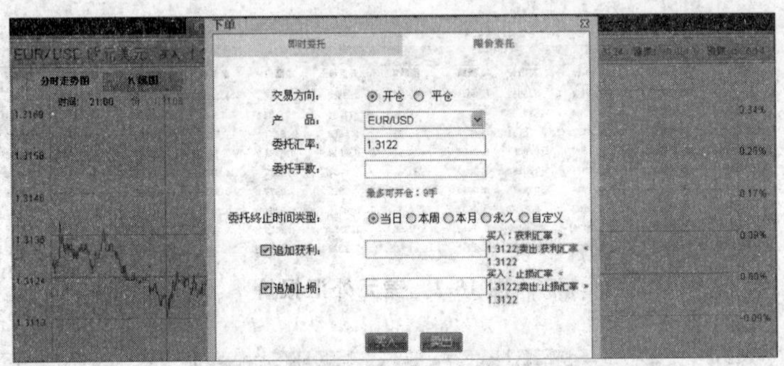

图 18-5　限价委托菜单

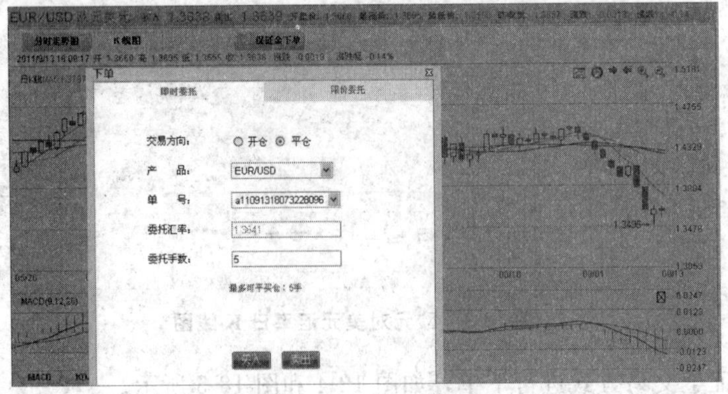

图 18-6　平仓菜单

四、实验报告

对所做的交易进行详细分析，写出实验报告及心得体会。

五、案例 利用外汇交易规避汇率风险

某进出口企业情况如下，该企业进口支付的货币主要有欧元和英镑，而该企业的外汇收入主要以美元为主，该企业在 2004 年 1 月签定了一批约合 500 万美元左右的非美元（欧元、英镑）进口合同，那时欧元兑美元汇价在 1.1 美元，英镑兑美元也在 1.5 美元，该企业大约还有 300 万美元的外汇收入，这样该企业存在收入外汇的币种、金额与支付外汇的币种、金额不匹配，收付时间也不一致，而且这种不匹配的情况在可预见的未来一段时期内依然存在，主要是支付的外汇金额大于收入的外汇金额，收入的货币主要是美元，而支付的货币主要是欧元、英镑等非美元，表明公司有必要采取积极的保值避险措施，对未来可测算的外汇支付（特别是非美元货币的对外支付）锁定汇率风险。

该企业可以采取以下几种方法：

1. 积极分析当前汇率的走势

如果认为汇率将向有利的方向变化时，可以不必采取任何保值措施，而获得超额的汇率风险收益。但此种方法必须依赖对汇率波动的准确预测，否则将给企业带来更大的风险。

2. 在签定进出口合同时，事先确定货币汇率，以防范未来资金支付时汇率剥夺的风险

为更好地达到公司保值避险的目标，在签定非美元商务合同或开立非美元远期信用证时，将支付时的汇率提前确定，避免出现到实际支付时，由于市场的即期汇率大幅升值而造成汇率风险损失的局面。

3. 利用远期合同法，规避汇率风险

该方法，公司在叙做远期外汇买卖时交易当天并没有实际的资金交换，而是在预先确定的到期日才按照交易时已确定的远期汇率完成实际资金交割。买进远期的英镑和欧元，卖出美元，在交割时，公司可以选择用已收入的美元支付，因为美元收入小于欧元和英镑的支付，因此不足部分可用人民币即期购买美元完成远期外汇买卖项下的资金交割。另外，公司在进行远期外汇买卖交割美元时，如果时间不匹配的话，需

支付的美元也可考虑用美元的短期流动资金贷款解决，到期后用美元收入归还。与期权法相比，将放弃了汇率如果向有利方向发展所带来的汇率收益。

4. 利用外汇期权合同法，规避汇率风险

期权的买方（公司）有权利在能够执行该期权的时间决定是否按期权的协议价和金额买入该货币、卖出美元。一旦期权的买方决定执行，则期权的卖方（银行）有义务按协议价卖出该货币。但是公司买入期权后，虽然达到了既能规避汇率朝不利方向变动的风险，又能享有汇率向对公司有利的方向大幅变化时，公司可以选择不执行期权而在即期外汇市场用更好的汇率买入需对外支付的货币。为了享有期权的这种全面性好处，公司必须先行支付一笔期权费，如果期权费用小于汇率波动带来的风险收益，期权交易将优于远期交易。

第五篇

债券交易实验篇

第十九章　债券交易基础知识

一、债券的定义

债券是国家或地区政府、金融机构、企业等机构直接向社会借债筹措资金时，向投资者发行，并且承诺按特定利率支付利息并按约定条件偿还本金的债权债务凭证。

二、债券的基本要素

1. 票面价值

债券的面值是指债券的票面价值，是发行人对债券持有人在债券到期后应偿还的本金数额，也是企业向债券持有人按期支付利息的计算依据。

2. 偿还期

债券偿还期是指企业债券上载明的偿还债券本金的期限，即债券发行日至到期日之间的时间间隔。

3. 付息周期

债券的付息周期是指企业发行债券后的利息支付的时间，可以是到期一次支付，或 1 年、半年或者 3 个月支付一次。

4. 票面利率

债券的票面利率是指债券利息与债券面值的比率，是发行人承诺以后一定时期支付给债券持有人报酬的计算标准。

5. 发行主体

发行主体指明债券的债务主体，为债权人到期追回本金和利息提供依据。

三、债券的特征

1. 偿还性

债券一般都规定有偿还期限，发行人必须按约定条件偿还本金并支付利息。

2. 流通性

债券一般都可以在流通市场上自由转让。

3. 安全性

与股票相比，债券通常规定有固定的利率。收益比较稳定，风险较小。此外，在企业破产时，债券持有者享有优先于股票持有者对企业剩余资产的索取权。

4. 收益性

债券的收益性主要表现在两个方面，一是投资债券可以给投资者定期或不定期地带来利息收入；二是投资者可以利用债券价格的变动，买卖债券赚取差额。

四、债券的分类

1. 按发行主体划分

（1）政府债券。

政府债券是政府为筹集资金而发行的债券，主要包括国债、地方政府债券等，其中最主要的是国债。国债因其信誉好、利率优、风险小而又被称为“金边债券”。

（2）金融债券。

金融债券是由银行和非银行金融机构发行的债券。在我国，目前金融债券主要由国家开发银行、进出口银行等政策性银行发行。金融机构一般有雄厚的资金实力，信用度较高，因此金融债券往往有良好的信誉。

（3）公司（企业）债券。

企业债券通常又称为公司债券，是企业依照法定程序发行，约定在一定期限内还本付息的债券。

2. 按财产担保划分

（1）抵押债券。

抵押债券是以企业财产作为担保的债券，按抵押品的不同又可以分为一般抵押债券、不动产抵押债券、动产抵押债券和证券信托抵押债券。

（2）信用债券。

信用债券是不以任何公司财产作为担保，完全凭信用发行的债券。

3. 按债券形态分类

(1) 实物债券（无记名债券）。

实物债券是一种具有标准格式实物券面的债券。它与无实物票卷相对应，简单地说就是发给你的债券是纸质的而非电脑里的数字。

(2) 凭证式债券。

凭证式国债是指国家采取不印刷实物券，而用填制“国库券收款凭证”的方式发行的国债。

(3) 记账式债券。

记账式债券指没有实物形态的票券，以电脑记账方式记录债权，通过证券交易所的交易系统发行和交易。

4. 按是否可转换划分

(1) 可转换债券。

可转换债券是指在特定时期内可以按某一固定的比例转换成普通股的债券，它具有债务与权益双重属性，属于一种混合性筹资方式。

(2) 不可转换债券。

不可转换债券是指不能转换为普通股的债券，又称为普通债券。由于其没有赋予债券持有人将来成为公司股东的权利，所以其利率一般高于可转换债券。

5. 按付息的方式划分

(1) 零息债券。

零息债券，也叫贴现债券，是指债券券面上不附有息票，在票面上不规定利率，发行时按规定的折扣率，以低于债券面值的价格发行，到期按面值支付本息的债券。

(2) 附息债券。

附息债券是将利率印在票面上并按期向债券持有人支付利息的债券。该利率一般不随市场利率的变化而调整，因而附息债券可以较好地抵制通货紧缩风险。

(3) 浮动利率债券。

浮动利率债券的息票率同市场利率挂钩，随市场利率的变动而调整，所以浮动利率债券可以较好地抵制通货膨胀风险。其利率通常根据市场基准利率加上一定的利差来确定。浮动利率债券往往是中长期债券。

6. 按是否能够提前偿还划分

(1) 可赎回债券。

可赎回债券是指在债券到期前，发行人可以以事先约定的赎回价格收回的债券。公司发行可赎回债券主要是考虑到公司未来的投资机会和回避利率风险等问题，以增加公司资本结构调整的灵活性。发行可赎回债券最关键的问题是赎回期限和赎回价格的制定。

(2) 不可赎回债券。

不可赎回债券是指不能在债券到期前收回的债券。

五、债券的发行

1. 债券的发行条件

根据《公司法》的规定，我国债券发行的主体，主要是股份制公司和国有企业。

企业发行债券的条件是：

(1) 股份有限公司的净资产额不低于人民币 3 000 万元，有限责任公司的净资产额不低于人民币 6 000 万元。

(2) 累计债券总额不超过净资产的 40%。

(3) 最近 3 年平均可分配利润足以支付公司债券 1 年的利息。

(4) 筹资的资金投向符合国家的产业政策。

(5) 债券利息率不得超过国务院限定的利率水平。

(6) 其他条件。

2. 债券的发行价格

债券的发行价格，是指债券原始投资者购入债券时应支付的市场价格，它与债券的面值可能一致也可能不一致。理论上，债券发行价格是债券的面值和要支付的年利息按发行当时的市场利率折现所得到的现值。

由此可见，票面利率和市场利率的关系影响到债券的发行价格。当债券票面利率等于市场利率时，债券发行价格等于面值；当债券票面利率低于市场利率时，企业仍以面值发行就不能吸引投资者，故一般要折价发行；反之，当债券票面利率高于市场利率时，企业仍以面值发行就会增加发行成本，故一般要溢价发行。

六、债券的交易

1. 债券的交易程序

(1) 投资者委托证券商买卖债券，签订开户契约，填写开户有关内容，明确经纪商与委托人之间的权利和义务。

(2) 证券商通过它在证券交易所内的代表人或代理人，按照委托条件实施债券买卖业务。

(3) 办理成交后的手续。成交后，经纪人应于成交的当日，填制买卖报告书，通知委托人（投资人）按时将交割的款项或交割的债券交付委托经纪商。

(4) 经纪商核对交易记录，办理结算交割手续。

2. 交易方式

上市债券的交易方式大致有债券现货交易、债券回购交易、债券期货交易。目前在深、沪证券交易所交易的债券有现货交易和回购交易。

(1) 现货交易。

现货交易是债券买卖双方对债券的买卖价格均表示满意，在成交后立即办理交割，或在很短的时间内办理交割的一种交易方式。

例如，投资者可直接通过证券账户在深交所全国各证券经营网点买卖已经上市的债券品种。

(2) 回购交易。

回购交易是指债券持有一方（出券方）和购券方在达成一笔交易的同时，规定出券方必须在未来某一约定时间以双方约定的价格再从购券方那里购回原先售出的那笔债券，并以商定的利率（价格）支付利息。

目前深、沪证券交易所均有债券回购交易，机构法人和个人投资者都能参与。

(3) 期货交易。

债券期货交易是一批交易双方成交以后，交割和清算按照期货合约中规定的价格在未来某一特定时间进行的交易。目前深、沪证券交易所均不开通债券期货交易。

七、债券的收益率

1. 债券收益率的分类

(1) 当期收益率。

当期收益率又称直接收益率，是指利息收入所产生的收益，通常每年支付两次，它占了公司债券所产生收益的大部分。当期收益率是债券的年息除以债券当前的市场价格所计算出的收益率。它并没有考虑债券投资所获得的资本利得或是损失，只在衡量债券某一期间所获得的现金收入相较于债券价格的比率。

(2) 到期收益率。

到期收益率，是指将债券持有到偿还期所获得的收益，包括到期的全部利息。到期收益率又称最终收益率，是投资购买国债的内部收益率，即可以使投资购买国债获得的未来现金流量的现值等于债券当前市价的贴现率。它相当于投资者按照当前市场价格购买并且一直持有到满期时可以获得的年平均收益率。

(3) 提前赎回收益率。

债券发行人在债券规定到期日之前赎回债券时投资人所取得的实际收益率。

2. 收益率计算

（1）当期收益率的计算。

$$CY=C/P$$

式中：CY 为当期收益率；C 为年利息额；P 为债券的当前价格。

（2）到期收益率的计算。

$$P=\sum_{i=1}^{N}\frac{C}{(1+YTM)^i}+\frac{F}{(1+YTM)^N}$$

式中：P 为债券当前的市场价格；C 为利息；F 为债券面值；N 为距到期日的年数；YTM 为到期收益率。

（3）提前赎回收益率的计算。

$$P=\sum_{i=1}^{N^*}\frac{C}{(1+YTM)^i}+\frac{F^*}{(1+YTM)^{N^*}}$$

式中：P 为债券的市场价格；C 为利息；F^* 为赎回价格；YTC 为每期的赎回收益率；N^* 为直到赎回日前的期数。

第二十章 债券交易模拟实验

一、实验目的

通过实验使学生掌握债券交易的基本操作方法，熟悉债券的开户、回购、买卖、结算、查询等交易步骤，对债券进行盈亏计算、收益率计算。

二、实验要求

1. 能独立操作行情软件对债券的基本信息进行查询。

2. 能操作委托交易软件进行沪深两市交易所上市的国债和企业债券的交易买卖。

3. 能对交易的债券进行盈亏和收益率计算。

三、实验步骤

1. 找出截至实验日为止的中国上市交易的国债品种，并完成表 20-1。

表 20-1 国债交易品种

市场类别	债券代号	简称	起息日	到期日	债券品种	利率类型	票面利率（%）	付息方式	发行价格
中国国债	2003 年记账式（三期）国债	国债 0303	2003-04-25	2023-04-17	记账式国债	固定利率	3.4	每半年付息一次	100

2. 找出截至实验日为止的中国上市交易的公司债券品种，并完成表 20-2。

表 20-2 公司债交易品种

市场类别	债券代号	简称	起息日	到期日	债券品种	利率类型	票面利率（%）	付息方式	发行价格
中国国债	019930	09 国债 30	2009-11-30	2059-11-30	单利	固定利率	4.3	按半年付息	100

3. 找出截至实验日为止的中国上市交易的可转换公司债券品种，并完成表 20-3。

表 20-3 可转债交易品种

市场类别	债券代号	简称	起息日	到期日	类别	债券品种	票面利率(%)	计息方式	发行价格	对应股票简称	信用等级	发行方式	有无特殊条款
中国国债	019922	09 国债 22	2009-09-10	2012-09-10			2.18	单利	100				免税

4. 记录模拟交易的 5 只国债、企业债，完成表 20-4。

表 20-4 债权模拟交易记录

交易初值： 万元		终值： 万元	投资期收益率（%）	
交易顺序	债券名称（代码）	买入价	卖出价	成交数量
1	010107			
2	100213			
3	100303			
4	100410			
5	100501			
6	120485			
7	120501			
8	120509			
9	111015			
10	111051			

四、实验报告

对所做的交易进行详细分析，写出实验报告及心得体会。

五、案例 1 2001 年记账式（三期）国债招标

目前，我国国债发行方式主要有定向发售、承购包销和招标发行这三种方式。

1. 定向发售

定向发售是指定向向养老保险基金、失业保险基金和金融机构等特定机构发行国债的方式，主要用于国家重点建设债券、财政债券和特种国债等品种。

2. 承购包销

承购包销主要用于不可流通的凭证式国债，它是由各地的国债承销机构组成承销团，通过与财政部签订承销协议来决定发行条件、承销费用和承销商的义务，是带有一定市场因素的发行方式。

3. 招标发行

招标发行是指通过招标的方式来确定国债的承销商和发行条件。根据发行对象的不同，招标发行又可分为缴款期招标、价格招标和收益率招标三种形式。

(1) 缴款期招标。

缴款期招标，是指在国债的票面利率和发行价格已经确定的条件下，按照承销机构向财政部缴款的先后顺序获得中标权利，直至满足预定发行额为止。

例如，当面值为100元，票面利率为3.35%，总额为200亿元的国债以101元的价格招标发行时，若有A、B、C、D、E五个投标人，他们缴款的时间和额度分别如表20-5所示。

表20-5 投标人缴款时间、额度分布表

投标人	A	B	C	D	E
缴款时间	1月1日9：00	1月1日10：00	1月1日14：00	1月2日9：00	1月2日11：00
申请额度（亿元）	50	30	60	70	10

那么，A可承销50亿元、B可承销30亿元、C可承销60亿元、D可承销70亿元。

(2) 价格招标。

价格招标主要用于贴现国债的发行，按照投标人所报买价自高向低的顺序中标，直至满足预定发行额为止。价格招标又可分为荷兰式招标和美国式招标两种。

①荷兰式招标。

荷兰式招标是指按照投标人所报买价自高向低的顺序中标，直至满足预定发行额为止，中标的承销机构以相同的价格（所有中标价格中的最低价格）来认购中标的国债数额。

例如，当面值为100元，总额为200亿元的贴现国债招标发行时，若有A、B、C、D、E五个投标人，他们的出价和申报额如表20-6所示。

表 20-6 投标人出价和申报额表

投标人	A	B	C	D	E
投标价（元）	90	85	80	78	75
申请额度（亿元）	50	30	60	70	10

那么，A 可承销 50 亿元、B 可承销 30 亿元、C 可承销 60 亿元、D 可承销 70 亿元，承销价格均为 78 元。

②美国式招标。

美国式招标的过程与荷兰式相似，但是承销机构在中标后，不是以中标价格的最低价为承销价格，而是分别以其各自出价来认购国债。在上面的例子中，若采用美国式招标，那么 A、B、C、D 四者的中标价分别是自己的投标价，即 90 元、85 元、80 元和 78 元。

由上可见，荷兰式招标的特点是“单一价格”中标，而美国式招标的特点是“多种价格”中标。我国目前短期贴现国债主要运用荷兰式价格招标方式予以发行。

(3) 收益率招标。

收益率招标主要用于付息国债的发行，它同样可分为“荷兰式”招标和“美国式”招标两种形式，原理与上述价格招标相似。

例如，2001 年 4 月 17 日，中华人民共和国财政部办公厅下发 2001 年记账式（三期）国债招标规则的通知，通知规定：

①招标数量及招标方式：招标数量 120 亿元；采取单一价格（即“荷兰式”）招标方式，招标标的为利率，最高中标利率为本期国债的票面利率。

②投标资格：经批准参加本期国债承销的证券公司、信托投资公司、保险公司为本期国债资格投标人；证券投资基金管理公司作为特别承购机构，参加本期国债的投标。

③投标区间及变动幅度：利率投标区间为 3.25％～3.85％，投标利率变动幅度为 0.01，必须连续投标。

④投标量的限定：每一投标人最高投标总额为 40 亿元，最低投标总额为 0.5 亿元，并按 0.1 亿元的整数倍投标。根据不同区间确定每一投标人不同标位的最高投标额，各标位最高投标额另行通知。

⑤募入原则：首先保证各投标机构中标 0.1 亿元后，再按低利率优先原则从低至高逐笔募入，直到募满招标额为止。当最高中标利率标位上的投标额大于剩余招标额时，该标位中标额以该标位投标额为权数平均分配，最小中标单位为 0.1 亿元。

⑥招标组织程序：本期国债的招、投标工作，通过上海证券交易所系统进行，各

投标机构（只限2人）凭投标授权书及本人身份证复印件入场，通过指定席位输入密码后投标。

⑦招投标时间：招投标时间为2001年4月22日上午10：30～11：00。

⑧债权注册的确认：招标结果公布后，各中标机构通过招投标系统填制债权注册确认书，分别填列上交所和深交所债权注册数额，在规定时间内未填列的，系统默认全部在上交所注册。

六、案例2 上海证券交易所债券现货交易

我国国债的交易方式主要有两种，一种是现货交易；另一种是回购交易。下面介绍一下在证券交易所挂牌上市债券的现货交易规则。

除商业银行以外的各类机构和个人都可参与投资，交易时间为上午9：30～11：30，下午1：00～3：00，采用连续竞价的交易方式，根据“价格优先，时间优先”的原则成交。结算方式为“$T+0$”，即投资者当日买入后即可随时抛出。报价单位为每百元面额国债，申报单位数量为手，一手等于1 000元面额国债。国债交易免收印花税和过户费，佣金按成交额的千分之二收取。

1. 全价交易

我国自1981年恢复国库券发行以来，绝大部分债券的购买和转让方式是以全价交易方式进行的。例如，某投资者在2001年8月1日以102.20元的价格购入一手面值100元、票面利率为2.63%（浮息债券$i=2.25\%+0.38\%$）、7年期附息国债，代码为010010，那么这102.20元除了包含该面值为100元的债券本金当日市价外，还包含自2000年11月14日至2001年8月1日的应计利息为1.88元。

2. 净价交易

当前国际债券市场则一般采用净价交易的方式。净价交易以不含利息的价格进行报价，即将债券的报价与应计利息分开，报价只反映本金市值的变化，利息按面值利率以天计算，持有人享有持有期的利息收入。在净价交易条件下，国债报价不含有应计利息，价格形成及变动能够更加准确地体现国债的内在价值、供求关系及市场利率的变动趋势。因此，财政部、中国人民银行、中国证券监督管理委员会“财库［2001］12号文”通知，上海证券交易所将于2002年1月1日起试行国债净价交易。报价系统将同时显示国债全价、净价及应计利息额；同时，交易清算及交割单打印系统将自动计算应计利息额并在交割单上分别列明结算价、净价及应计利息额。

同样以前例为例，在净价交易的情况下，该债券8月1日的全价为102.20元，应

计利息为1.88元，净价为102.20－1.88＝100.32元，投资者的报价为100.32元，结算系统显示债券成交价格为100.32元，应计利息为1.88元，最后，以债券成交价格与应计利息额之和102.20元为债券结算交割价格。

但是由于在该系统试运行的过程中出现了一些问题，所以财政部决定暂缓这种交易方式的运行。

七、案例3　上海证券交易所债券回购交易

国债回购是一种常用的交易方式，它指的是，国债持有者在卖出一笔国债的同时，与买方协议，约定于某一到期日再以事先约定的价格将该笔国债购回的交易方式；也可以是投资者在购入一笔国债的同时，与卖方约定在未来某一到期日，再以事先约定的价格卖给最初的售券者。我们称前一种为国债的正回购，又叫卖出回购；后一种为国债的逆回购，又称为买入返售，两者统称为国债回购。一次完整的国债回购交易包括一来一去两次买卖。但是第二次买卖的时间、价格是在第一次买卖时就已经约定好了的。

上海证券交易所的国债回购交易是从1993年12月15日起正式开始的，它实行竞价交易，融资方（资金需求方）和融券方（资金供给方）按照每百元资金应收（付）的年收益率报价，报价时可省略百分号，直接输入年收益率数值，并限于小数点后3位有效数字，最小的报价变动单位是0.005个百分点或其整数倍。交易方向以到期时国债的交付方向为准，如融资方开始时卖出国债得到资金，到期时偿还本息买回国债，他的交易方向就是买进；反之，融券方的交易方向为卖出。

国债回购申报数量同国债现券一样，称为“手”（1 000元面值的国债为1手），并以面值10万元，即100手标准券国债为最小交易单位。交易双方实行“一次交易，两次清算”，成交当天对双方进行融资、融券的成本清算，到期购回清算，由证券交易所根据成交时的收益率计算出购回价，其计算公式为：

购回价＝100×（1＋年收益率×回购天数/360天）

回购交易的参与人不能够以自有账户直接进行交易，交易必须委托交易所的会员进行。会员在接受委托后，将该账户记账式国债当日交易结束后的实际余额，按比例折合成标准券，相应记入各会员单位回购结算席位的国债标准券账户，具体的折算标准由上交所每季度按照国债利率和上市国债的市场价格计算。各会员单位当日即可将该账户记账式国债用于回购业务，这部分国债形成抵押券，融资方不能随便动用。国债回购的交易佣金是单向收取的，在交易发生时由融券方一次付清，到期回购时不再付任何费用。上交所交易的回购品种如表20-7所示。

表 20-7 上交所交易的回购品种

回购品种	挂牌名称（R×××）	代码	标准佣金（元/10 万元）
3 天国债回购	R003	201001	15
7 天国债回购	R007	201002	25
14 天国债回购	R014	201003	50
28 天国债回购	R028	201004	100
91 天国债回购	R091	201005	150
182 天国债回购	R182	201006	150

（其中，“R”为回购业务标识，“×××”代表回购天数）

例如，某投资者有面值为 14 万元的 696 国债，想进行买入回购。他委托某交易所会员代其进行交易。若当时 696 国债折成标准券的比例为 1.4∶1，则该交易者拥有的标准券为 10 万元，即 100 手标准券国债。12 月 30 日，受托人进行了 14 天国债回购业务，以年收益率为 6.0%的当天收盘价卖出 100 手 R014，其购回价格＝100×（1＋6.0%×14/360）＝100.233（元）。在交易日当天，该投资者得到的现金是 100 000 元，其中 50 元付给券商的手续费不由该投资者支付，而由融券方支付，即当天融券方应交纳 100 000＋50＝100 050（元）；14 天后，即 1 月 13 日，该投资者支付 100 233 元给融券方。

八、案例 4 国债“327”事件

1993 年 10 月 25 日，北京商品交易所率先推出国债期货交易。同日，上海证券交易所也向全社会公众开放国债期货交易。“327”是国债期货合约的代号，对应 1992 年发行，1995 年 6 月到期兑付的 3 年期国库券，该券发行总量是 240 亿元人民币。

1994 年 10 月以后，人民银行提高 3 年期以上储蓄存款利率和恢复存款保值贴补，国库券也同样进行保值贴补，保值贴补率的不确定性为炒作国债期货提供了空间，大量机构投资者由股市转入债市，在市场上多空双方对峙的焦点始终是围绕对“327”国债品种到期价格的预测，1992 年 3 年期国库券到期的基础价格已经确定为 128.5 元，但到期的预测价格还受到保值贴补率和是否加息的影响，市场对此看法不一，多空双方在 148 元附近大规模建仓，导致国债期货市场行情火爆。

1994 年至 1995 年春节前，全国开设国债期货的交易场所陡然增到 14 家。这种态势一直延续到 1995 年，与全国股票市场低迷的状态形成鲜明对照，形势似乎一片大好。

1995 年 2 月 327 合约的价格一直在 147.80～148.30 元徘徊。1995 年 2 月 23 日，提高“327”国债利率的传言得到证实，百元面值的“327”国债将按 148.50 元兑付。

一直在“327”品种上与万国联手做空的辽宁国发突然倒戈，改做多头。“327”国债在1分钟内竟上涨了2元，10分钟后共涨了3.77元。327国债每上涨1元，万国证券就要赔进十几亿元。按照它的持仓量和现行价位，一旦到期交割，它将要拿出60亿元资金。

毫无疑问，万国没有这个能力。其负责人管金生铤而走险，当日16时22分13秒突然发难，砸出1 056万口（每口面值20 000元人民币的国债）卖单，把价位从151.30打到147.50元，使当日开仓的多头全线爆仓。这个行动令整个市场都目瞪口呆，若以收盘时的价格来计算，这一天做多的机构，包括像辽国发这样空翻多的机构都将血本无归，而万国不仅能够摆脱掉危机，并且还可以赚到42亿元。

当天夜里11点，上交所总经理尉文渊正式下令宣布23日16时22分13秒之后的所有“327”品种的交易异常，是无效的，该部分不计入当日结算价、成交量和持仓量的范围。经过此次调整当日国债成交额为5 400亿元，当日“327”品种的收盘价为违规前最后签订的一笔交易价格151.30元。

万国证券在劫难逃，如果按照上交所定的收盘价到期交割，万国将赔60亿元人民币；如果按管京生自己弄出的局面算，万国将赚42亿元；如果按照151.30元收盘价平仓，万国将亏16亿元。

1995年5月17日，中国证监会鉴于中国当时不具备开展国债期货交易的基本条件，发出《关于暂停全国范围内国债期货交易试点的紧急通知》，开市仅两年零六个月的国债期货无奈地画上了句号。中国第一个金融期货品种宣告夭折。

同年9月20日，国家监察部、中国证监会等部门都公布了对“327”事件的调查结果和处理决定，决定说，“这次事件是一起在国债期货市场发展过快、交易所监管不严和风险控制滞后的情况下，由上海万国证券公司、辽宁国发（集团）公司引起的国债期货风波”。1996年4月，万国不得不与它当年最强劲的竞争对手申银证券公司合并。

第六篇

综合分析实验篇

第二十一章 金融数据收集与处理

一、实验目的

通过本实验，学生应了解金融数据收集的常见方法与途径，并将之转化为Excel文档，在整理加工后供研究分析之用。

二、实验步骤

1. 金融研究分析常用软件简介

金融研究分析可用的软件很多，本课程主要使用Excel和SPSS（或其他统计软件）。

2. 金融研究分析数据资料常用的网络资源

某些期刊（如《证券市场周刊》等）和报纸（如《中国证券报》等）会提供有用的数据资料，但在互联网时代的今天，更常见和方便的数据渠道应该是网络。金融涉及国民经济各个层面，根据研究需要，需要的数据领域也各不相同。但我们在收集金融数据时，也有其他行业无法匹敌的优势，这就是金融数据很多，收集相对方便，尤其是资本市场交易数据。以下列举几个常用的网址。

国际：

世界银行：www. worldbank. org

亚洲开发银行：www. adb. org

OECD：www. oecd. org

美联储：www. federalreserve. gov

SEC：www. sec. gov

NYSE：www. nyse. com

CBOT：www. cbot. com

LSE：www. londonstockexchange. com

美国金融学会（AFA）：www. afajof. org

国内：

中国人民银行：www. pbc. gov. cn

国家统计局：www. stats. gov. cn

国家外汇管理局：www. safe. gov. cn

中国证监会：www. csrc. gov. cn

中国保监会：www. circ. gov. cn

中国银监会：www. cbrc. gov. cn

上海证券交易所：www. sse. com. cn

深圳证券交易所：www. szse. cn

上海期货交易所：www. shfe. com. cn

大连商品交易所：www. dce. com. cn

郑州商品交易所：www. czce. com. cn

中国金融期货交易所：www. cffex. com. cn

债券信息网：www. chinabond. com. cn

和讯网：www. hexun. com

论坛：

人大经济论坛：www. pinggu. org

中国经济学教育科研网：bbs. cenet. org. cn

3. 数据输入

主要网络资源的金融数据资料，根据转化为 Excel 文档的难易程度，大致可以分为以下几种类型：

第一，可直接以 Excel 文档输出的，如资本市场的 CSMAR 数据库、钱龙旗舰软件，宏观经济与行业经济的国研网（通过学校内部网连接）等。

第二，通过 copy-paste 方式直接转化为 Excel 文档的，大多网络资源都可通过这种方式来实现。

有时，原始数据是文本格式（txt），这时，通过 copy-paste 方式，我们会发现所有数据都出现在 Excel 文档的同一个单元格上。如我们进入美联储网站（www. federalreserve. gov），下载了 Aaa 公司债券月收益率数据，然后做如下处理。

（1）打开 Microsoft Excel 文件，找到文本文档所在的文件夹，在【文件类型】中选择【所有文件】选项，选中该文本文档后双击打开。

（2）选择【固定宽度】和合适的导入起始行，单击【下一步】按钮。

（3）拉动垂直线到合适位置，单击【下一步】和【完成】按钮。

某些特殊情况下，原始数据以图形文档形式存在，在这种情况下，可以利用抓图软件（如 Snapit）来处理。

（4）数据处理。

原始数据并非为研究分析的要求特意设计，因此，在一般情况下，我们需要对原始数据进行简单加工，使之能更方便地供研究分析之用。

三、实验任务

（1）通过某证券行情软件，任选 2007 年年初以前在境内上市的 3 只股票，下载 3 只股票从 2007 年年初至 2009 年 5 月底的日收盘价格（后复权）和涨跌幅度，以 Excel 形式保存。

（2）从国家统计局网站（www.stats.gov.cn）下载 1978～2004 年我国国内生产总值（GDP）年数据、1989～2004 年居民消费价格指数（1985＝100）年数据和 1980～2004 年居民消费水平年数据，并以 Excel 形式保存。

（3）从中国人民银行网站（www.pbc.gov.cn）下载 2000 年 1 月～2006 年 5 月我国货币发行量（M_0，M_1 和 M_2）月度数据，并以 Excel 形式保存。

（4）从美联储网站（www.federalreserve.gov/releases/h15/data.htm）下载 3 个月期短期国库券（3-month T-bill）、30 年期国库债券（30-year T-bond）、Aaa 级公司债券、Baa 级公司债券的月度收益率和消费价格指数（CPI）月度数据，并以 Excel 形式保存。

（5）根据数据，计算 3 只股票的日收益率（百分比收益率）。

四、实验报告

完成实验任务，总结成实验报告。

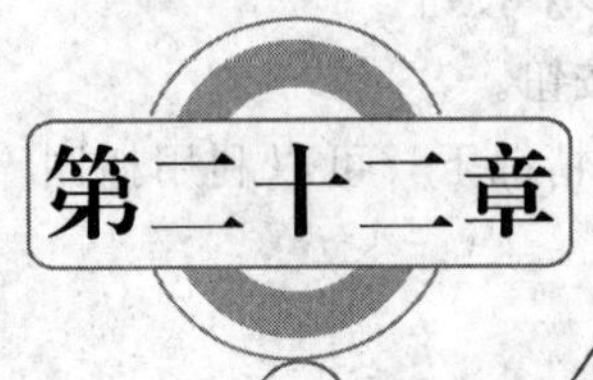

第二十二章　证券及投资组合收益和风险度量

一、相关知识

1. 单个证券的期望收益率的计算

(1) 情景收益率法。

投资者能够描述影响收益率的各种可能情况，能够知道各种情况出现的概率及收益的大小，那么期望收益率就是各种情况下收益率的加权平均，权数为各种情况出现的概率，公式为：

$$E(r)=\sum_{i=1}^{n} p_i r_i$$

式中：p_i 为情况 i 出现的概率，r_i 表示为 i 出现时证券的预期收益。

(2) 事后收益率（即历史数据）计算发生在各种经济状况下的收益率观察值的百分比。

(3) 收集能够代表预测投资期收益率平均的事后收益率的样本，假定所有观察值出现的概率相同，计算这些数据的平均值。

2. 组合的期望收益率

一个投资组合的期望收益就是组成这个组合的各个证券的期望收益的加权平均，其公式为：

$$E(r)=\sum_{j=1}^{n} X_j E(R_j)$$

式中：X_j 为资产 j 的投资额占整个投资组合的比重；$E(R_j)$ 为资产 j 的期望收益。

3. 单个证券的风险度量（标准差度量法）

方差的计算公式为：

$$\sigma^2 = \sum_{j=1}^{n} p_j \ (HPR_j + \overline{HPR_j})^2$$

式中：σ^2 为方差；p_j 为第 j 个情况发生的概率；HPR_j 为情况 j 时的收益率；$\overline{HPR_j}$为期望收益率；n 为可能发生的情况数；标准差 $\sigma_j = \sqrt{\sigma_j^2}$。

4. 资产组合的风险

由 n 个证券组成的证券组合的方差为：

$$Var\ (R_p) = \sum_{i=1}^{n} W_i^2 \sigma_i^2 + \sum_{i=1}^{n} \sum_{j \neq 1}^{n} W_i W_j COV_{i,j}$$

特别的，当 $i=2$ 时，我们有：

$$\sigma_p = \sqrt{W_A^2 \sigma_A^2 + W_B^2 \sigma_B^2 + 2 W_A W_B p_{AB} \sigma_A \sigma_B}$$

5. 两个证券的协方差（反映了这两个证券的收益率变化间的相互影响程度）

$$COV_{AB} = \sum_{i=1}^{n} p_i \ [\ (E\ (R_{Ai})\ - E\ (R_A))\ (E\ (R_{Bi})\ - E\ (R_A))]$$

6. 两个证券的相关系数

$$p_{AB} = \frac{COV_{AB}}{\sigma_A \sigma_B}$$

7. 变异系数

$$CV = \frac{\sigma}{HPR}$$

二、实验目的

(1) 理解风险与收益的定义。

(2) 掌握收益率和风险的计算方法。

(3) 理解证券组合的风险和期望收益率。

(4) 理解协方差、相关系数、证券组合的方差。

(5) 了解相关性对证券组合风险的影响。

三、实验原理

证券投资的风险与收益是证券投资研究的核心内容之一。准确衡量风险与收益，是客观认识证券市场发展规律的需要，也是市场参与者保护其权益的需要。中国证券市场历时十余年的发展，正逐步走向成熟与完善。但其特殊的发展特征，导致了中国证券市场投资具有较大的不确定性，且市场波动剧烈，所以正确认识与度量收益与风险，在我们国家显得更为重要。

四、实验步骤

1. 打开股票分析软件，选择证券 A、证券 B 和证券 C，选择适当的考察期限（建议仅一年为考察周期），选择单期考察时间（为简单起见，建议选择以一月为单期考察），将 A、B、C 证券近一年的每月收益率以 Excel 文档输出（注意：实际投资的时候，这样选取数据是远远不够的）。

2. 计算单一证券的期望收益与风险（方差）。

根据计算期望收益率（三种方法）和方差的公式，分别计算投资于证券 A 和投资于股票 B 的期望收益率、方差和标准差。

3. 计算证券组合的期望收益率。

当我们投资于多种证券时，在投资资产上可能取得的收益率取决于以下两个因素：

（1）各个资产的获利能力。

（2）各个资产的投资比例。

大家以证券 A 和证券 B 构成一个投资组合，计算该组合的期望收益（每个证券的投资占比自定）。

4. 计算证券间的协方差。

分别计算证券 A 与 B、A 与 C，以及 B 与 C 的协方差。

5. 计算证券 A 与证券 B、证券 A 与 C、证券 B 与证券 C 之间收益率的相关系数，比较两个随机变量的相关程度。

协方差无法反映我们关心的随机变量之间变动性或相关性的大小，反映随机变量之间联系紧密程度的统计量是相关系数，如果两个随机变量的变化趋势很接近，则这两个随机变量的同动程度就很高，联系就密切。

6. 计算投资组合的方差（风险）。

假设一个投资组合有证券 A、B 构成（每个证券的投资占比自定），通过上面计算出来的 A、B 证券的标准差和两者之间的相关系数来计算证券组合的方差。讨论如何选择投资比例能使得组合的风险最小，并计算出这时证券组合的期望收益与标准差。

7. 计算证券 A、B、C 的变异系数，并根据计算出来的变异系数，选出最适合投资的证券。

五、实验报告

衡量自己的投资组合的收益与风险。

第二十三章 股票的估值

一、相关知识

1. 股票的估值模型。
2. 现金流折现法。
3. 市盈率估值法：市盈率＝市场价格/每股盈余。
4. 资产重置法。

二、实验目的

1. 掌握股票估值模型。
2. 培养股票投资的正确投资理念。

三、实验原理

股票价格的决定因素是该公司股票的内在价格，对股票正确、合理的估值是决定投资成败的关键因素。

四、实验步骤

1. 选择某个股票（建议选取自己模拟投资中的股票），找出该股票历史市盈率波动范围（静态与动态的）与市净率的波动范围并绘制成图，找出该公司的合理市盈率与市净率。

2. 预测该股票在未来3年的业绩。

3. 利用每股收益折价模型与市盈率模型给出该股的估值。

4. 比较现在股价，考虑安全边际，给出投资建议。

五、实验报告

对所选的某只股票进行估值。

六、案例　双鹭药业股票估值实证分析

(一) 股票估值

1. 国内研究现状

随着我国证券市场的不断发展，对于股票估值的问题国内已经有不少的学者研究过。马青山和余静（2003 年）采用股利贴现模型对“浦发银行”进行了估值，发现实证结果与现实价格存在较大差异，并分析出原因主要为超常增长阶段的长度难以确定。赵金红（2005 年）用现金流贴现模型对“上海汽车”进行了实证分析，强调了现金流贴现能够“修正部分年度的会计失真”，但她也提到股权分置改革给实证带来了困难，需要对非流通股股价进行估计和修正。许尚德和范波（2005 年）运用红利贴现模型对“佛山照明”进行了实证分析，发现该模型能很好地估计出佛山照明的价值，并得出价格始终围绕价值波动的结论。赵永（2006 年）采用收益贴现模型对“上海机场”股票进行了实证分析，文中对上海机场股票分别采用不同的方法股利贴现模型和现金流贴现模型进行了估值，结果发现除了市场收益率、贝塔值是影响股票估值的影响因素外，我国流通股和非流通股并存的现象也是影响合理估值的重要原因之一，并采取一定的方法加以了修正。

2. 股票价值的构成

股票的价值由确定性的现金流价值和不确定性的期权价值构成，一般来说，一个公司的现金流价值主要包括：库存净值、现金和短期国债、每季度盈利和分红等。经营比较稳定的公司，其现金流的价值较大。而公司的期权价值部分往往包括：新技术、自然资源、品牌、核心竞争力和专利等方面的内容。越是新的快速增长型的企业，其期权价值就越高。传统的公用事业包括电力、能源和基础设施等方面的企业。这些企业一般具有垄断性，往往处于稳定的外部需求之中，其自身的技术进步很有限，因此造成了这些企业的股票具有很高的确定性，这类企业的现金流比较固定。许多服务业和制造业类型的股票同时具有现金流和期权的双重价值。鉴于这些行业，需采用现金流贴现模型和期权定价模型相结合的方法对其进行估值。许多高科技公司本身并不盈利，有时候这类公司甚至具有负的现金流，它们仅仅拥有投资计划、技术专利和美好前景。这类公司的股票价格并不高，但其潜在价值确很大，需采用期权定价法来测算

其期权价值，从而得出股票的价值。

不同行业其所具有的不确定性和确定性是不同的，传统的定价方法对于成熟的企业是成功的。而对于高增长的公司，不能简单地套用增长年金的公式，因为未来是不可预测的。所以对于不同行业的企业的股票的价值评估要根据情况采用不同的估值模型。

(二) 双鹭药业简要分析

在医药行业大环境趋好的背景下，双鹭药业坚持自主研发，开发高端产品，增强了公司的核心竞争力，并在 2007 年取得了较好的业绩。公司全年实现营业收入 2.38 亿元，同比增长 62.55%，实现利润总额 1.49 亿元，增长 169.34%，其中归属于上市公司股东的净利润 1.35 亿元，比去年同期增长 181.71%。公司实现基本每股收益 1.09 元，净资产收益率 24.45%。

(三) 模型的介绍

1. 稳定增长阶段 FCFE 模型

股权自由现金流（FCFE）是指满足公司持续经营所需费用后的剩余现金流。其计算公式为：

FCFE＝净收益－（1－δ）×（资本性支出－折旧）－Δ 营运资本×（1－δ）

如果公司一直处于稳定增长阶段，以一个不变的比率持续增长，那么这个公司就可以使 FCFE 稳定增长模型。

(1) 模型。

在稳定增长模型中股权资本的价值是三个变量的函数：下一年的预期 FCFE、稳定增长率和投资者的要求收益率。

$$P_0 = \mathrm{FCFE}_1 / (r - g_n)$$

式中：P_0 为股票当前的价值；FCFE_1 为下一年预期的 FCFE；r 为公司的股权资本成本；g_n 为 FCFE 的稳定增长率。

(2) 限制条件。

折旧能够完全弥补资本性支出；股票的 β 值近似为 1。

(3) 模型的适用性。

该模型适用于股权资本自由现金流以不变的比率持续增长的、处于稳定增长阶段的公司。

2. 两阶段 FCFE 模型

FCFE 两阶段估价模型适用于那些预计会在一定时间段里快速增长，然后再进入稳定增长阶段的公司。

(1) 模型。

股票的价值由两部分组成：一是超常增长时期每年 $FCFE$ 的现值；二是超常增长时期结束时期末价值的现值。

$$\sum_{t=1}^{n} FCFE_t/\ (1+r)\ +P_n\ (1+r)^n$$

股票价值 P_0＝高速增长阶段 $FCFE$ 的现值＋期末价值现值＝$FCFE_t$＝第 t 年的 $FCFE$；P_n 高速增长阶段期末的股票价格；

r＝高速增长阶段内股权投资者的要求收益率；

期末价值 P_n 一般使用永续稳定增长模型来计算：

$$P_n=FCFE_t+1/\ (r_n-g_n)$$

其中：g_n＝第二阶段稳定增长阶段的增长率；r_n＝稳定增长阶段内股权投资者的要求收益率。

(2) 计算期末价值。

在应用稳定增长模型的时候，仍然应该考虑在上一节中提到过的注意事项；另外，在估计高速增长阶段期末 $FCFE$ 的时候，往往已经使用了对第一阶段的假定，因此这些假定也应与稳定增长阶段的假设相一致。比如说，公司在超常增长阶段内的资本性支出可能会远远大于折旧，但当公司进入稳定增长阶段后，二者之间的差距应该减小。

(四) 双鹭药业股票的估值的实证分析

一般而言，在医药行业中，企业的价值最终来源于所生产的商品的价值，而这些商品的生产又包含着企业想有的专利权。所以企业的价值一般由以下几部分组成：①那些已经应用于商品生产的专利权所带来的现金流；②企业已经拥有但是尚未应用到生产当中去的专利权的价值；③企业预期在未来一定时期内可以获得的任何新的专利权的期望价值，这些新的专利可能是当前正在进行的研究成果。

企业的价值＝生产的商品的价值＋已经存在的专利的价值＋（未来可以获得的新的专利的价值－获得这些专利的成本）。

运用传统的现金流模型可以估计公式中第一项“生产的商品的价值”。首先估计出现存产品商业周期内的预期现金流，然后将这些现金流按照适当的资本成本贴现到当前期就可以得到这些产品的价值。第二项“已经存在的专利的价值”可以用为专利定价的期权定价模型分别为企业拥有的不同的专利权估值，然后加总计算得到。该公式中第三部分的价值基于对企业科研能力的展望。某些特殊情况下，在未来一定时期内，研究开发的期望成本与由该科研项目产生的专利权的价值相等，这时第三项组成部分的价值为零。

1. R_i 值的确定

利用资本资产定价模型（CAPM）对 R_i 值进行确定 $R_i=R_f+\beta\ (R_m-R_f)$。

式中：R_i 为股票 i 的预期收益率；R_f 为无风险收益率；R_m 为市场组合的预期收益率；β 为贝塔系数。

第一，R_f 值的确定：评估基准日 5 年期国债利率为 6.01%，换算为复利为 5.40%，即 $R_f=5.40\%$。

第二，估算资本市场平均收益率，确定市场风险溢价。目前我国尚未形成并发布权威的资本市场平均收益率，为估算资本市场平均收益，此次试图通过对一段时期内证券市场投资组合的收益率进行分析，得出证券投资组合的收益率，作为资本市场平均收益率的参照值。为使证券投资组合足够大，以至于可以反映资本市场平均收益率，故选上证综合指数和深圳综合指数作为研究对象；为了减少证券市场受政策性或突发性事件影响产生的短期大幅度波动对收益率的“噪声”影响，选取 10 年（1997～2006 年）的指数月收益率作为参考依据，具体估算过程如下：

（1）收集上证指数和深圳指数 1996 年 12 月～2006 年 12 月每月月末的收市指数 S_n，计算出当月指数收益率：$I_n=(S_n-S_{n-1})/S_{n-1}$

（2）计算算术平均年收益率。

将上证指数 1997～2006 年各月的收益率进行算术平均，计算出平均月收益率，然后换算成平均年收益率。根据上海证券交易所网站和深圳证券交易所网站公布的数据计算得出上证指数算术平均年收益率为 13.37%、深证综合指数的算术平均年收益率为 7.76%。

（3）计算几何平均年收益率。几何平均年收益率＝［（2006 年 12 月指数/1996 年 12 月指数）^（1/10）－1］，得出上证综合指数的几何平均年收益率为 10.74%，深证综合指数的几何平均年收益率为 4.18%。

（4）根据中国证监会公布的沪深股市的市值比重，沪深股市市值权重分别为 0.783 8 和 0.216 2，计算出两股市的加权算术平均年收益率为 12.16%，加权几何平均年收益率为 9.32%，取二者权重各 50%得到综合平均年收益率为 10.74%。

（5）市场风险溢价。根据上述计算结果，最后确定市场风险溢价 $MRP=10.74\%-5.40\%=5.26\%$。

第三，β 值的确定。以双鹭药业股票和上证综合指数 2004 年 9 月 30 日至 2007 年 12 月 28 日的周交易数据作为样本，运用 *SPSS*13 进行回归，回归结果为 $\beta=1.3$，参数的 F 检验、t 检验均通过。将各数据代入 CAPM 模型可得

$$R_i=R_f+\beta(R_m-R_f)=5.40\%+1.3\times5.26\%=12.24\%$$

2. 估计股票的价值

从历年的财务数据及公司的发展现状来看，由于公司的财务结构比较稳定，并且随着公司逐步壮大以及公司增长率的变化，它的 FCFE 也会随之增长，故假定双鹭药业股票经过 4 年的高速增长，然后从 2012 年开始进入稳定增长阶段。故采用 FCFE 两

阶段增长模型来对其股票进行估值。以 2007 年 12 月 28 日为起点，双鹭药业高速增长时期的时间是 4 年，每股经营收入 1.91 元，每股净收益 1.06 元，每股资本性支出 1.05 元，每股折旧 0.06 元，每股负债比率 35%，留存比率 100%。

净资产收益率=18.5%（ROE）（2004～2007 年 ROE 的平均值），营运资本保持为经营收入的 28%，预期增长率=1.00×18.5%=18.5%。

假设资本性支出以－24%增长、折旧以 35%增长、净收益以 18.5%增长。

稳定增长时期：预期增长率=8.7%（连续 11 年的 GDP 平均增长率）

稳定增长阶段的 β=1.10；股权的成本=5.40%+1.10×5.26%=11.186%。

价值的第一个组成部分是高速增长阶段内预期 FCFE 的现值。计算如表 23-1 所示（数字为每股数值）。

表 23-1 股票估值计算

年份	2008	2009	2010	2011	2012
净收益	1.26	1.49	1.76	2.09	2.48
－（资本性支出－折旧）（1－δ）	0.47	0.33	0.20	0.10	0
－Δ营运资本（1－δ）	0.06	0.08	0.09	0.11	0.13
=FCFE	0.73	1.08	1.47	1.88	2.35
现值（12.24%）	0.65	0.86	1.04	1.19	

高速增长阶段 FCFE 的现值=0.65+0.86+1.04+1.19=3.74（元），在高速增长阶段末（2011 年年末）股票的期末价值可以用稳定增长模型来估计：

期末价值=预期下一年 FCFE/（$r-g_n$）=2.35/（0.111 86－0.087）=94.53（元）

期末价值的现值=94.53/1.122 44=59.56（元）

总现值=高速增长阶段 FCFE 的现值+期末价值的现值=3.74+59.56=63.3（元）

由于当时公司所获得的专利都已进入生产，而且其产品已经为公司盈利做了很大贡献，其价值在第一部分已体现，且公司尚未使用新的专利，故第二部分的价值为零。前面已经有所提到，一般而言公司的第三部分价值为零。故双鹭药业有限公司 2007 年 12 月 28 日的股票价值为每股 63.3 元，而当时股票的市场价格为每股 60.5 元，显然该公司的价值大于价格，具有投资价值。

通过对股票价值构成的分析，从而针对医药制造业中的双鹭药业运用 FCFE 两阶段模型对其股票进行价值评估，得出了双鹭药业股票的真正价值，并对医药行业的股票价值评估方法给出了合理建议。

第二十四章 利用 CAPM 模型对股票进行估值

一、相关知识

1. CAPM 模型

$R_i = R_f + \beta_i \ (R_m - R_f)$

2. 证券市场线的画法

因为证券市场线是一条直线，所以只要确定该直线上的两个点就可以作出该直线，我们选取一个点是无风险资产，该点的特点是 $R_f = 0$；另一个点是市场组合点（常用市场某个指数代替，在股票市场，建议用深沪 300 指数代替），该点的特点是 $R_m = 1$。

3. β 系数的计算

$$\beta_i = \frac{COV_{im}}{\sigma_m^2}$$

4. 系统风险与非系统风险

(1) 系统性风险与非系统性风险的定义。

(2) 系统性风险与非系统性风险的度量。

一般来说，往往以标准差 σ 来度量证券的总风险，以 β 来度量系统性风险，非系统性风险的技术如下：

$$\sigma_{\varepsilon i}^2 = \sigma_i^2 - b_i^2 \sigma_m^2$$

二、实验目的

通过该实验，使学生掌握以下几点：

(1) 理解 CAPM 的模型。

(2) 掌握证券市场线和资本市场线的绘制。

(3) 理解风险衡量指标—β系数的定义和计算。

(4) 了解系统风险和非系统风险。

三、实验原理

资本资产定价模型首次阐述了证券的价格与风险的关系，并给出了具体的数学模型，通过 CAPM 模型（证券市场线）可以对深沪股市的股票进行估值，找出被高估的股票和被低估的股票。

四、实验步骤

(1) 打开股票分析软件，选择一种市场指数（建议采用沪深 300 指数），选择一定的时间周期（比如以周为周期，考虑最近 20 周的数据），计算该期间沪深 300 指数的期望收益率与标准差，考虑短期国债的收益率（可上和讯网查找）。利用沪深 300 指数与短期国债绘制出证券市场线和资本市场线。

(2) 选择你的模拟投资里的某个证券 A，按实验二方法统计出同期的收益率数据，计算出证券 A 的β系数。根据β系数将证券进行分类，归结出它是防御性证券或是攻击性证券或是中性证券。

(3) 根据第二步算出的证券 A 的期望收益率与β系数，在β—R 坐标上标出证券 A 的位置，判断证券 A 是高估了还是低估了。

(4) 结合第 2.3 步，说说该证券的投资价值，并指出该证券更适合于什么样的市场环境（牛市还是熊市）。

(5) 计算系统风险和非系统风险。系统风险部分是由整个市场的动荡引起的，而非系统风险不是由市场的动荡引起的。在 CAPM 模型中标准差表示总风险，β值表示系统风险，而非系统风险部分可以通过分散化投资的方法将它消除。

五、实验报告

用 CAPM 模型对所选的某只股票进行估值。

第二十五章 股票投资的事件影响研究

一、相关知识

事件研究是讨论某一事件的发生对证券价格变化的影响（如拆股，股利政策的变化，利润增长等）。这种研究方法是研究市场效率，特别是次强效率的重要手段之一。

二、实验目的

通过该实验，使学生掌握以下几点：

1. 学会利用数学模型研究实际投资问题。
2. 了解我国股票市场上有哪些事件对股价有较大影响以及如何影响。
3. 验证我国股票市场是否达到次强效率市场。
4. 掌握如何利用时间进行股票投资。

三、实验原理

对股价产生影响的因素是众多的，要在这诸多事件中寻找出某一事件对股价的单独影响，在研究时必须对样本的选取、数据的处理和模型设计等做出精巧合理的安排，才有可能得出有意义的结论。

四、实验步骤

1. 选择某个事件，比如送股、购并或收益变化等。

2. 选择适合的模型，这里选择 CPAM 模型。

3. 将 CAPM 模型写出单指数模型形式：

$$r_{jt}=\hat{a}_j+\hat{\beta}_j r_{mt}+e_{jt}$$

式中：r_{jt} 为 j 股票在 t 时刻的收益率；r_{mt} 为 t 时刻的市场收益率，其他的是回归系数。

4. 在有关事件发生前选取一定时间间隔（如事件发生前 180 天至事件发生前 30 天）的数据，利用单指数模型回归计算出 $\hat{a}_j$，$\hat{\beta}_j$ 的估计值。

5. 利用事件前一段时间（如 $t=-30$ 至 $t=-1$）和事件后一段时间（如 $t=0$ 至 $t=9$）的数据，用已估计出的 $\hat{a}_j$，$\hat{\beta}_j$ 的值和公式

$$\hat{r}_{jt}=\hat{a}_j+\hat{\beta}_j r_{mt}$$

计算出 j 股票收益的期望值 $\hat{r}_{jt}$。

6. 用这段期间内每天股票收益的实际值 r_{jt} 减去期望值 $\hat{r}_{jt}$，算出残差项：

$$e_{jt}=r_{jt}-\hat{r}_{jt}$$

如果 $e_{jt}>0$，表明实际收益大于预期收益，即事件发生后股票价格的增加大于预期的增加值。

7. 对所有的样本股票计算每日的收益残差项的平均值：

$$\bar{e}_t=\frac{1}{n}\sum_{j=1}^{n}e_{jt}$$

8. 将 $t=-30$ 到 $t=9$ 这 40 天内的平均残差相加，得到累计平均残差：

$$\text{CAP}=\sum_{t=-30}^{9}\bar{e}_t$$

如果事件发生前后股票价格没有意外变化，累计残差项应围绕零值波动，且平均值为零。如果事件发生前后股票价格确有意外变化，则累积残差项将有所反映，也就是应该显著不为零，这个累积残差项就是累积额外收益。

9. 分析结果并给出投资建议。

五、实验报告

衡量某事件对所选股票的影响。

第二十六章 投资绩效的评价与总结

一、相关知识

1. 投资绩效主要依赖于证券选择与市场时机的把握

在证券市场上，获取较好回报的关键是确定适当的证券和选择较好的入场和离场时机。因此，使用正确的分析流程是非常必要的。国际上普遍使用的是摩根士丹利（Morgan Stanley）的从上往下的分析方法。分析的流程如图 26-1 所示。

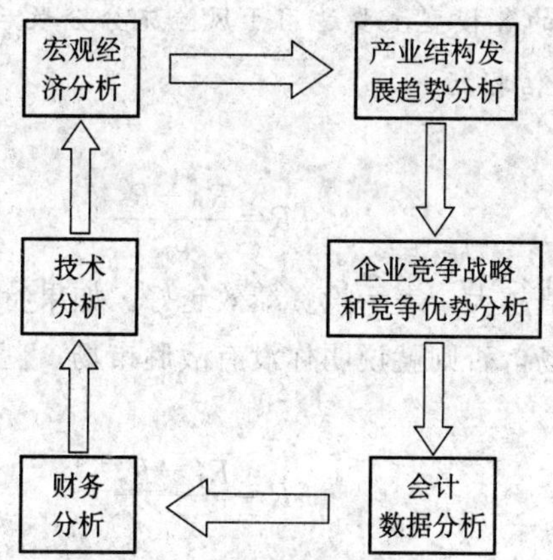

图 26-1　摩根士丹利投资绩效分析

2. 证券选择能力的评价

模型如下：

$$[R_a-R_f]=[R_a-R_x(\beta_a)]+[R_x(\beta_a)-R_f]$$

$$[R_x(\beta_a)]=R_f+\beta_a(R_m-R_f)$$

3. 市场时机选择能力的评价

(1) T-M 模型。

$$R_p-R_f=a+b\ (R_m-R_f)\ +c\ (R_m-R_f)^2$$

式中：R_p，R_f 和 R_m 的分别为投资组合的收益率、无风险收益率和市场组合（股价指数）收益率；a，b 和 c 分别为回归系数。

在得到回归系数后，可以对参数进行显著性检验。如果 a 显著大于 0，说明具有股票选择能力，反之说明不具备股票选择能力；如果 c 显著大于 0，说明具备判断市场时机的能力。

(2) H-M 模型。

$$R_p-R_f=a+b\ (R_m-R_f)\ +c\ (R_m-R_f)\ \times d+e_p$$

式中的 R_p，R_f 和 R_m 分别为投资组合的收益率、无风险收益率和市场组合（股价指数）收益率；a，b 和 c 分别为回归系数；d 是虚拟变量，如果 $R_m>R_f$，$d=0$；如果 $R_m<R_f$，$d=-1$。

在得到回归系数后，可以对参数进行显著性检验。如果 a 显著大于 0，说明具有股票选择能力，反之说明不具备股票选择能力；如果 c 显著大于 0，说明具备判断市场时机的能力。

注意：上述的各模型主要适用于风险充分分散后的投资组合。

4. 经典的 3 大评估指标

(1) 特雷诺测度。

$$TR=\frac{R_P-R_f}{\beta_p}$$

特雷诺测度的数值越大，表示投资绩效越好。如果特雷诺测度大于 R_m-R_f，说明你的投资业绩超越市场，否则就说明你没有战胜市场。

(2) 夏普测度。

$$SR=\frac{R_P-R_f}{\sigma_p}$$

夏普测度的数值越大，表示投资绩效越好。如果夏普测度大于$\frac{R_m-R_f}{\sigma_m}$，说明你的投资业绩超越市场，否则就说明你没有战胜市场。

(3) 詹森阿尔法（a）测度。

$$E\ (R_p)\ =R_f+\beta_p\ (R_m-R_f)$$

$$a=R_p-E\ (R_p)$$

式中：E（R_p）为投资组合的预期收益率；α 为詹森阿尔法测度。如果 α 显著大于

0，说明基金的实际收益率高于其预期收益率，该基金业绩比市场对它的期望更好；反之说明基金的业绩低于市场对它的期望。

二、实验目的

1. 学会如何评价投资绩效。
2. 对自己的投资成功经验与失败教训有个认识。

三、实验原理

证券投资是一个系统分析、决策与管理的过程，只有通过严格的系统分析，科学的投资管理才能获得较好的投资绩效，只有对投资绩效进行合理与科学的评价，才能提高我们的投资水平。

四、实验步骤

1. 根据摩根士丹利绩效分析的投资选择流程，对模拟投资中的每只股票进行详细（六个环节中的每一个环节）分析。
2. 计算出所选择的每个股票的期望收益与风险。
3. 对所选择的每只股票进行估值。
4. 评价你的投资绩效，看看自己有没有战胜市场。
5. 评价你的择股能力与选时能力。
6. 根据这次模拟投资，谈谈自己的感想（包括自己认为的最大收获以及对实验课有什么建议等）。

五、实验报告

对自己的投资绩效进行评估。

第二十七章 股票投资综合分析

一、实验目的

通过综合分析，让学生掌握证券投资分析的整个流程，掌握基本的选择有价证券的方法，进而提高学生投资的判断力、时机的把握力和风险的承受力，这对学生将来从事各证券领域的真正交易有着重要的指导意义。

二、实验要求

1. 掌握证券投资分析的整个流程，包括宏观市场的分析、行业趋势分析、企业竞争优势分析、财务分析和技术分析。

2. 熟悉对大盘基本面和技术面进行的分析及热点剖析。

3. 选择一个行业，对本行业中的主要公司的股票进行分析，包括宏观经济对本行业的影响，本行业的市场结构，本行业内主要竞争对手的市场情况，行业内主要企业的盈利模式，各个公司在本行业中的竞争地位，各个公司的基本情况，包括：总股本与流通股、每股净资产、每股收益、净资产收益率、主营业务收益和市盈率。

4. 对本行业中自己关注的股票进行技术分析，在大盘走势的背景下分析 K 线图、移动平均线、成交量及其他相关技术指标，进一步确定买卖的时机。

三、实验步骤

1. 对整个分析流程的结构进行把握

在证券市场上，获取较好回报的关键是确定适当的证券和选择较好的入场和离场时机。因此，使用正确的分析流程是非常必要的。国际上普遍使用的是摩根士丹利（Morgan Stanley）的从上往下的分析方法，分析的流程如图 26-1 所示。

2. 选择一个行业，对本行业中的主要公司股票进行筛选

（1）行业分类依据中国证券监督管理委员会公布的上市公司行业分类指引结构与代码进行。

A 农林牧渔业

B 采掘业

C 制造业

C_0食品饮料

C_1纺织服装皮毛

C_2木材家具

C_3造纸印刷

C_4石油化学塑胶塑料

C_5电子

C_6金属非金属

C_7机械设备仪表

C_8医药生物制品

C_9其他制造业

D 电力煤气及水的生产和供应业

E 建筑业

F 交通运输仓储业

G 信息技术业

H 批发和零售贸易

I 金融保险业

J 房地产业

K 社会服务业

L 传播与文化产业

M 综合类

（2）选择行业中主要的公司进行分析，考虑到行业特征与分析效率，一般选择行

业内的3～10家公司进行分析。

3. 对本行业中的主要公司的股票进行分析

分析包括宏观经济对本行业的影响，本行业的市场结构，本行业内主要竞争对手的市场情况，行业内主要企业的盈利模式，各个公司在本行业中的竞争地位，各个公司的财务情况。

(1) 宏观经济变化的征兆。

分析指标包括国内生产总值（gross domestic product）、就业（employment）、通货膨胀（inflation）、利率（interest rate）、预算赤字（budget deficit）、心理因素（sentiment）。

(2) 政府政策。

政府政策分为财政政策和货币政策。

(3) 宏观经济的变化和政府政策对行业的影响。

(4) 本行业的市场结构。

(5) 各个公司在本行业中的竞争地位。

(6) 对各个公司的财务情况进行分析。

4. 对本行业中的主要公司的股票进行技术分析

(1) 市场走势情况通过各个大盘指标来反映，因为个股都会受到大盘的影响，所以在进行个股分析时必须考虑大盘的走势。以下的大盘指标是在技术分析的过程中必须把握的。

(2) 对本行业中的主要公司的股票进行技术分析从两个方面着手，一方面是分析K线图和股票价格走势的形态；另一方面是进行指标分析，主要的指标包括移动平均线（MA）、指数平滑异同平均线（MACD）、动向指标（DMI）、相对强弱指标（RSI）、动量指标（MTM）、威廉指数（%R）、随机指标（KD）、乖离率（BIAS）、心理线（PSY）、人气意愿指标（AR、BR）。

5. 进行综合分析

通过分析宏观经济对本行业的影响，本行业的市场结构对公司的影响，本行业内主要竞争对手的市场情况，行业内主要企业的盈利模式，各个公司在本行业中的竞争地位等因素，进而对公司的财务情况进行量化，得出股票价值的合理区间，同时通过对股票市场的总体趋势的把握和对公司股票的走势的技术分析得出一个较为合理的买卖实机，这样，选股于选时的结合，使得投资者趋于理性。

四、实验报告

1. 谈谈对股票综合分析的认识。
2. 运用各种分析手段制定投资策略，并写出有关投资策略的报告。

附录一 上海证券交易所交易规则

第一章 总则

1.1 为规范证券市场交易行为，维护证券市场秩序，保护投资者合法权益，根据《中华人民共和国证券法》等法律、行政法规、部门规章以及《上海证券交易所章程》，制定本规则。

1.2 上海证券交易所（以下简称本所）上市的证券及其衍生品种（以下统称证券）的交易，适用本规则。本规则未作规定的，适用本所其他有关规定。

1.3 证券交易遵循公开、公平、公正的原则。

1.4 证券交易应当遵守法律、行政法规和部门规章及本所相关业务规则，遵循自愿、有偿、诚实信用原则。

1.5 证券交易采用无纸化的集中交易或经中国证券监督管理委员会（以下简称证监会）批准的其他方式。

第二章 交易市场

第一节 交易场所

2.1.1 本所为证券交易提供交易场所及设施。交易场所及设施由交易主机、交易大厅、参与者交易业务单元、报盘系统及相关的通信系统等组成。

2.1.2 本所设置交易大厅。本所会员（以下简称会员）可以通过其派驻交易大厅的交易员进行申报。

除经本所特许外，进入交易大厅的，仅限下列人员：

（一）登记在册交易员；

(二) 场内监管人员。

第二节　交易参与人与交易权

2.2.1　会员及本所认可的机构进入本所市场进行证券交易的，须向本所申请取得相应席位和交易权，成为本所交易参与人。

交易参与人应当通过在本所申请开设的参与者交易业务单元进行证券交易。

2.2.2　参与者交易业务单元，是指交易参与人据此可以参与本所证券交易，享有及行使相关交易权利，并接受本所相关交易业务管理的基本单位。

2.2.3　参与者交易业务单元和交易权限等管理细则由本所另行规定，报证监会批准后生效。

第三节　交易品种

2.3　下列证券可以在本所市场挂牌交易：

(一) 股票；

(二) 基金；

(三) 债券；

(四) 债券回购；

(五) 权证；

(六) 经证监会批准的其他交易品种。

第四节　交易时间

2.4.1　本所交易日为每周一至周五。

国家法定假日和本所公告的休市日，本所市场休市。

2.4.2　采用竞价交易方式的，每个交易日的9：15至9：25为开盘集合竞价时间，9：30至11：30、13：00至15：00为连续竞价时间，开市期间停牌并复牌的证券除外。

根据市场发展需要，经证监会批准，本所可以调整交易时间。

2.4.3　交易时间内因故停市，交易时间不作顺延。

第三章　证券买卖

第一节　一般规定

3.1.1　会员接受投资者的买卖委托后，应当按照委托的内容向本所申报，并承担相应的交易、交收责任。

会员接受投资者买卖委托达成交易的，投资者应当向会员交付其委托会员卖出的证券或其委托会员买入证券的款项，会员应当向投资者交付卖出证券所得款项或买入的证券。

3.1.2 会员通过其拥有的参与者交易业务单元和相关的报送渠道向本所交易主机发送买卖申报指令，并按本规则达成交易，交易结果及其他交易记录由本所发送至会员。

3.1.3 会员应当按照有关规定妥善保管委托和申报记录。

3.1.4 投资者买入的证券，在交收前不得卖出，但实行回转交易的除外。

证券的回转交易是指投资者买入的证券，经确认成交后，在交收前全部或部分卖出。

3.1.5 债券和权证实行当日回转交易，B股实行次交易日起回转交易。

3.1.6 根据市场需要，本所可以实行一级交易商制度，具体办法由本所另行规定，报证监会批准后生效。

第二节 指定交易

3.2.1 本所市场证券交易实行全面指定交易制度，境外投资者从事B股交易除外。

3.2.2 全面指定交易是指参与本所市场证券买卖的投资者必须事先指定一家会员作为其买卖证券的受托人，通过该会员参与本所市场证券买卖。

3.2.3 投资者应当与指定交易的会员签订指定交易协议，明确双方的权利、义务和责任。指定交易协议一经签订，会员即可根据投资者的申请向本所交易主机申报办理指定交易手续。

3.2.4 本所在开市期间接受指定交易申报指令，该指令被交易主机接受后即刻生效。

3.2.5 投资者变更指定交易的，应当向已指定的会员提出撤销申请，由该会员申报撤销指令。对于符合撤销指定条件的，会员不得限制、阻挠或拖延其办理撤销指定手续。

3.2.6 指定交易撤销后即可重新申办指定交易。

3.2.7 指定交易的其他事项按照本所的有关规定执行。

第三节 委托

3.3.1 投资者买卖证券，应当开立证券账户和资金账户，并与会员签订证券交易委托协议。协议生效后，投资者即成为该会员经纪业务的客户（以下简称客户）。

投资者开立证券账户，按本所指定登记结算机构的规定办理。

3.3.2 客户可以通过书面或电话、自助终端、互联网等自助委托方式委托会员买卖证券。电话、自助终端、互联网等自助委托应当按相关规定操作。

3.3.3 客户通过自助委托方式参与证券买卖的，会员应当与其签订自助委托协议。

3.3.4 除本所另有规定外，客户的委托指令应当包括下列内容：

（一）证券账户号码；

（二）证券代码；

（三）买卖方向；

（四）委托数量；

（五）委托价格；

（六）本所及会员要求的其他内容。

3.3.5 客户可以采用限价委托或市价委托的方式委托会员买卖证券。

限价委托是指客户委托会员按其限定的价格买卖证券，会员必须按限定的价格或低于限定的价格申报买入证券；按限定的价格或高于限定的价格申报卖出证券。

市价委托是指客户委托会员按市场价格买卖证券。

3.3.6 客户可以撤销委托的未成交部分。

3.3.7 被撤销和失效的委托，会员应当在确认后及时向客户返还相应的资金或证券。

3.3.8 会员向客户买卖证券提供融资融券服务的，应当按照有关规定办理。

第四节　申报

3.4.1 本所接受会员竞价交易申报的时间为每个交易日的 9：15 至 9：25、9：30 至 11：30、13：00 至 15：00。

每个交易日 9：20 至 9：25 的开盘集合竞价阶段，本所交易主机不接受撤单申报；其他接受交易申报的时间内，未成交申报可以撤销。撤销指令经本所交易主机确认方为有效。

本所认为必要时，可以调整接受申报时间。

3.4.2 会员应当按照客户委托的时间先后顺序及时向本所申报。

3.4.3 本所接受会员的限价申报和市价申报。

3.4.4 根据市场需要，本所可以接受下列方式的市价申报：

（一）最优五档即时成交剩余撤销申报，即该申报在对手方实施最优五个价位内以对手方价格为成交价逐次成交，剩余未成交部分自动撤销。

（二）最优五档即时成交剩余转限价申报，即该申报在对手方实施五个最优价位内以对手方价格为成交价逐次成交，剩余未成交部分按本方申报最新成交价转为限价申报；如该申报无成交的，按本方最优报价转为限价申报；如无本方申报的，该申报撤销。

（三）本所规定的其他方式。

3.4.5 市价申报只适用于有价格涨跌幅限制证券连续竞价期间的交易，本所另有规定的除外。

3.4.6 限价申报指令应当包括证券账号、营业部代码、证券代码、买卖方向、数量、价格等内容。

市价申报指令应当包括申报类型、证券账号、营业部代码、证券代码、买卖方向、数量等内容。

申报指令按本所规定的格式传送。本所认为必要时，可以调整申报的内容及方式。

3.4.7 通过竞价交易买入股票、基金、权证的，申报数量应当为100股（份）或其整数倍。卖出股票、基金、权证时，余额不足100股（份）的部分，应当一次性申报卖出。

3.4.8 竞价交易中，债券交易的申报数量应当为1手或其整数倍，债券质押式回购交易的申报数量应当为100手或其整数倍，债券买断式回购交易的申报数量应当为1 000手或其整数倍。

债券交易和债券买断式回购交易以人民币1 000元面值债券为1手，债券质押式回购交易以人民币1 000元标准券为1手。

3.4.9 股票、基金、权证交易单笔申报最大数量应当不超过100万股（份），债券交易和债券质押式回购交易单笔申报最大数量应当不超过1万手，债券买断式回购交易单笔申报最大数量应当不超过5万手。

根据市场需要，本所可以调整证券的单笔申报最大数量。

3.4.10 不同证券的交易采用不同的计价单位。股票为“每股价格”，基金为“每份基金价格”，权证为“每份权证价格”，债券为“每百元面值债券的价格”，债券质押式回购为“每百元资金到期年收益”，债券买断式回购为“每百元面值债券的到期购回价格”。

3.4.11 A股、债券交易和债券买断式回购交易的申报价格最小变动单位为0.01元人民币，基金、权证交易为0.001元人民币，B股交易为0.001美元，债券质押式回购交易为0.005元。

3.4.12 根据市场需要，本所可以调整各类证券单笔买卖申报数量和申报价格的最小变动单位。

3.4.13 本所对股票、基金交易实行价格涨跌幅限制，涨跌幅比例为10%，其中ST股票价格涨跌幅比例为5%。

股票、基金涨跌幅价格的计算公式为：涨跌幅价格＝前收盘价×（1±涨跌幅比例）。

计算结果按照四舍五入原则取至价格最小变动单位。

属于下列情形之一的，首个交易日无价格涨跌幅限制：

（一）首次公开发行上市的股票和封闭式基金；

（二）增发上市的股票；

（三）暂停上市后恢复上市的股票；

（四）本所认定的其他情形。

经证监会批准，本所可以调整证券的涨跌幅比例。

3.4.14 买卖有价格涨跌幅限制的证券，在价格涨跌幅限制以内的申报为有效申报，超过价格涨跌幅限制的申报为无效申报。

3.4.15 买卖无价格涨跌幅限制的证券，集合竞价阶段的有效申报价格应符合下列规定：

（一）股票交易申报价格不高于前收盘价格的200％，并且不低于前收盘价格的50％；

（二）基金、债券交易申报价格最高不高于前收盘价格的150％，并且不低于前收盘价格的70％。

集合竞价阶段的债券回购交易申报无价格限制。

3.4.16 买卖无价格涨跌幅限制的证券，连续竞价阶段的有效申报价格应符合下列规定：

（一）申报价格不高于即时揭示的最低卖出价格的110％且不低于即时揭示的最高买入价格的90％；同时不高于上述最高申报价与最低申报价平均数的130％且不低于该平均数的70％；

（二）即时揭示中无买入申报价格的，即时揭示的最低卖出价格、最新成交价格中较低者视为前项最高买入价格；

（三）即时揭示中无卖出申报价格的，即时揭示的最高买入价格、最新成交价格中较高者视为前项最低卖出价格。

当日无交易的，前收盘价格视为最新成交价格。

根据市场需要，本所可以调整申报价格限制的规定。

3.4.17 申报当日有效。每笔参与竞价交易的申报不能一次全部成交时，未成交的部分继续参加当日竞价，本规则另有规定的除外。

第五节 竞价

3.5.1 证券竞价交易采用集合竞价和连续竞价两种方式。

集合竞价是指在规定时间内接受的买卖申报一次性集中撮合的竞价方式。

连续竞价是指对买卖申报逐笔连续撮合的竞价方式。

3.5.2 集合竞价期间未成交的买卖申报，自动进入连续竞价。

第六节 成交

3.6.1 证券竞价交易按价格优先、时间优先的原则撮合成交。

成交时价格优先的原则为：较高价格买入申报优先于较低价格买入申报，较低价格卖出申报优先于较高价格卖出申报。

成交时时间优先的原则为：买卖方向、价格相同的，先申报者优先于后申报者。

先后顺序按交易主机接受申报的时间确定。

3.6.2　集合竞价时，成交价格的确定原则为：

（一）可实现最大成交量的价格；

（二）高于该价格的买入申报与低于该价格的卖出申报全部成交的价格；

（三）与该价格相同的买方或卖方至少有一方全部成交的价格。

两个以上申报价格符合上述条件的，使未成交量最小的申报价格为成交价格；仍有两个以上使未成交量最小的申报价格符合上述条件的，其中间价为成交价格。

集合竞价的所有交易以同一价格成交。

3.6.3　连续竞价时，成交价格的确定原则为：

（一）最高买入申报价格与最低卖出申报价格相同，以该价格为成交价格；

（二）买入申报价格高于即时揭示的最低卖出申报价格的，以即时揭示的最低卖出申报价格为成交价格；

（三）卖出申报价格低于即时揭示的最高买入申报价格的，以即时揭示的最高买入申报价格为成交价格。

3.6.4　按成交原则达成的价格不在最小价格变动单位范围内的，按照四舍五入原则取至相应的最小价格变动单位。

3.6.5　买卖申报经交易主机撮合成交后，交易即告成立。符合本规则各项规定达成的交易于成立时生效，买卖双方必须承认交易结果，履行清算交收义务。

因不可抗力、意外事件、交易系统被非法侵入等原因造成严重后果的交易，本所可以采取适当措施或认定无效。

对显失公平的交易，经本所认定并经理事会同意，可以采取适当措施，并向证监会报告。

违反本规则，严重破坏证券市场正常运行的交易，本所有权宣布取消，由此造成的损失由违规交易者承担。

3.6.6　依照本规则达成的交易，其成交结果以本所交易主机记录的成交数据为准。

3.6.7　证券交易的清算交收业务，应当按照本所指定的登记结算机构的规定办理。

第七节　大宗交易

3.7.1　在本所进行的证券买卖符合以下条件的，可以采用大宗交易方式：

（一）A股单笔买卖申报数量应当不低于50万股，或者交易金额不低于300万元人民币；

（二）B股单笔买卖申报数量应当不低于50万股，或者交易金额不低于30万元美元；

（三）基金大宗交易的单笔买卖申报数量应当不低于 300 万份，或者交易金额不低于 300 万元；

（四）国债及债券回购大宗交易的单笔买卖申报数量应当不低于 1 万手，或者交易金额不低于 1 000 万元；

（五）其他债券单笔买卖申报数量应当不低于 1 000 手，或者交易金额不低于 100 万元。

本所可以根据市场情况调整大宗交易的最低限额。

3.7.2 本所接受大宗交易申报的时间为每个交易日的 9：30～11：30、13：00～15：30。

3.7.3 大宗交易的申报包括意向申报和成交申报。

意向申报指令应包括证券账号、证券代码、买卖方向等。

成交申报指令应包括证券代码、证券账号、买卖方向、成交价格、成交数量等。

3.7.4 意向申报应当真实有效。申报方价格不明确的，视为至少愿以规定的最低价格买入或最高价格卖出；数量不明确的，视为至少愿以大宗交易单笔买卖最低申报数量成交。

3.7.5 当意向申报被会员接受（包括其他会员报出比意向申报更优的价格）时，申报方应当至少与一个接受意向申报的会员进行成交申报。

3.7.6 有涨跌幅限制证券的大宗交易成交价格，由买卖双方在当日涨跌幅价格限制范围内确定。

无涨跌幅限制证券的大宗交易成交价格，由买卖双方在前收盘价的上下 30％或当日已成交的最高、最低价之间自行协商确定。

3.7.7 买卖双方达成协议后，向本所交易系统提出成交申报，申报的交易价格和数量必须一致。

成交申报一经本所确认，不得变更或撤销，买卖双方必须承认交易结果。

3.7.8 会员应保证大宗交易参与者实际拥有与意向申报和成交申报相对应的证券或资金。

3.7.9 本所债券大宗交易实行一级交易商制度。

经本所认可的会员，可以担任一级交易商，通过本所大宗交易系统进行债券双边报价业务。

3.7.10 大宗交易不纳入本所即时行情和指数的计算，成交量在大宗交易结束后计入该证券成交总量。

3.7.11 每个交易日大宗交易结束后，属于股票和基金大宗交易的，本所公告证券名称、成交价、成交量及买卖双方所在会员营业部的名称等信息；属于债券和债券回购大宗交易的，本所公告证券名称、成交价和成交量等信息。

第八节 债券回购交易

3.8.1 债券回购交易包括债券买断式回购交易和债券质押式回购交易等。

3.8.2 债券买断式回购交易是指债券持有人将债券卖给购买方的同时，交易双方约定在未来某一日期，卖方再以约定价格从买方购回相等数量同种债券的交易。

债券质押式回购交易是指债券持有人在将债券质押的同时，将相应债券以标准券折算比率计算出的标准券数量为融资额度而进行的质押融资，交易双方约定在回购期满后返还资金和解除质押的交易。

3.8.3 债券回购交易的期限按日历时间计算。如到期日为非交易日，顺延至下一个交易日结算。

第四章 其他交易事项

第一节 开盘价与收盘价

4.1.1 证券的开盘价为当日该证券的第一笔成交价格。

4.1.2 证券的开盘价通过集合竞价方式产生，不能产生开盘价的，以连续竞价方式产生。

4.1.3 证券的收盘价为当日该证券最后一笔交易前一分钟所有交易的成交量加权平均价（含最后一笔交易）。当日无成交的，以前收盘价为当日收盘价。

第二节 挂牌、摘牌、停牌与复牌

4.2.1 本所对上市证券实行挂牌交易。

4.2.2 证券上市期届满或依法不再具备上市条件的，本所终止其上市交易，并予以摘牌。

4.2.3 股票、封闭式基金交易出现异常波动的，本所可以决定停牌，直至相关当事人作出公告当日的上午10：30予以复牌。

根据市场发展的需要，本所可以调整停牌证券的复牌时间。

4.2.4 本所可以对涉嫌违法违规交易的证券实施特别停牌并予以公告，相关当事人应按照本所的要求提交书面报告。

特别停牌及复牌的时间和方式由本所决定。

4.2.5 证券停牌时，本所发布的行情中包括该证券的信息；证券摘牌后，行情中无该证券的信息。

4.2.6 证券开市期间停牌的，停牌前的申报参加当日该证券复牌后的交易；停牌期间，可以继续申报，也可以撤销申报；复牌时对已接受的申报实行集合竞价，集合竞价期间不揭示虚拟开盘参考价格、虚拟匹配量、虚拟未匹配量。

4.2.7 证券挂牌、摘牌、停牌与复牌的，本所予以公告。

4.2.8　证券挂牌、摘牌、停牌与复牌的其他规定，按照本所上市规则或其他有关规定执行。

第三节　除权与除息

4.3.1　上市证券发生权益分派、公积金转增股本、配股等情况，本所在权益登记日（B股为最后交易日）次一交易日对该证券作除权除息处理，本所另有规定的除外。

4.3.2　除权（息）参考价格的计算公式为：

除权（息）参考价格＝（前收盘价格－现金红利）＋配（新）股价格×流通股份变动比例÷（1＋流通股份变动比例）。

证券发行人认为有必要调整上述计算公式的，可向本所提出调整申请并说明理由。本所可以根据申请决定调整除权（息）参考价格的计算公式，并予以公布。

除权（息）日即时行情中显示的该证券的前收盘价为除权（息）参考价。

4.3.3　除权（息）日证券买卖，按除权（息）参考价格作为计算涨跌幅度的基准，本所另有规定的除外。

第五章　交易信息

第一节　一般规定

5.1.1　本所每个交易日发布证券交易即时行情、证券指数、证券交易公开信息等交易信息。

5.1.2　本所及时编制反映市场成交情况的各类日报表、周报表、月报表和年报表，并予以发布。

5.1.3　本所市场产生的交易信息归本所所有。未经本所许可，任何机构和个人不得使用和传播。

经本所许可使用交易信息的机构和个人，未经本所同意，不得将本所交易信息提供给其他机构和个人使用或予以传播。

5.1.4　证券交易信息的管理办法由本所另行规定。

第二节　即时行情

5.2.1　每个交易日的9：15～9：25为开盘集合竞价期间，即时行情内容包括：证券代码、证券简称、前收盘价格、虚拟开盘参考价格、虚拟匹配量和虚拟未匹配量。

5.2.2　连续竞价期间，即时行情内容包括：证券代码、证券简称、前收盘价格、最新成交价格、当日最高成交价格、当日最低成交价格、当日累计成交数量、当日累计成交金额、实时最高五个买入申报价格和数量、实时最低五个卖出申报价格和数量。

5.2.3 首次上市证券上市首日，其即时行情显示的前收盘价格为其发行价，本所另有规定的除外。

5.2.4 即时行情通过通信系统传输至各会员，会员应在本所许可的范围内使用。

5.2.5 根据市场发展的需要，本所可以调整即时行情发布的方式和内容。

第三节 证券指数

5.3.1 本所编制综合指数、成分指数、分类指数等证券指数，以反映证券交易总体价格或某类证券价格的变动和走势，并随即时行情发布。

5.3.2 证券指数的编制遵循公开透明的原则。

5.3.3 证券指数设置和编制的具体方法由本所另行规定。

第四节 证券交易公开信息

5.4.1 有价格涨跌幅限制的股票、封闭式基金竞价交易出现下列情形之一的，本所公布当日买入、卖出金额最大的五家会员营业部的名称及其买入、卖出金额：

（一）日收盘价格涨跌幅偏离值达到±7%的各前三只股票（基金）；

收盘价格涨跌幅偏离值的计算公式为：

收盘价格涨跌幅偏离值＝单只股票（基金）涨跌幅－对应分类指数涨跌幅

（二）日价格振幅达到15%的前三只股票（基金）；

价格振幅的计算公式为：

价格振幅＝（当日最高价格－当日最低价格）/当日最低价格×100%

（三）日换手率达到20%的前三只股票（基金）；

换手率的计算公式为：

换手率＝成交股数（份额）/流通股数（份额）×100%

收盘价格涨跌幅偏离值、价格振幅或换手率相同的，依次按成交金额和成交量选取。

对应分类指数包括本所编制的上证A股指数、上证B股指数和上证基金指数等。

对3.4.13规定的无价格涨跌幅限制的股票、封闭式基金，本所公布当日买入、卖出金额最大的五家会员营业部的名称及其买入、卖出金额。

5.4.2 股票、封闭式基金竞价交易出现下列情形之一的，属于异常波动，本所分别公告该股票、封闭式基金交易异常波动期间累计买入、卖出金额最大五家会员营业部的名称及其买入、卖出金额：

（一）连续三个交易日内日收盘价格涨跌幅偏离值累计达到±20%的；

（二）ST股票连续三个交易日内日收盘价格涨跌幅偏离值累计达到±15%的；

（三）连续三个交易日内日均换手率与前五个交易日的日均换手率的比值达到30倍，并且该股票、封闭式基金连续三个交易日内的累计换手率达到20%的；

（四）本所或证监会认定属于异常波动的其他情形。

异常波动指标自复牌之日起重新计算。

对 3.4.13 规定的无价格涨跌幅限制的股票、封闭式基金不纳入异常波动指标的计算。

5.4.3 本所根据第 4.2.4 条对证券实施特别停牌的，根据需要可以公布以下信息：

（一）成交金额最大的五家会员营业部的名称及其买入、卖出数量和买入、卖出金额；

（二）股份统计信息；

（三）本所认为应披露的其他信息。

5.4.4 证券交易公开信息涉及机构的，公布名称为“机构专用”。

5.4.5 根据市场发展的需要，本所可以调整证券交易公开信息的内容。

第六章 交易行为监督

6.1 本所对下列可能影响证券交易价格或者证券交易量的异常交易行为，予以重点监控：

（一）可能对证券交易价格产生重大影响的信息披露前，大量买入或者卖出相关证券；

（二）以同一身份证明文件、营业执照或其他有效证明文件开立的证券账户之间，大量或者频繁进行互为对手方的交易；

（三）委托、授权给同一机构或者同一个人代为从事交易的证券账户之间，大量或者频繁进行互为对手方的交易；

（四）两个或两个以上固定的或涉嫌关联的证券账户之间，大量或者频繁进行互为对手方的交易；

（五）大笔申报、连续申报或者密集申报，以影响证券交易价格；

（六）频繁申报或频繁撤销申报，以影响证券交易价格或其他投资者的投资决定；

（七）巨额申报，且申报价格明显偏离申报时的证券市场成交价格；

（八）一段时期内进行大量且连续的交易；

（九）在同一价位或者相近价位大量或者频繁进行回转交易；

（十）大量或者频繁进行高买低卖交易；

（十一）进行与自身公开发布的投资分析、预测或建议相背离的证券交易；

（十二）在大宗交易中进行虚假或其他扰乱市场秩序的申报；

（十三）本所认为需要重点监控的其他异常交易。

6.2 会员及其营业部发现投资者的证券交易出现 6.1 条所列的异常交易行为之一，且可能严重影响证券交易秩序的，应当予以提醒，并及时向本所报告。

6.3 出现6.1条所列的异常交易行为之一，且对证券交易价格或者交易量产生重大影响的，本所可采取非现场调查和现场调查措施，要求相关会员及其营业部提供投资者开户资料、授权委托书、资金存取凭证、资金账户情况、相关交易情况等资料；如异常交易涉及投资者的，本所可以直接要求其提供有关材料。

6.4 会员及其营业部、投资者应当配合本所进行相关调查，及时、真实、准确、完整地提供有关文件和资料。

6.5 对情节严重的异常交易行为，本所可以视情况采取下列措施：

（一）口头或书面警示；

（二）约见谈话；

（三）要求相关投资者提交书面承诺；

（四）限制相关证券账户交易；

（五）报请证监会冻结相关证券账户或资金账户；

（六）上报证监会查处。

如对第（四）项措施有异议的，可以向本所提出复核申请。复核期间不停止相关措施的执行。

第七章 交易异常情况处理

7.1 发生下列交易异常情况之一，导致部分或全部交易不能进行的，本所可以决定技术性停牌或临时停市：

（一）不可抗力；

（二）意外事件；

（三）技术故障；

（四）本所认定的其他异常情况。

7.2 出现行情传输中断或无法申报的会员营业部数量超过营业部总数10%以上的交易异常情况，本所可以实行临时停市。

7.3 本所认为可能发生第7.1条、第7.2条规定的交易异常情况，并会严重影响交易正常进行的，可以决定技术性停牌或临时停市。

7.4 本所对技术性停牌或临时停市决定予以公告。

7.5 技术性停牌或临时停市原因消除后，本所可以决定恢复交易。

7.6 除本所认定的特殊情况外，技术性停牌或临时停市后当日恢复交易的，技术性停牌或临时停市前交易主机已经接受的申报有效。交易主机在技术性停牌或临时停市期间继续接受申报，在恢复交易时对已接受的申报实行集合竞价交易。

7.7 因交易异常情况及本所采取的相应措施造成的损失，本所不承担责任。

第八章　交易纠纷

8.1　会员之间、会员与客户之间发生交易纠纷，相关会员应当记录有关情况，以备本所查阅。交易纠纷影响正常交易的，会员应当及时向本所报告。

8.2　会员之间、会员与客户之间发生交易纠纷，本所可以按有关规定，提供必要的交易数据。

8.3　客户对交易有疑义的，会员应当协调处理。

第九章　交易费用

9.1　投资者买卖证券成交的，应当按规定向代其进行证券买卖的会员交纳佣金。

9.2　会员应当按规定向本所交纳会员费、交易经手费及其他费用。

9.3　证券交易的收费项目、收费标准和管理办法按照有关规定执行。

第十章　纪律处分

10.1　会员违反本规则的，本所责令其改正，并视情节轻重单处或并处：

(一) 在会员范围内通报批评；

(二) 在证监会指定的媒体上公开谴责；

(三) 暂停或者限制交易；

(四) 取消交易资格；

(五) 取消会员资格。

10.2　会员对前条中的（二）、（三）、（四）、（五）项处分有异议的，可以自接到处分通知之日起 15 日内向本所理事会申请复核。复核期间不停止相关处分的执行。

第十一章　附则

11.1　交易型开放式指数基金、债券、债券回购、权证等品种的其他交易事项，由本所另行规定。

11.2　本规则中所述时间，以本所交易主机的时间为准。

11.3　本所有关股票、基金交易异常波动的规定与本规则不一致的，按本规则执行。

11.4　本规则下列用语含义：

（一）市场：指本所设立的证券交易市场。

（二）上市交易：指证券在本所挂牌交易。

（三）委托：指投资者向会员进行具体授权买卖证券的行为。

（四）申报：指会员向本所交易主机发送证券买卖指令的行为。

（五）标准券：指由不同债券品按相应折算率折算形成的，用以确定可利用质押式回购交易进行融资的额度。

（六）最优价：指集中申报簿中买方的最高价或卖方的最低价。集中申报簿指交易主机中某一时点按买卖方向以及价格优先、时间优先顺序排列的所有未成交申报队列。

（七）虚拟开盘参考价格：指特定时点的所有有效申报按照集合竞价规则虚拟成交并予以即时揭示的价格。

（八）虚拟匹配量：指特定时点按照虚拟开盘参考价格虚拟成交并予以即时揭示的申报数量。

（九）虚拟未匹配量：指特定时点不能按照虚拟开盘参考价格虚拟成交并予以即时揭示的买方或卖方剩余申报数量。

11.5　本规则经本所理事会通过，报证监会批准后生效。修改时亦同。

11.6　本规则由本所负责解释。

11.7　本规则自 2006 年 7 月 1 日起施行。

附录二　期货交易管理条例

第一章　总　　则

第一条　为了规范期货交易行为，加强对期货交易的监督管理，维护期货市场秩序，防范风险，保护期货交易各方的合法权益和社会公共利益，促进期货市场积极稳妥发展，制定本条例。

第二条　任何单位和个人从事期货交易，包括商品和金融期货合约、期权合约交易及其相关活动，应当遵守本条例。

第三条　从事期货交易活动，应当遵循公开、公平、公正和诚实信用的原则。禁止欺诈、内幕交易和操纵期货交易价格等违法行为。

第四条　期货交易应当在依法设立的期货交易所或者国务院期货监督管理机构批准的其他交易场所进行。

禁止在国务院期货监督管理机构批准的期货交易场所之外进行期货交易，禁止变相期货交易。

第五条　国务院期货监督管理机构对期货市场实行集中统一的监督管理。

国务院期货监督管理机构派出机构依照本条例的有关规定和国务院期货监督管理机构的授权，履行监督管理职责。

第二章　期货交易所

第六条　设立期货交易所，由国务院期货监督管理机构审批。

未经国务院期货监督管理机构批准，任何单位或者个人不得设立期货交易所或者以任何形式组织期货交易及其相关活动。

第七条　期货交易所不以营利为目的，按照其章程的规定实行自律管理。期货交易所以其全部财产承担民事责任。期货交易所的负责人由国务院期货监督管理机构任免。

期货交易所的管理办法由国务院期货监督管理机构制定。

第八条　期货交易所会员应当是在中华人民共和国境内登记注册的企业法人或者其他经济组织。

期货交易所可以实行会员分级结算制度。实行会员分级结算制度的期货交易所会员由结算会员和非结算会员组成。

结算会员的结算业务资格由国务院期货监督管理机构批准。国务院期货监督管理机构应当在受理结算业务资格申请之日起 3 个月内做出批准或者不批准的决定。

第九条　有《中华人民共和国公司法》第一百四十七条规定的情形或者下列情形之一的，不得担任期货交易所的负责人、财务会计人员：

（一）因违法行为或者违纪行为被解除职务的期货交易所、证券交易所、证券登记结算机构的负责人，或者期货公司、证券公司的董事、监事、高级管理人员，以及国务院期货监督管理机构规定的其他人员，自被解除职务之日起未逾 5 年；

（二）因违法行为或者违纪行为被撤销资格的律师、注册会计师或者投资咨询机构、财务顾问机构、资信评级机构、资产评估机构、验证机构的专业人员，自被撤销资格之日起未逾 5 年。

第十条　期货交易所应当依照本条例和国务院期货监督管理机构的规定，建立、健全各项规章制度，加强对交易活动的风险控制和对会员以及交易所工作人员的监督管理。期货交易所履行下列职责：

（一）提供交易的场所、设施和服务；

（二）设计合约，安排合约上市；

（三）组织并监督交易、结算和交割；

（四）保证合约的履行；

（五）按照章程和交易规则对会员进行监督管理；

（六）国务院期货监督管理机构规定的其他职责。

期货交易所不得直接或者间接参与期货交易。未经国务院期货监督管理机构审核并报国务院批准，期货交易所不得从事信托投资、股票投资、非自用不动产投资等与其职责无关的业务。

第十一条　期货交易所应当按照国家有关规定建立、健全下列风险管理制度：

（一）保证金制度；

（二）当日无负债结算制度；

（三）涨跌停板制度；

（四）持仓限额和大户持仓报告制度；

（五）风险准备金制度；

（六）国务院期货监督管理机构规定的其他风险管理制度。

实行会员分级结算制度的期货交易所，还应当建立、健全结算担保金制度。

第十二条 当期货市场出现异常情况时，期货交易所可以按照其章程规定的权限和程序，决定采取下列紧急措施，并应当立即报告国务院期货监督管理机构：

（一）提高保证金；

（二）调整涨跌停板幅度；

（三）限制会员或者客户的最大持仓量；

（四）暂时停止交易；

（五）采取其他紧急措施。

前款所称异常情况，是指在交易中发生操纵期货交易价格的行为或者发生不可抗拒的突发事件以及国务院期货监督管理机构规定的其他情形。

异常情况消失后，期货交易所应当及时取消紧急措施。

第十三条 期货交易所办理下列事项，应当经国务院期货监督管理机构批准：

（一）制定或者修改章程、交易规则；

（二）上市、中止、取消或者恢复交易品种；

（三）上市、修改或者终止合约；

（四）变更住所或者营业场所；

（五）合并、分立或者解散；

（六）国务院期货监督管理机构规定的其他事项。

国务院期货监督管理机构批准期货交易所上市新的交易品种，应当征求国务院有关部门的意见。

第十四条 期货交易所的所得收益按照国家有关规定管理和使用，但应当首先用于保证期货交易场所、设施的运行和改善。

第三章 期货公司

第十五条 期货公司是依照《中华人民共和国公司法》和本条例规定设立的经营期货业务的金融机构。设立期货公司，应当经国务院期货监督管理机构批准，并在公司登记机关登记注册。

未经国务院期货监督管理机构批准，任何单位或者个人不得设立或者变相设立期货公司，经营期货业务。

第十六条 申请设立期货公司，应当符合《中华人民共和国公司法》的规定，并具备下列条件：

(一) 注册资本最低限额为人民币 3 000 万元；

(二) 董事、监事、高级管理人员具备任职资格，从业人员具有期货从业资格；

(三) 有符合法律、行政法规规定的公司章程；

(四) 主要股东以及实际控制人具有持续盈利能力，信誉良好，最近 3 年无重大违法违规记录；

(五) 有合格的经营场所和业务设施；

(六) 有健全的风险管理和内部控制制度；

(七) 国务院期货监督管理机构规定的其他条件。

国务院期货监督管理机构根据审慎监管原则和各项业务的风险程度，可以提高注册资本最低限额。注册资本应当是实缴资本。股东应当以货币或者期货公司经营必需的非货币财产出资，货币出资比例不得低于 85%。

国务院期货监督管理机构应当在受理期货公司设立申请之日起 6 个月内，根据审慎监管原则进行审查，做出批准或者不批准的决定。

未经国务院期货监督管理机构批准，任何单位和个人不得委托或者接受他人委托持有或者管理期货公司的股权。

第十七条 期货公司业务实行许可制度，由国务院期货监督管理机构按照其商品期货、金融期货业务种类颁发许可证。期货公司除申请经营境内期货经纪业务外，还可以申请经营境外期货经纪、期货投资咨询以及国务院期货监督管理机构规定的其他期货业务。

期货公司不得从事与期货业务无关的活动，法律、行政法规或者国务院期货监督管理机构另有规定的除外。

期货公司不得从事或者变相从事期货自营业务。

期货公司不得为其股东、实际控制人或者其他关联人提供融资，不得对外担保。

第十八条 期货公司从事经纪业务，接受客户委托，以自己的名义为客户进行期货交易，交易结果由客户承担。

第十九条 期货公司办理下列事项，应当经国务院期货监督管理机构批准：

(一) 合并、分立、停业、解散或者破产；

(二) 变更公司形式；

(三) 变更业务范围；

(四) 变更注册资本；

(五) 变更 5%以上的股权；

(六) 设立、收购、参股或者终止境外期货类经营机构；

(七) 国务院期货监督管理机构规定的其他事项。

前款第（四）项、第（七）项所列事项，国务院期货监督管理机构应当自受理申请之日起20日内做出批准或者不批准的决定；前款所列其他事项，国务院期货监督管理机构应当自受理申请之日起2个月内做出批准或者不批准的决定。

第二十条 期货公司办理下列事项，应当经国务院期货监督管理机构派出机构批准：

（一）变更法定代表人；

（二）变更住所或者营业场所；

（三）设立或者终止境内分支机构；

（四）变更境内分支机构的营业场所、负责人或者经营范围；

（五）国务院期货监督管理机构规定的其他事项。

前款第（一）项、第（二）项、第（四）项、第（五）项所列事项，国务院期货监督管理机构派出机构应当自受理申请之日起20日内做出批准或者不批准的决定；前款第（三）项所列事项，国务院期货监督管理机构派出机构应当自受理申请之日起2个月内做出批准或者不批准的决定。

第二十一条 期货公司或者其分支机构有《中华人民共和国行政许可法》第七十条规定的情形或者下列情形之一的，国务院期货监督管理机构应当依法办理期货业务许可证注销手续：

（一）营业执照被公司登记机关依法注销；

（二）成立后无正当理由超过3个月未开始营业，或者开业后无正当理由停业连续3个月以上；

（三）主动提出注销申请；

（四）国务院期货监督管理机构规定的其他情形。

期货公司在注销期货业务许可证前，应当结清相关期货业务，并依法返还客户的保证金和其他资产。期货公司分支机构在注销经营许可证前，应当终止经营活动，妥善处理客户资产。

第二十二条 期货公司应当建立、健全并严格执行业务管理规则、风险管理制度，遵守信息披露制度，保障客户保证金的存管安全，按照期货交易所的规定，向期货交易所报告大户名单、交易情况。

第二十三条 从事期货投资咨询以及为期货公司提供中间介绍等业务的其他期货经营机构，应当取得国务院期货监督管理机构批准的业务资格，具体管理办法由国务院期货监督管理机构制定。

第四章 期货交易基本规则

第二十四条 在期货交易所进行期货交易的，应当是期货交易所会员。

第二十五条 期货公司接受客户委托为其进行期货交易，应当事先向客户出示风险说明书，经客户签字确认后，与客户签订书面合同。期货公司不得未经客户委托或者不按照客户委托内容，擅自进行期货交易。

期货公司不得向客户做获利保证；不得在经纪业务中与客户约定分享利益或者共担风险。

第二十六条 下列单位和个人不得从事期货交易，期货公司不得接受其委托为其进行期货交易：

（一）国家机关和事业单位；

（二）国务院期货监督管理机构、期货交易所、期货保证金安全存管监控机构和期货业协会的工作人员；

（三）证券、期货市场禁止进入者；

（四）未能提供开户证明材料的单位和个人；

（五）国务院期货监督管理机构规定不得从事期货交易的其他单位和个人。

第二十七条 客户可以通过书面、电话、互联网或者国务院期货监督管理机构规定的其他方式，向期货公司下达交易指令。客户的交易指令应当明确、全面。

期货公司不得隐瞒重要事项或者使用其他不正当手段诱骗客户发出交易指令。

第二十八条 期货交易所应当及时公布上市品种合约的成交量、成交价、持仓量、最高价与最低价、开盘价与收盘价和其他应当公布的即时行情，并保证即时行情的真实、准确。期货交易所不得发布价格预测信息。

未经期货交易所许可，任何单位和个人不得发布期货交易即时行情。

第二十九条 期货交易应当严格执行保证金制度。期货交易所向会员、期货公司向客户收取的保证金，不得低于国务院期货监督管理机构、期货交易所规定的标准，并应当与自有资金分开，专户存放。

期货交易所向会员收取的保证金，属于会员所有，除用于会员的交易结算外，严禁挪作他用。

期货公司向客户收取的保证金，属于客户所有，除下列可划转的情形外，严禁挪作他用：

（一）依据客户的要求支付可用资金；

（二）为客户交存保证金，支付手续费、税款；

（三）国务院期货监督管理机构规定的其他情形。

第三十条 期货公司应当为每一个客户单独开立专门账户、设置交易编码，不得混码交易。

第三十一条 期货公司经营期货经纪业务又同时经营其他期货业务的，应当严格执行业务分离和资金分离制度，不得混合操作。

第三十二条 期货交易所会员、客户可以使用标准仓单、国债等价值稳定、流动性强的有价证券充抵保证金进行期货交易。有价证券的种类、价值的计算方法和充抵保证金的比例等，由国务院期货监督管理机构规定。

第三十三条 银行业金融机构从事期货保证金存管、期货结算业务的资格，经国务院银行业监督管理机构审核同意后，由国务院期货监督管理机构批准。

第三十四条 期货交易所、期货公司、非期货公司结算会员应当按照国务院期货监督管理机构、财政部门的规定提取、管理和使用风险准备金，不得挪用。

第三十五条 期货交易的收费项目、收费标准和管理办法由国务院有关主管部门统一制定并公布。

第三十六条 期货交易应当采用公开的集中交易方式或者国务院期货监督管理机构批准的其他方式。

第三十七条 期货交易的结算，由期货交易所统一组织进行。

期货交易所实行当日无负债结算制度。期货交易所应当在当日及时将结算结果通知会员。

期货公司根据期货交易所的结算结果对客户进行结算，并应当将结算结果按照与客户约定的方式及时通知客户。客户应当及时查询并妥善处理自己的交易持仓。

第三十八条 期货交易所会员的保证金不足时，应当及时追加保证金或者自行平仓。会员未在期货交易所规定的时间内追加保证金或者自行平仓的，期货交易所应当将该会员的合约强行平仓，强行平仓的有关费用和发生的损失由该会员承担。

客户保证金不足时，应当及时追加保证金或者自行平仓。客户未在期货公司规定的时间内及时追加保证金或者自行平仓的，期货公司应当将该客户的合约强行平仓，强行平仓的有关费用和发生的损失由该客户承担。

第三十九条 期货交易的交割，由期货交易所统一组织进行。

交割仓库由期货交易所指定。期货交易所不得限制实物交割总量，并应当与交割仓库签订协议，明确双方的权利和义务。交割仓库不得有下列行为：

（一）出具虚假仓单；

（二）违反期货交易所业务规则，限制交割商品的入库、出库；

（三）泄露与期货交易有关的商业秘密；

（四）违反国家有关规定参与期货交易；

（五）国务院期货监督管理机构规定的其他行为。

第四十条 会员在期货交易中违约的，期货交易所先以该会员的保证金承担违约责任；保证金不足的，期货交易所应当以风险准备金和自有资金代为承担违约责任，并由此取得对该会员的相应追偿权。

客户在期货交易中违约的，期货公司先以该客户的保证金承担违约责任；保证金不足的，期货公司应当以风险准备金和自有资金代为承担违约责任，并由此取得对该客户的相应追偿权。

第四十一条　实行会员分级结算制度的期货交易所，应当向结算会员收取结算担保金。期货交易所只对结算会员结算，收取和追收保证金，以结算担保金、风险准备金、自有资金代为承担违约责任，以及采取其他相关措施；对非结算会员的结算、收取和追收保证金、代为承担违约责任，以及采取其他相关措施，由结算会员执行。

第四十二条　期货交易所、期货公司和非期货公司结算会员应当保证期货交易、结算、交割资料的完整和安全。

第四十三条　任何单位或者个人不得编造、传播有关期货交易的虚假信息，不得恶意串通、联手买卖或者以其他方式操纵期货交易价格。

第四十四条　任何单位或者个人不得违规使用信贷资金、财政资金进行期货交易。

银行业金融机构从事期货交易融资或者担保业务的资格，由国务院银行业监督管理机构批准。

第四十五条　国有以及国有控股企业进行境内外期货交易，应当遵循套期保值的原则，严格遵守国务院国有资产监督管理机构以及其他有关部门关于企业以国有资产进入期货市场的有关规定。

第四十六条　国务院商务主管部门对境内单位或者个人从事境外商品期货交易的品种进行核准。

境外期货项下购汇、结汇以及外汇收支，应当符合国家外汇管理的有关规定。

境内单位或者个人从事境外期货交易的办法，由国务院期货监督管理机构会同国务院商务主管部门、国有资产监督管理机构、银行业监督管理机构、外汇管理部门等有关部门制定，报国务院批准后施行。

第五章　期货业协会

第四十七条　期货业协会是期货业的自律性组织，是社会团体法人。

期货公司以及其他专门从事期货经营的机构应当加入期货业协会，并缴纳会员费。

第四十八条　期货业协会的权力机构为全体会员组成的会员大会。

期货业协会的章程由会员大会制定，并报国务院期货监督管理机构备案。

期货业协会设理事会。理事会成员按照章程的规定选举产生。

第四十九条　期货业协会履行下列职责：

（一）教育和组织会员遵守期货法律、法规和政策；

（二）制定会员应当遵守的行业自律性规则，监督、检查会员行为，对违反协会章程和自律性规则的，按照规定给予纪律处分；

（三）负责期货从业人员资格的认定、管理以及撤销工作；

（四）受理客户与期货业务有关的投诉，对会员之间、会员与客户之间发生的纠纷进行调解；

（五）依法维护会员的合法权益，向国务院期货监督管理机构反映会员的建议和要求；

（六）组织期货从业人员的业务培训，开展会员间的业务交流；

（七）组织会员就期货业的发展、运作以及有关内容进行研究；

（八）期货业协会章程规定的其他职责。

期货业协会的业务活动应当接受国务院期货监督管理机构的指导和监督。

第六章　监 督 管 理

第五十条　国务院期货监督管理机构对期货市场实施监督管理，依法履行下列职责：

（一）制定有关期货市场监督管理的规章、规则，并依法行使审批权；

（二）对品种的上市、交易、结算、交割等期货交易及其相关活动，进行监督管理；

（三）对期货交易所、期货公司及其他期货经营机构、非期货公司结算会员、期货保证金安全存管监控机构、期货保证金存管银行、交割仓库等市场相关参与者的期货业务活动，进行监督管理；

（四）制定期货从业人员的资格标准和管理办法，并监督实施；

（五）监督检查期货交易的信息公开情况；

（六）对期货业协会的活动进行指导和监督；

（七）对违反期货市场监督管理法律、行政法规的行为进行查处；

（八）开展与期货市场监督管理有关的国际交流、合作活动；

（九）法律、行政法规规定的其他职责。

第五十一条　国务院期货监督管理机构依法履行职责，可以采取下列措施：

（一）对期货交易所、期货公司及其他期货经营机构、非期货公司结算会员、期货保证金安全存管监控机构和交割仓库进行现场检查；

（二）进入涉嫌违法行为发生场所调查取证；

（三）询问当事人和与被调查事件有关的单位和个人，要求其对与被调查事件有关的事项做出说明；

（四）查阅、复制与被调查事件有关的财产权登记等资料；

（五）查阅、复制当事人和与被调查事件有关的单位和个人的期货交易记录、财务会计资料以及其他相关文件和资料；对可能被转移、隐匿或者毁损的文件和资料，可以予以封存；

（六）查询与被调查事件有关的单位的保证金账户和银行账户；

（七）在调查操纵期货交易价格、内幕交易等重大期货违法行为时，经国务院期货监督管理机构主要负责人批准，可以限制被调查事件当事人的期货交易，但限制的时间不得超过 15 个交易日；案情复杂的，可以延长至 30 个交易日；

（八）法律、行政法规规定的其他措施。

第五十二条 期货交易所、期货公司及其他期货经营机构、期货保证金安全存管监控机构，应当向国务院期货监督管理机构报送财务会计报告、业务资料和其他有关资料。

对期货公司及其他期货经营机构报送的年度报告，国务院期货监督管理机构应当指定专人进行审核，并制作审核报告。审核人员应当在审核报告上签字。审核中发现问题的，国务院期货监督管理机构应当及时采取相应措施。

必要时，国务院期货监督管理机构可以要求非期货公司结算会员、交割仓库，以及期货公司股东、实际控制人或者其他关联人报送相关资料。

第五十三条 国务院期货监督管理机构依法履行职责，进行监督检查或者调查时，被检查、调查的单位和个人应当配合，如实提供有关文件和资料，不得拒绝、阻碍和隐瞒；其他有关部门和单位应当给予支持和配合。

第五十四条 国家根据期货市场发展的需要，设立期货投资者保障基金。

期货投资者保障基金的筹集、管理和使用的具体办法，由国务院期货监督管理机构会同国务院财政部门制定。

第五十五条 国务院期货监督管理机构应当建立、健全保证金安全存管监控制度，设立期货保证金安全存管监控机构。

客户和期货交易所、期货公司及其他期货经营机构、非期货公司结算会员以及期货保证金存管银行，应当遵守国务院期货监督管理机构有关保证金安全存管监控的规定。

第五十六条 期货保证金安全存管监控机构依照有关规定对保证金安全实施监控，进行每日稽核，发现问题应当立即报告国务院期货监督管理机构。国务院期货监督管理机构应当根据不同情况，依照本条例有关规定及时处理。

第五十七条 国务院期货监督管理机构对期货交易所、期货公司及其他期货经营机构和期货保证金安全存管监控机构的董事、监事、高级管理人员以及其他期货从业人员，实行资格管理制度。

第五十八条 国务院期货监督管理机构应当制定期货公司持续性经营规则，对期货公司的净资本与净资产的比例，净资本与境内期货经纪、境外期货经纪等业务规模的比例，流动资产与流动负债的比例等风险监管指标做出规定；对期货公司及其分支机构的经营条件、风险管理、内部控制、保证金存管、关联交易等方面提出要求。

第五十九条 期货公司及其分支机构不符合持续性经营规则或者出现经营风险的，国务院期货监督管理机构可以对期货公司及其董事、监事和高级管理人员采取谈话、提示、记入信用记录等监管措施或者责令期货公司限期整改，并对其整改情况进行检查验收。

期货公司逾期未改正，其行为严重危及期货公司的稳健运行、损害客户合法权益，或者涉嫌严重违法违规正在被国务院期货监督管理机构调查的，国务院期货监督管理机构可以区别情形，对其采取下列措施：

（一）限制或者暂停部分期货业务；

（二）停止批准新增业务或者分支机构；

（三）限制分配红利，限制向董事、监事、高级管理人员支付报酬、提供福利；

（四）限制转让财产或者在财产上设定其他权利；

（五）责令更换董事、监事、高级管理人员或者有关业务部门、分支机构的负责人员，或者限制其权利；

（六）限制期货公司自有资金或者风险准备金的调拨和使用；

（七）责令控股股东转让股权或者限制有关股东行使股东权利。

对经过整改符合有关法律、行政法规规定以及持续性经营规则要求的期货公司，国务院期货监督管理机构应当自验收完毕之日起 3 日内解除对其采取的有关措施。

对经过整改仍未达到持续性经营规则要求，严重影响正常经营的期货公司，国务院期货监督管理机构有权撤销其部分或者全部期货业务许可、关闭其分支机构。

第六十条 期货公司违法经营或者出现重大风险，严重危害期货市场秩序、损害客户利益的，国务院期货监督管理机构可以对该期货公司采取责令停业整顿、指定其他机构托管或者接管等监管措施。经国务院期货监督管理机构批准，可以对该期货公司直接负责的董事、监事、高级管理人员和其他直接责任人员采取以下措施：

（一）通知出境管理机关依法阻止其出境；

（二）申请司法机关禁止其转移、转让或者以其他方式处分财产，或者在财产上设定其他权利。

第六十一条 期货公司的股东有虚假出资或者抽逃出资行为的，国务院期货监督管理机构应当责令其限期改正，并可责令其转让所持期货公司的股权。

在股东按照前款要求改正违法行为、转让所持期货公司的股权前，国务院期货监督管理机构可以限制其股东权利。

第六十二条 当期货市场出现异常情况时，国务院期货监督管理机构可以采取必要的风险处置措施。

第六十三条 期货公司的交易软件、结算软件，应当满足期货公司审慎经营和风险管理以及国务院期货监督管理机构有关保证金安全存管监控规定的要求。期货公司的交易软件、结算软件不符合要求的，国务院期货监督管理机构有权要求期货公司予以改进或者更换。

国务院期货监督管理机构可以要求期货公司的交易软件、结算软件的供应商提供该软件的相关资料，供应商应当予以配合。国务院期货监督管理机构对供应商提供的相关资料负有保密义务。

第六十四条 期货公司涉及重大诉讼、仲裁，或者股权被冻结或者用于担保，以及发生其他重大事件时，期货公司及其相关股东、实际控制人应当自该事件发生之日起5日内向国务院期货监督管理机构提交书面报告。

第六十五条 会计师事务所、律师事务所、资产评估机构等中介服务机构向期货交易所和期货公司等市场相关参与者提供相关服务时，应当遵守期货法律、行政法规以及国家有关规定，并按照国务院期货监督管理机构的要求提供相关资料。

第六十六条 国务院期货监督管理机构应当与有关部门建立监督管理的信息共享和协调配合机制。

国务院期货监督管理机构可以和其他国家或者地区的期货监督管理机构建立监督管理合作机制，实施跨境监督管理。

第六十七条 国务院期货监督管理机构、期货交易所、期货保证金安全存管监控机构和期货保证金存管银行等相关单位的工作人员，应当忠于职守，依法办事，公正廉洁，保守国家秘密和有关当事人的商业秘密，不得利用职务便利谋取不正当的利益。

第七章 法律责任

第六十八条 期货交易所、非期货公司结算会员有下列行为之一的，责令改正，给予警告，没收违法所得：

（一）违反规定接纳会员的；

（二）违反规定收取手续费的；

（三）违反规定使用、分配收益的；

（四）不按照规定公布即时行情的，或者发布价格预测信息的；

（五）不按照规定向国务院期货监督管理机构履行报告义务的；

（六）不按照规定向国务院期货监督管理机构报送有关文件、资料的；

（七）不按照规定建立、健全结算担保金制度的；

（八）不按照规定提取、管理和使用风险准备金的；

（九）违反国务院期货监督管理机构有关保证金安全存管监控规定的；

（十）限制会员实物交割总量的；

（十一）任用不具备资格的期货从业人员的；

（十二）违反国务院期货监督管理机构规定的其他行为。

有前款所列行为之一的，对直接负责的主管人员和其他直接责任人员给予纪律处分，处1万元以上10万元以下的罚款。

有本条第一款第（二）项所列行为的，应当责令退还多收取的手续费。

期货保证金安全存管监控机构有本条第一款第（五）项、第（六）项、第（九）项、第（十一）项、第（十二）项所列行为的，依照本条第一款、第二款的规定处罚、处分。期货保证金存管银行有本条第一款第（九）项、第（十二）项所列行为的，依照本条第一款、第二款的规定处罚、处分。

第六十九条 期货交易所、非期货公司结算会员有下列行为之一的，责令改正，给予警告，没收违法所得，并处违法所得 1 倍以上 5 倍以下的罚款；没有违法所得或者违法所得不满 10 万元的，并处 10 万元以上 50 万元以下的罚款；情节严重的，责令停业整顿：

（一）未经批准，擅自办理本条例第十三条所列事项的；

（二）允许会员在保证金不足的情况下进行期货交易的；

（三）直接或者间接参与期货交易，或者违反规定从事与其职责无关的业务的；

（四）违反规定收取保证金，或者挪用保证金的；

（五）伪造、涂改或者不按照规定保存期货交易、结算、交割资料的；

（六）未建立或者未执行当日无负债结算、涨跌停板、持仓限额和大户持仓报告制度的；

（七）拒绝或者妨碍国务院期货监督管理机构监督检查的；

（八）违反国务院期货监督管理机构规定的其他行为。

有前款所列行为之一的，对直接负责的主管人员和其他直接责任人员给予纪律处分，处 1 万元以上 10 万元以下的罚款。

期货保证金安全存管监控机构有本条第一款第（三）项、第（七）项、第（八）项所列行为的，依照本条第一款、第二款的规定处罚、处分。

第七十条 期货公司有下列行为之一的，责令改正，给予警告，没收违法所得，并处违法所得 1 倍以上 3 倍以下的罚款；没有违法所得或者违法所得不满 10 万元的，并处 10 万元以上 30 万元以下的罚款；情节严重的，责令停业整顿或者吊销期货业务许可证：

（一）接受不符合规定条件的单位或者个人委托的；

（二）允许客户在保证金不足的情况下进行期货交易的；

（三）未经批准，擅自办理本条例第十九条、第二十条所列事项的；

（四）违反规定从事与期货业务无关的活动的；

（五）从事或者变相从事期货自营业务的；

（六）为其股东、实际控制人或者其他关联人提供融资，或者对外担保的；

（七）违反国务院期货监督管理机构有关保证金安全存管监控规定的；

（八）不按照规定向国务院期货监督管理机构履行报告义务或者报送有关文件、资料的；

（九）交易软件、结算软件不符合期货公司审慎经营和风险管理以及国务院期货监督管理机构有关保证金安全存管监控规定的要求的；

（十）不按照规定提取、管理和使用风险准备金的；

（十一）伪造、涂改或者不按照规定保存期货交易、结算、交割资料的；

（十二）任用不具备资格的期货从业人员的；

（十三）伪造、变造、出租、出借、买卖期货业务许可证或者经营许可证的；

（十四）进行混码交易的；

（十五）拒绝或者妨碍国务院期货监督管理机构监督检查的；

（十六）违反国务院期货监督管理机构规定的其他行为。

期货公司有前款所列行为之一的，对直接负责的主管人员和其他直接责任人员给予警告，并处1万元以上5万元以下的罚款；情节严重的，暂停或者撤销任职资格、期货从业人员资格。

期货公司之外的其他期货经营机构有本条第一款第（八）项、第（十二）项、第（十三）项、第（十五）项、第（十六）项所列行为的，依照本条第一款、第二款的规定处罚。

期货公司的股东、实际控制人或者其他关联人未经批准擅自委托他人或者接受他人委托持有或者管理期货公司股权的，拒不配合国务院期货监督管理机构的检查，拒不按照规定履行报告义务、提供有关信息和资料，或者报送、提供的信息和资料有虚假记载、误导性陈述或者重大遗漏的，依照本条第一款、第二款的规定处罚。

第七十一条 期货公司有下列欺诈客户行为之一的，责令改正，给予警告，没收违法所得，并处违法所得1倍以上5倍以下的罚款；没有违法所得或者违法所得不满10万元的，并处10万元以上50万元以下的罚款；情节严重的，责令停业整顿或者吊销期货业务许可证：

（一）向客户做获利保证或者不按照规定向客户出示风险说明书的；

（二）在经纪业务中与客户约定分享利益、共担风险的；

（三）不按照规定接受客户委托或者不按照客户委托内容擅自进行期货交易的；

（四）隐瞒重要事项或者使用其他不正当手段，诱骗客户发出交易指令的；

（五）向客户提供虚假成交回报的；

（六）未将客户交易指令下达到期货交易所的；

（七）挪用客户保证金的；

（八）不按照规定在期货保证金存管银行开立保证金账户，或者违规划转客户保证金的；

（九）国务院期货监督管理机构规定的其他欺诈客户的行为。

期货公司有前款所列行为之一的，对直接负责的主管人员和其他直接责任人员给予警告，并处 1 万元以上 10 万元以下的罚款；情节严重的，暂停或者撤销任职资格、期货从业人员资格。

任何单位或者个人编造并且传播有关期货交易的虚假信息，扰乱期货交易市场的，依照本条第一款、第二款的规定处罚。

第七十二条 期货公司及其他期货经营机构、非期货公司结算会员、期货保证金存管银行提供虚假申请文件或者采取其他欺诈手段隐瞒重要事实骗取期货业务许可的，撤销其期货业务许可，没收违法所得。

第七十三条 期货交易内幕信息的知情人或者非法获取期货交易内幕信息的人，在对期货交易价格有重大影响的信息尚未公开前，利用内幕信息从事期货交易，或者向他人泄露内幕信息，使他人利用内幕信息进行期货交易的，没收违法所得，并处违法所得 1 倍以上 5 倍以下的罚款；没有违法所得或者违法所得不满 10 万元的，处 10 万元以上 50 万元以下的罚款。单位从事内幕交易的，还应当对直接负责的主管人员和其他直接责任人员给予警告，并处 3 万元以上 30 万元以下的罚款。

国务院期货监督管理机构、期货交易所和期货保证金安全存管监控机构的工作人员进行内幕交易的，从重处罚。

第七十四条 任何单位或者个人有下列行为之一，操纵期货交易价格的，责令改正，没收违法所得，并处违法所得 1 倍以上 5 倍以下的罚款；没有违法所得或者违法所得不满 20 万元的，处 20 万元以上 100 万元以下的罚款：

（一）单独或者合谋，集中资金优势、持仓优势或者利用信息优势联合或者连续买卖合约，操纵期货交易价格的；

（二）蓄意串通，按事先约定的时间、价格和方式相互进行期货交易，影响期货交易价格或者期货交易量的；

（三）以自己为交易对象，自买自卖，影响期货交易价格或者期货交易量的；

（四）为影响期货市场行情囤积现货的；

（五）国务院期货监督管理机构规定的其他操纵期货交易价格的行为。

单位有前款所列行为之一的，对直接负责的主管人员和其他直接责任人员给予警告，并处 1 万元以上 10 万元以下的罚款。

第七十五条 交割仓库有本条例第三十九条第二款所列行为之一的，责令改正，给予警告，没收违法所得，并处违法所得 1 倍以上 5 倍以下的罚款；没有违法所得或者违法所得不满 10 万元的，并处 10 万元以上 50 万元以下的罚款；情节严重的，责令期货交易所暂停或者取消其交割仓库资格。对直接负责的主管人员和其他直接责任人员给予警告，并处 1 万元以上 10 万元以下的罚款。

第七十六条 国有以及国有控股企业违反本条例和国务院国有资产监督管理机构

以及其他有关部门关于企业以国有资产进入期货市场的有关规定进行期货交易，或者单位、个人违规使用信贷资金、财政资金进行期货交易的，给予警告，没收违法所得，并处违法所得1倍以上5倍以下的罚款；没有违法所得或者违法所得不满10万元的，并处10万元以上50万元以下的罚款。对直接负责的主管人员和其他直接责任人员给予降级直至开除的纪律处分。

第七十七条 境内单位或者个人违反规定从事境外期货交易的，责令改正，给予警告，没收违法所得，并处违法所得1倍以上5倍以下的罚款；没有违法所得或者违法所得不满20万元的，并处20万元以上100万元以下的罚款；情节严重的，暂停其境外期货交易。对直接负责的主管人员和其他直接责任人员给予警告，并处1万元以上10万元以下的罚款。

第七十八条 任何单位或者个人非法设立或者变相设立期货交易所、期货公司及其他期货经营机构，或者擅自从事期货业务，或者组织变相期货交易活动的，予以取缔，没收违法所得，并处违法所得1倍以上5倍以下的罚款；没有违法所得或者违法所得不满20万元的，处20万元以上100万元以下的罚款。对直接负责的主管人员和其他直接责任人员给予警告，并处1万元以上10万元以下的罚款。

第七十九条 期货公司的交易软件、结算软件供应商拒不配合国务院期货监督管理机构调查，或者未按照规定向国务院期货监督管理机构提供相关软件资料，或者提供的软件资料有虚假、重大遗漏的，责令改正，处3万元以上10万元以下的罚款。对直接负责的主管人员和其他直接责任人员给予警告，并处1万元以上5万元以下的罚款。

第八十条 会计师事务所、律师事务所、资产评估机构等中介服务机构未勤勉尽责，所出具的文件有虚假记载、误导性陈述或者重大遗漏的，责令改正，没收业务收入，暂停或者撤销相关业务许可，并处业务收入1倍以上5倍以下的罚款。对直接负责的主管人员和其他直接责任人员给予警告，并处3万元以上10万元以下的罚款。

第八十一条 任何单位或者个人违反本条例规定，情节严重的，由国务院期货监督管理机构宣布该个人、该单位或者该单位的直接责任人员为期货市场禁止进入者。

第八十二条 国务院期货监督管理机构、期货交易所、期货保证金安全存管监控机构和期货保证金存管银行等相关单位的工作人员，泄露知悉的国家秘密或者会员、客户的商业秘密，或者徇私舞弊、玩忽职守、滥用职权、收受贿赂的，依法给予行政处分或者纪律处分。

第八十三条 违反本条例规定，构成犯罪的，依法追究刑事责任。

第八十四条 对本条例规定的违法行为的行政处罚，由国务院期货监督管理机构决定；涉及其他有关部门法定职权的，国务院期货监督管理机构应当会同其他有关部门处理；属于其他有关部门法定职权的，国务院期货监督管理机构应当移交其他有关部门处理。

第八章　附　　则

第八十五条　本条例下列用语的含义：

（一）期货合约，是指由期货交易所统一制定的、规定在将来某一特定的时间和地点交割一定数量标的物的标准化合约。根据合约标的物的不同，期货合约分为商品期货合约和金融期货合约。商品期货合约的标的物包括农产品、工业品、能源和其他商品及其相关指数产品；金融期货合约的标的物包括有价证券、利率、汇率等金融产品及其相关指数产品。

（二）期权合约，是指由期货交易所统一制定的、规定买方有权在将来某一时间以特定价格买入或者卖出约定标的物（包括期货合约）的标准化合约。

（三）保证金，是指期货交易者按照规定标准交纳的资金，用于结算和保证履约。

（四）结算，是指根据期货交易所公布的结算价格对交易双方的交易盈亏状况进行的资金清算和划转。

（五）交割，是指合约到期时，按照期货交易所的规则和程序，交易双方通过该合约所载标的物所有权的转移，或者按照规定结算价格进行现金差价结算，了结到期未平仓合约的过程。

（六）平仓，是指期货交易者买入或者卖出与其所持合约的品种、数量和交割月份相同但交易方向相反的合约，了结期货交易的行为。

（七）持仓量，是指期货交易者所持有的未平仓合约的数量。

（八）持仓限额，是指期货交易所对期货交易者的持仓量规定的最高数额。

（九）仓单，是指交割仓库开具并经期货交易所认定的标准化提货凭证。

（十）涨跌停板，是指合约在1个交易日中的交易价格不得高于或者低于规定的涨跌幅度，超出该涨跌幅度的报价将被视为无效，不能成交。

（十一）内幕信息，是指可能对期货交易价格产生重大影响的尚未公开的信息，包括：国务院期货监督管理机构以及其他相关部门制定的对期货交易价格可能发生重大影响的政策，期货交易所做出的可能对期货交易价格发生重大影响的决定，期货交易所会员、客户的资金和交易动向以及国务院期货监督管理机构认定的对期货交易价格有显著影响的其他重要信息。

（十二）内幕信息的知情人员，是指由于其管理地位、监督地位或者职业地位，或者作为雇员、专业顾问履行职务，能够接触或者获得内幕信息的人员，包括：期货交易所的管理人员以及其他由于任职可获取内幕信息的从业人员，国务院期货监督管理机构和其他有关部门的工作人员以及国务院期货监督管理机构规定的其他人员。

第八十六条　国务院期货监督管理机构可以批准设立期货专门结算机构，专门履行期货交易所的结算以及相关职责，并承担相应的法律责任。

第八十七条 境外机构在境内设立、收购或者参股期货经营机构，以及境外期货经营机构在境内设立分支机构（含代表处）的管理办法，由国务院期货监督管理机构会同国务院商务主管部门、外汇管理部门等有关部门制定，报国务院批准后施行。

第八十八条 在期货交易所之外的国务院期货监督管理机构批准的交易场所进行的期货交易，依照本条例的有关规定执行。

第八十九条 任何机构或者市场，未经国务院期货监督管理机构批准，采用集中交易方式进行标准化合约交易，同时采用以下交易机制或者具备以下交易机制特征之一的，为变相期货交易：

（一）为参与集中交易的所有买方和卖方提供履约担保的；

（二）实行当日无负债结算制度和保证金制度，同时保证金收取比例低于合约（或者合同）标的额20%的。

本条例施行前采用前款规定的交易机制或者具备前款规定的交易机制特征之一的机构或者市场，应当在国务院商务主管部门规定的期限内进行整改。

第九十条 不属于期货交易的商品或者金融产品的其他交易活动，由国家有关部门监督管理，不适用本条例。

第九十一条 本条例自2007年4月15日起施行。1999年6月2日国务院发布的《期货交易管理暂行条例》同时废止。

附录三 中国金融期货交易所交易细则

第一章 总 则

第一条 为规范期货交易行为，保护期货交易当事人的合法权益，保障中国金融期货交易所（以下简称交易所）期货交易的顺利进行，根据《中国金融期货交易所交易规则》，制定本细则。

第二条 交易所、会员、客户应当遵守本细则。

第二章 品种与合约

第三条 交易所上市品种为股票指数以及经中国证券监督管理委员会（以下简称中国证监会）批准的其他期货品种。

第四条 股指期货合约主要条款包括合约标的、合约乘数、报价单位、最小变动价位、合约月份、交易时间、每日价格最大波动限制、最低交易保证金、最后交易日、交割日期、交割方式、交易代码、上市交易所等。

第五条 沪深300股指期货合约的合约标的为中证指数有限公司编制和发布的沪深300指数。

第六条 沪深300股指期货合约的合约乘数为每点人民币300元。股指期货合约价值为股指期货指数点乘以合约乘数。

第七条 沪深300股指期货合约以指数点报价。

第八条 沪深300股指期货合约的最小变动价位为0.2指数点，合约交易报价指数点为0.2点的整数倍。

第九条 沪深300股指期货合约的合约月份为当月、下月及随后两个季月。季月是指3月、6月、9月、12月。

第十条 沪深300股指期货合约的最后交易日为合约到期

月份的第三个周五，最后交易日即为交割日。最后交易日为国家法定假日或者因异常情况等原因未交易的，以下一交易日为最后交易日和交割日。到期合约交割日的下一交易日，新的月份合约开始交易。

第十一条　沪深300股指期货合约的交易时间为交易日的9：15～11：30（第一节）和13：00～15：15（第二节），最后交易日交易时间为9：15～11：30（第一节）和13：00～15：00（第二节）。

第十二条　沪深300股指期货合约的每日价格最大波动限制是指其每日价格涨跌停板幅度，为上一交易日结算价的±10％。

第十三条　沪深300股指期货合约的最低交易保证金为合约价值的12％。

第十四条　沪深300股指期货合约到期时采用现金交割方式。

第十五条　沪深300股指期货合约的交易单位为“手”，期货交易以交易单位的整数倍进行。

第三章　席位管理

第十六条　席位是指会员参与交易所期货交易，享有及行使相关交易权利，并接受交易所监管、服务及相关业务管理的基本单位。会员可以根据业务需要向交易所申请一个或者一个以上的席位。

第十七条　会员申请席位，应当具备下列条件：

（一）经营状况良好，无严重违法违规记录；

（二）通信、资金划拨条件符合交易所要求；

（三）配备符合交易所要求的业务系统及相关专业人员；

（四）具有健全的规章制度和交易管理办法；

（五）业务系统的建设和管理符合国家、行业和交易所相关技术管理规范的要求。

第十八条　会员申请席位，应当提交下列材料：

（一）近两年期货交易的基本情况；

（二）包含申请席位的理由、条件、可行性论证等内容的申请报告；

（三）机构、人员现状及拟负责交易管理事务的主要人员的名单、简历、专业背景等基本情况；

（四）交易管理的业务制度（包括数据安全管理制度）；

（五）计算机系统、通信系统（包括通信线路）、系统软件、应用软件等配置清单；

（六）交易所要求提供的其他材料。

第十九条　交易所在收到符合要求的申请报告和有关材料之日起15个工作日内，对申请报告做出书面批复。

第二十条　会员应当在收到交易所同意其席位申请的批复后5个工作日内，与交易所签订席位使用协议。无故逾期的，视为放弃。

第二十一条 席位使用费按年收取。席位年申报量不超过 20 万笔的，年使用费为人民币 2 万元；席位年申报量超过 20 万笔的，年使用费为人民币 3 万元。申报量是指买入、卖出以及撤销委托笔数的总和。席位撤销时，已收取的席位使用费不予退还。

第二十二条 会员交易设施安装和系统调试完成后，达到交易所规定标准且符合开通条件的，方可投入使用。

第二十三条 会员应当加强席位管理和交易业务系统维护，主要设施需要更换或者作技术调整时，应当事先征得交易所同意。席位迁移出原登记备案地，应当事先报交易所审批。交易所有权对席位的使用情况进行监督检查。

第二十四条 会员有下列情形之一的，席位予以撤销：

（一）申请撤销席位并经交易所核准；

（二）私下转包、转租或者转让席位；

（三）管理混乱、存在严重违规行为或者经查实已不符合开通条件；

（四）利用席位窃密或者破坏交易所系统；

（五）会员资格终止；

（六）交易所认为其不适宜拥有席位。

第二十五条 由于交易系统、通信系统等交易设施发生故障，致使 10%以上的会员不能正常交易的，交易所应当暂停交易，直至故障消除为止。

第四章 价 格

第二十六条 交易所应当及时发布开盘价、收盘价、最高价、最低价、最新价、涨跌、最高买价、最低卖价、申买量、申卖量、结算价、成交量、持仓量等与交易有关的信息。

第二十七条 开盘价是指某一期货合约经集合竞价产生的成交价格。集合竞价未产生成交价格的，以集合竞价后第一笔成交价为开盘价。

第二十八条 收盘价是指某一期货合约当日交易的最后一笔成交价格。

第二十九条 最高价是指一定时间内某一期货合约成交价中的最高成交价格。

第三十条 最低价是指一定时间内某一期货合约成交价中的最低成交价格。

第三十一条 最新价是指某一期货合约在当日交易期间的即时成交价格。

第三十二条 涨跌是指某一期货合约在当日交易期间的最新价与上一交易日结算价之差。

第三十三条 最高买价是指某一期货合约当日买方申请买入的即时最高价格。

第三十四条 最低卖价是指某一期货合约当日卖方申请卖出的即时最低价格。

第三十五条 申买量是指某一期货合约当日交易所交易系统中未成交的最高价位

申请买入的下单数量。

第三十六条 申卖量是指某一期货合约当日交易所交易系统中未成交的最低价位申请卖出的下单数量。

第三十七条 结算价是指某一期货合约当日一定时间内成交价格按照成交量的加权平均价计算。结算价是进行当日未平仓合约盈亏结算和计算下一交易日交易价格限制的依据。

第三十八条 成交量是指某一期货合约在当日所有成交合约的单边数量。

第三十九条 持仓量是指期货交易者所持有的未平仓合约的单边数量。

第五章 指令与成交

第四十条 交易指令分为市价指令、限价指令及交易所规定的其他指令。

市价指令是指不限定价格的、按照当时市场上可执行的最优报价成交的指令。市价指令的未成交部分自动撤销。

限价指令是指按照限定价格或者更优价格成交的指令。限价指令在买入时，必须在其限价或者限价以下的价格成交；在卖出时，必须在其限价或者限价以上的价格成交。限价指令当日有效，未成交部分可以撤销。

第四十一条 市价指令只能和限价指令撮合成交，成交价格等于即时最优限价指令的限定价格。

第四十二条 交易指令的报价只能在合约价格限制范围内，超过价格限制范围的报价为无效报价。交易指令申报经交易所确认后生效。

第四十三条 交易指令每次最小下单数量为1手，市价指令每次最大下单数量为50手，限价指令每次最大下单数量为100手。

第四十四条 会员、客户使用或者会员向客户提供可以通过计算机程序实现自动批量下单或者快速下单等功能的交易软件的，会员应当事先报交易所备案。会员、客户采取可能影响交易所系统安全或者正常交易秩序的方式下达交易指令的，交易所可以采取相关措施。

第四十五条 股指期货竞价交易采用集合竞价和连续竞价两种方式。集合竞价是指对在规定时间内接受的买卖申报一次性集中撮合的竞价方式，连续竞价是指对买卖申报逐笔连续撮合的竞价方式。

第四十六条 集合竞价在交易日的9：10～9：15进行，其中9：10～9：14为指令申报时间，9：14～9：15为指令撮合时间。

集合竞价指令申报时间不接受市价指令申报。集合竞价指令撮合时间不接受指令申报。

第四十七条 期货连续竞价交易按照价格优先、时间优先的原则撮合成交。以涨跌停板价格申报的指令，按照平仓优先、时间优先的原则撮合成交。

第四十八条 集合竞价采用最大成交量原则，即以此价格成交能够得到最大成交量。高于集合竞价产生的价格的买入申报全部成交；低于集合竞价产生的价格的卖出申报全部成交；等于集合竞价产生的价格的买入或者卖出申报，根据买入申报量和卖出申报量的多少，按照少的一方的申报量成交。

第四十九条 开盘集合竞价中的未成交指令自动参与连续竞价交易。

第五十条 限价指令连续竞价交易时，交易所系统将买卖申报指令以价格优先、时间优先的原则进行排序，当买入价大于、等于卖出价则自动撮合成交。撮合成交价等于买入价（bp）、卖出价（sp）和前一成交价（cp）三者中居中的一个价格。即：当bp≥sp≥cp，则：最新成交价＝sp

bp≥cp≥sp，最新成交价＝cp

cp≥bp≥sp，最新成交价＝bp

集合竞价未产生成交价的，以上一交易日收盘价为前一成交价，按照上述办法确定第一笔成交价。

第五十一条 新上市合约的挂盘基准价由交易所确定并提前公布。挂盘基准价是确定新合约上市首日涨跌停板幅度的依据。

第六章 交易编码

第五十二条 交易编码是客户、从事自营业务的交易会员进行期货交易的专用代码。交易编码由十二位数字构成，前四位为会员号，后八位为客户号。

第五十三条 客户在不同的会员处开户的，其交易编码中客户号应当相同。交易所另有规定的除外。

第五十四条 符合中国证监会及交易所规定的会员和客户，可以根据从事套期保值交易、套利交易、投机交易等不同目的分别申请客户号。

第五十五条 会员应当对客户开户申请材料的真实性、准确性和完整性进行审核，并根据期货市场客户开户管理的相关规定录入客户资料，办理相关手续。

第五十六条 证券公司、基金公司、合格境外机构投资者等根据法律、行政法规、规章和有关规定需要对资产进行分户管理的特殊法人机构，可以为其分户管理的资产向交易所申请开立交易编码。

第五十七条 特殊法人机构申请开户，应当填写《中国金融期货交易所特殊法人机构交易编码申请表》（见附件），提交相关申请材料，并确保所提供材料内容的真实性、准确性和完整性。

第五十八条 会员应当对特殊法人机构的申请材料进行审核，并与特殊法人机构及其托管人共同到交易所办理相关手续，经交易所审核通过后，为其开立交易编码。

第五十九条 会员、客户申请交易编码，应当根据交易所的规定缴纳相关费用。

第六十条 会员应当建立客户开户档案，并应当自期货经纪合同终止之日起至少保存20年。

第六十一条 存在下列情形之一的，交易所可以注销交易编码：

（一）客户备案资料不真实；

（二）客户被认定为市场禁止进入者；

（三）客户申请注销；

（四）交易所认定的其他情形。

第六十二条 客户提供虚假的资料或者会员协助客户使用虚假资料开户的，交易所有权责令会员限期平仓，平仓后注销该客户的交易编码，同时按照《中国金融期货交易所违规违约处理办法》的有关规定进行处理。

第七章 附 则

第六十三条 违反本细则规定的，交易所按照本细则和《中国金融期货交易所违规违约处理办法》的有关规定处理。

第六十四条 本细则由交易所负责解释。

第六十五条 本细则自2010年2月20日起实施。

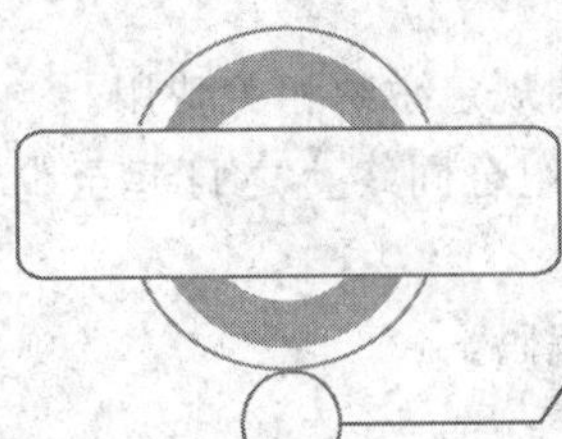

参考文献

[1] 张元萍．金融投资实验教程［M］．北京：首都经济贸易大学出版社，2010.

[2] 宋玉臣，刘柏．金融市场投资实验教程［M］．长春：吉林大学出版社，2008.

[3] 吴冲锋，陈工孟．金融工程实验教程［M］．上海：上海交通大学出版社，2012.

[4] 吴冲锋．投资学实验教程［M］．上海：上海交通大学出版社，2012.

[5] 翁雪琴．金融投资实训教程［M］．北京：中国人民大学出版社，2010.

[6] 翁跃明．经济模型与实验［M］．上海：复旦大学出版社，2008.

[7] 鲁细根．外汇交易实验教程［M］．北京：中国金融出版社，2006.

[8] 汤洪波．期货投资实验教程［M］．北京：中国金融出版社，2006.

[9] 吴晓求．证券投资学［M］．北京：中国人民大学出版社，2009.

[10] 何志成．外汇保证金交易入门与技巧［M］．北京：经济管理出版社，2007.

[11] 李向科．证券投资技术分析［M］．北京：中国人民大学出版社，2008.

[12] 罗孝玲，罗巧玲．期货投资案例［M］．北京：经济科学出版社，2010.

[13] 罗孝玲．期货上市交易品种大全［M］．北京：经济科学出版社，2010.

[14] 罗孝玲．期货投资学［M］．北京：经济科学出版社，2010.

[15] 上海证券交易所网站 http：//www. sse. com. cn

[16] 深圳证券交易所网站 http：//www. szse. cn/

[17] 郑州商品交易所网站 http：//www. czce. com. cn

[18] 大连商品交易所网站 http：//www. dce. com. cn

[19] 上海期货交易所网站 http：//www. shfe. com. cn/

[20] 中国金融交易所网站 http：//www. cffex. com. cn/